广视角·全方位·多品种

权威·前沿·原创

皮书系列为
“十二五”国家重点图书出版规划项目

中国互联网金融发展报告（2013）

ANNUAL REPORT ON CHINA'S INTERNET FINANCE DEVELOPMENT (2013)

主 编／芮晓武 刘烈宏

图书在版编目（CIP）数据

中国互联网金融发展报告. 2013/芮晓武，刘烈宏主编. —北京：社会科学文献出版社，2014.1
（互联网金融蓝皮书）
ISBN 978-7-5097-5593-8

Ⅰ.①中… Ⅱ.①芮… ②刘… Ⅲ.①互联网络-应用-金融-研究报告-中国-2013 Ⅳ.①F832.2

中国版本图书馆CIP数据核字（2014）第012385号

互联网金融蓝皮书
中国互联网金融发展报告（2013）

主　　编／芮晓武　刘烈宏

出 版 人／谢寿光
出 版 者／社会科学文献出版社
地　　址／北京市西城区北三环中路甲29号院3号楼华龙大厦
邮政编码／100029

责任部门／经济与管理出版中心（010）59367226　责任编辑／高　雁　等
电子信箱／caijingbu@ssap.cn　责任校对／宝　蕾
项目统筹／恽　薇　责任印制／岳　阳
经　　销／社会科学文献出版社市场营销中心（010）59367081　59367089
读者服务／读者服务中心（010）59367028

印　　装／北京季蜂印刷有限公司
开　　本／787mm×1092mm　1/16　印　　张／19.5
版　　次／2014年1月第1版　字　　数／315千字
印　　次／2014年1月第1次印刷
书　　号／ISBN 978-7-5097-5593-8
定　　价／69.00元

《中国互联网金融发展报告（2013）》
编　委　会

摘　要

《中国互联网金融发展报告（2013）》由中国电子信息产业集团有限公司所属中国电子投资控股有限公司联合中国人民银行金融研究所、中国社会科学院、浙江大学、南开大学、南京大学等单位的专家学者编写而成。报告对我国互联网金融的发展情况进行了完整全面的分析总结，研究了不同国家的互联网金融发展经验。在对互联网金融概念进行深入分析的基础上，全面探讨了我国互联网金融发展的总体情况、各种典型业务模式，以及当前面临的一些主要问题，深刻揭示了互联网金融的本质，提出了互联网金融是以互联网为资源平台，以大数据和云计算为基础的新金融模式。报告在兼顾全面性的基础上，重点关注了当前迫切需要解决的互联网金融信息安全保障及监管政策问题，并提出了解决思路。报告关注互联网金融发展过程中的热点、难点、重点，注重采用实际案例数据、商业模式、典型应用等来说明问题，并对互联网金融未来发展进行展望，对我国互联网金融发展有很好的借鉴价值。

Abstract

Annual Report on China's Internet Finance Development (2013) is prepared by China Electronics Investment Holdings Limited, in collaboration with scholars from Financial Research Institute of People's Bank of China, Chinese Academy of Social Sciences, Zhejiang University, Nankai University and Nanjing University. The report aims to summarize and reflect the various aspects of global and Chinese internet finance. The concept of internet finance is strictly defined as a new finance model with the full use of Internet resources based on cloud computing and Big Data, which reflects the essence of internet finance. With ample data and detailed analysis, the achievements and the existing problem today are specified. The report introduces some of the more innovative ideas to information security, financial regulatory system and other important issues, and discusses the vision for the future of the internet finance. We expect this report could contribute to the development of Chinese Internet Finance.

前　言

现代信息与互联网技术的进步，特别是云计算、移动互联网、大数据、搜索引擎、社交网络的发展，深刻地改变甚至颠覆了许多传统行业，金融业也不例外。近年来，金融业成为继商业分销、传媒之后受互联网影响最为深远的领域，许多基于互联网的金融服务模式应运而生，并对传统金融业产生了深刻的影响和巨大的冲击。“互联网金融”成为社会各界关注的焦点。

“互联网金融”，抑或是“金融互联网”？学术界、实务界及监管部门存在不同的理解，恰恰是这些不同的声音和实践的摸索，快速推动了我国互联网金融的理论研究和创业创新向前迈进。鉴于当前认识上的差异，本报告开宗明义提出，互联网金融是以互联网为资源，以大数据和云计算为技术基础的新金融模式。互联网金融把互联网作为金融活动赖以开展的资源平台而不是技术平台，依托云计算等大数据处理技术，通过搜索引擎捕捉互联网中的数据足迹，有效筛选、处理大数据所蕴涵的海量信息，逐步形成基于互联网大数据的金融信用体系和数据驱动型金融服务模式，降低信息不对称，提高风险定价能力，从根本上改变传统金融服务理念和业务方式，提升金融资源配置效率和风险管理水平。按照这一标准衡量，目前大量所谓的在“互联网金融”外衣下的金融模式，更多地表现为“金融互联网”，即金融业务的互联网应用。

尽管我们认为真正的互联网金融模式不多，但在P2P和网络微贷等领域不断涌现的新金融模式代表了互联网金融的创新方向。同样，尽管只是金融业务在互联网平台的应用，大量依托互联网的金融运行模式和金融创新不断累积互联网新金融的变革基础，并对传统金融产生深刻的影响。从广义的网络化金融形态来看，金融互联网和互联网金融模式相互交汇，这些新金融服务模式在给我们带来很多机遇的同时，也带来巨大的挑战并可能改变现有的竞争格局。

第一，互联网金融正在成为科学化且包容性增长的正能量，越来越多地融入人们的生活并为社会发展做出越来越多的贡献。互联网金融具有包容性金融的功能，能够促进包容性增长，在农村扶贫及小微企业借贷方面有商业金融不可比拟的优势，为资金需求方与资金供给方提供了有别于传统银行业和证券市场的新渠道，提高了资金融通的效率，是现有金融体系的有益补充。

第二，互联网金融对传统金融业起到了巨大的推动作用。互联网金融是互联网技术与现代金融高度结合的产物，它改变了我们的支付习惯、借贷融资方式、投资理财渠道，也改变了互联网的功能和用途，巨量资金便捷、高速地在市场间流动，推动了全球各地的金融市场无时差、无界限地一体化发展。新型互联网金融模式正在挑战着传统金融业，传统金融业也以互联网为媒介，积极进行金融创新，二者之间已经形成了相互博弈、相互促进、共同发展的态势，构成了中国广义的金融体系。

第三，发展互联网金融需要强调和关注风险防范，如法律风险、安全风险、信用风险和操作风险等。互联网金融是一种创新，一种有利于包容性增长的金融活动，应该鼓励其发展壮大，但在其发展过程中，应注意防范风险，不能突破非法吸收公众存款和非法集资两个底线。在法律风险上，如 P2P，如果脱离了平台功能变成线下，演变出资金池，进而演变出结构和期限上的创新，就会异化成影子银行，涉嫌非法吸收公众存款和非法集资。

第四，要处理好互联网金融发展、监管创新和行业自律的关系。互联网金融发展存在很多不确定性，给金融监管带来挑战。目前，如何对互联网金融进行监管是一个世界性的难题。虽然目前我国已将互联网支付纳入了正常的监管范围，但如何对 P2P、众筹融资等新型互联网金融模式进行监管，制定什么样的监管规则，还没有明确的规定措施，仍需做大量的调查和认证工作。由于互联网行业具有创新性，未来监管部门应按照国务院关于强化驱动战略部署的要求，充分尊重互联网金融发展的自身规律，尊重互联网金融从业人员的创新精神，在对互联网金融进行风险监管时，注重监管的灵活性，更多依靠市场环境来决定。

第五，云计算、大数据和搜索引擎技术的突破和应用，对所有行业都产生了巨大的冲击和影响。金融业是信息化程度比较高的服务业，在互联网时代受到的冲击最大。一方面，从信息技术应用的角度看，大数据、开放云平台和移动支付的发展为互联网企业向金融领域渗透提供了重要支撑，给传统金融业带来了挑战；另一方面，金融业也在不断地尝试与创新，利用大数据技术来挖掘信息，利用云计算来处理数据，利用搜索引擎来捕捉互联网中的数据足迹等，逐步构建起基于互联网大数据的金融信用体系和数据驱动型金融服务模式，改变传统金融服务理念和业务方式，提升金融资源配置效率和风险管理水平。

总之，互联网金融的特点使其能够提供更为灵活、便捷、高效的金融服务和多样化的金融产品，大大拓展了金融服务的广度和深度，缩短了人们在时间和空间上的距离，建立了一种全新的金融生态环境，可以有效整合、利用零散的资金、信息、时间等碎片资源，积少成多，实现规模效应，成为各类金融服务机构新的利润增长点。此外，互联网金融还可以促进传统银行业的转型，弥补传统银行在资金处理效率、信息流整合等方面的不足，为保险、基金、理财产品等金融产品的销售、推广提供新渠道。对于众多的中小企业而言，互联网金融拓宽了它们的融资渠道，大大降低了融资门槛，提高了资金的使用效率。

互联网金融有序发展的前提，是对以上各领域的清晰理解和廓清。《中国互联网金融发展报告（2013）》在探讨互联网金融概念和内涵的基础上，系统梳理了互联网金融在国内外发展的特征和趋势，分析互联网金融发展背后所蕴涵的风险和机遇，提出互联网金融合规发展的相关建议和展望，希望能为我国互联网金融的健康发展提供有用的借鉴。

目 录

皮书数据库阅读使用指南

CONTENTS

B.1
互联网金融概述

一 互联网金融概念辨析

（一）互联网金融定义

互联网行业和金融领域内在的发展需要，尤其是金融变革的深层次需要，驱动着互联网金融的快速发展。金融业可以拓展互联网服务功能的广度与深度；互联网也有助于金融业创新产品和服务及低成本扩张，对传统金融体系形成有益补充，满足不断增长的异质金融需求。

互联网金融是把互联网作为资源，以大数据、云计算为基础的新金融模式。大数据是互联网金融的核心资源，云计算是互联网金融的核心技术。互联网金融第一次把互联网作为金融活动赖以开展的资源平台而不是技术平台，依托云计算等大数据处理技术，通过搜索引擎捕捉互联网中的数据足迹（Data Print），有效筛选、处理大数据所蕴涵的海量信息，逐步形成基于互联网大数据的金融信用体系和数据驱动型金融服务模式，降低信息不对称，提高风险定价能力，从根本上改变传统金融服务理念和业务方式，提升金融资源配置效率和风险管理水平。

专栏1　什么是互联网金融

关于互联网金融（Internet Finance），理论界还没有形成一种能够被广泛接受的权威概念。一般认为，互联网金融是传统金融行业与互联网精神相结合的新兴领域。从广义上讲，具备互联网精神的金融业态统称为互联网金融；从狭义来看，资金融通和其他金融服务依托互联网来实现的方式、方法可以被称为互联网金融。但是，这些关于互联网金融的理解，并不能揭示互联网金融的

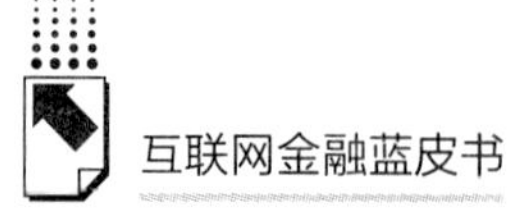

本质及其与传统金融的关系。

目前，国内关于互联网金融最有代表性的观点来自中国投资有限责任公司副总经理谢平和阿里巴巴集团董事长马云。谢平认为：在互联网金融模式下，因为有搜索引擎、大数据、社交网络和云计算，市场信息不对称程度非常低，交易双方的资金期限匹配、风险分担等的成本非常低，银行、券商和交易所等中介都不起作用；贷款、股票、债券等的发行和交易以及券款支付直接在网上进行，这个市场充分有效，接近一般均衡定理描述的无金融中介状态①。马云则指出：未来的金融有两大机会，一个是金融互联网，金融行业走向互联网；另一个是互联网金融，纯粹的外行领导，其实很多行业的创新都是外行进来才引发的。金融行业也需要搅局者，更需要那些外行的人进来进行变革②。

到底什么是互联网金融？在互联网金融概念诞生之前，“金融业的互联网应用”（即马云所称的“金融互联网”）早已作为传统金融行业的业务创新而问世。金融互联网是依托实体金融机构的线下基础，搭载互联网功能和技术手段，对传统金融领域进行的技术和效率改进，促使金融业务透明度更强、参与度更高、协作性更好、中间成本更低、操作更便捷。目前的大多数电子银行、网上银行业务就属于这一范畴。事实上，网络信息技术在金融领域的应用已经历两个不同的阶段，第一次是计算机局域网在金融领域的大规模使用，它满足了人们快速、准确地处理金融业务，传递交易信息的需要；第二次是20世纪90年代末以后互联网在金融业务中的逐步应用，银行、券商、基金公司、保险公司和各类交易所平台借此开发网络业务，金融交易商凭其开展网上交易，金融服务的边界从一个私有域扩展到无限的互联空间。然而，信息技术在金融领域的前两次变革中，本质上都只是技术的进步和效率的改进，计算机和网络的使用对于金融没有突破算盘和电话的范畴。区别于金融互联网应用等技术层面的变革，互联网金融有着完全不同的逻辑起点和商业模式，将掀起信息技术在金融领域的“第三次革命”。

---

① 谢平、邹传伟：《互联网金融模式研究》，《金融研究》2012年第12期。

② 马云：《金融行业需要搅局者》，《人民日报》2013年6月21日。

本质上，互联网金融是互联网技术与金融功能的结合，依托大数据和云计算，在互联网平台上形成的开放式、功能化金融业态及其服务体系，包括但不限于基于网络平台的金融组织体系、金融市场体系、金融产品和服务体系、金融消费者群体及互联网金融监管框架等。

（二）互联网金融的主要特点

1. 普惠金融

“互联网金融”能够提供普惠金融服务或“草根金融”服务。改革开放35年来，我国已建立了庞大的金融体系，形成了银行、证券、保险及信托等完备的金融机构和多层次金融服务体系。但金融资源供需在结构和总量上存在较大失衡。“普惠金融”缺失，“草根”金融需求被大型金融机构忽视，金融市场缺乏竞争性金融供给，这也是金融体制改革需要不断深化的地方。带有“开放、平等、协作、分享”精神特质的互联网恰恰拥有普惠金融的资源优势。互联网打破金融行业的高门槛，以灵活性、便捷性和可得性等特征，为传统金融行业的“长尾市场”（中小客户群体和小微资金融通需求）寻求突破方式，大大拓展了金融服务的广度和深度。互联网金融通过为长尾客户群的服务，很容易培养客户黏性，随着规模的扩大，对传统金融活动造成强有力冲击。

2. 平台金融

互联网平台大大缩短了人们在时间和空间上的距离，建立了一种全新的金融生态环境。作为传统金融中介的替代品，互联网平台实现了资金流、信息流、物流“三流合一”服务，成为客户获取互联网金融服务的入口。金融发展的趋势是去中心化，相对传统金融行业，平台金融初始成本很低，导致业务相同、服务同质的平台层出不穷。经营边际成本极低、开放程度极高、规模经济显著的平台金融具有赢得市场并整合市场的趋势。少数在便捷性、安全性、高效性、简洁性等若干维度均有最佳客户体验的平台极易保持客户黏性，实现可持续发展。

3. 信息金融

互联网渗透到社交、商务、生活等方面留存下来的零散数据足迹蕴藏着海量结构化和非结构化信息，包括历史交易记录、客户交互行为、违约支付概率等，数据信息成为重要的资源和资产。金融业务的核心要素是“信用、定价、风控”，每一要素均对数据的数量、质量及数据的深度挖掘、处理技术具有较高要求。信息的充分程度和关联性直接决定互联网金融交易的质量，是开展一切金融活动的基础。互联网金融通过云计算技术，挖掘、辨识、整理和加工大数据，形成金融领域可资利用的信息资源。互联网平台信息广度、深度的不断扩展，促使信息挖掘分析水平发生质的突破，并使互联网金融参与者的信用状况一目了然，风险识别和定价过程得以快捷完成，同时也为精准营销和个性化定制服务提供数据支撑。

4. 碎片金融

每个人都有零碎、富余的时间和资源（美国著名作家克莱·舍基提出的“认知盈余”概念），把这些闲置的时间和资源汇聚起来，可以有目的地创造更多价值。移动互联网技术为这些“盈余”的利用创造了便利条件。

在互联网金融领域，金融碎片化成为发展趋势。对于资金数量、资信水平和时间成本迥异的客户群体，互联网金融可以有效整合、利用零散的资金、信息、时间等碎片资源，积少成多，整合“长尾”客户群并产生强大的聚合力，实现规模效应，成为各类金融服务机构新的利润增长点。

“金融碎片化”的时间效应也十分明显。一是无论售卖、支付，还是理财、借贷，在任何碎片时间里，都可以完成金融交易。二是互联网上的各类金融业务能够提供更多较短的期限选择，较多货币基金更是提供 T+0 服务，大大降低了资金的时间成本。

二　互联网金融研究脉络

根据互联网金融概念，真正体现互联网精神，将互联网和大数据作为一种资源，同时依托现代互联网技术的金融运行模式目前仍较为稀缺。代表性的互联网金融模式有：以美国 Lending Club 公司为代表的 P2P 借贷、以阿里小贷为代表的网络微贷和以花旗银行为代表的利用大数据挖掘改进的传统网上银行业务。

专栏2　花旗银行应用大数据挖掘进行业务改进①

花旗银行应用大数据挖掘进行业务改进，获得巨大优势，主要体现在以下几个方面。

- 以客户为中心

在大数据时代，花旗银行管理者意识到业务分析的重要性。业务分析洞察已经成为花旗银行转型的有力抓手，从以产品为中心，也就是销售产品和服务转向以客户为中心。对于以客户为中心的花旗银行，最重要的一点是了解到客户到底是谁，以及客户到底有什么样的需求。

对于花旗银行来说，想要在大数据时代占得先机，需要大力投入资金做三件事情：一是建立客户的单一视窗，将以前不同部门所了解的客户情况集成在一起；二是按照用户行为对用户进行分类，将之前按照地理区域、年龄、收入分类改为按照用户行为来对用户进行分类；三是为客户提供质量一致的客户体验，不管用户通过银行网点、移动设备还是社交媒体等渠道来使用银行服务，都要为客户提供质量一致的体验。

支撑这些战略的基础是数据和分析，需要有非常复杂的分析引擎和工具来做支持。面对大数据时代，花旗银行在分析领域面临三方面的问题。一是银行内部的已有数据并不正确，接近25%的数据都是非正确的数据。二是随着数据和信息的爆炸式增长，分析会有一定难度。三是非结构化数据带来的挑战，非结构化数据不像表格等定量数据那么明确，很难进行分析。

因此，花旗集团为解决非结构化数据的困扰，使用了深度内容分析、自然语言处理、决策支持和基于循证的学习等关键技术来提高客户交互水平，来帮助改进银行金融系统，包括分析贷款以及投资风险，改善与顾客之间的交互等。从而改进并简化客户银行业务体验，不断推进花旗数字银行战略的发展。

- 分析非结构化数据

花旗银行大数据分析平台不但能够分析结构化数据，还可以分析非结构化数据，并且可以对大量数据进行快速分析。同时，大数据分析平台主要基于概率给出答案，并不是仅仅给出一个非常宽泛的范围。对于对冲基金分析人员来

① 石菲：《花旗银行：从大数据中挖掘价值》，《中国信息化》2012年第8期。

说，他们在预见未来市场将怎样发展时一般基于结构化数据或结构化数据驱动模式，如果使用大数据分析平台就能够通过非结构化数据了解市场的热点到底在哪里。

由于花旗银行大数据分析平台可以分析人类语言的含义和语境，快速处理大量信息，因此，花旗银行可以针对客户的个人情况提出建议，决策者可以快速识别机会、评估风险并为客户开发最合适的备选方案。大数据分析平台的主要工作是帮助花旗银行分析客户的需求、处理财务、经济和客户数据，从而打造个性化的电子银行。大数据分析平台可以在3秒内阅读和理解2亿张数据，帮助金融公司识别业内专家可能忽视的风险、回报和客户需求。还可以快速过滤报纸文章、文档、证券交易委员会的文件，从中提取出公司感兴趣的有用信息，并将其汇集成文本。

对于花旗银行来说，零售银行家和信贷员可以利用大数据分析平台获取银行客户信息并且分析客户下一步需求，进而向消费者出售金融产品。比如，某人为自己的孩子开办了一张信用卡，当孩子上大学后，大数据分析平台就会分析这位顾客所需要的金融产品。如果之后家长有装修厨房的计划，那么花旗银行的工作人员会向这位家长推荐装修贷款。

● 预测避免风险

花旗银行最基本的信贷决策是要充分了解客户，即了解相关的客户历史以及算出风险损失概率到底是多少，并将这些结合在一起进行分析和预测。同时，全球化运营要求花旗银行把全球的法规政策都纳入考虑之中。

出于以上原因，花旗银行正学习用大数据分析平台处理一系列金融及经济数据，包括美国证券交易委员会文件、招股章程、过往贷款记录，甚至包括深度分析、新闻及Facebook在内的社交网络数据以衡量公众意见和信心。之后，花旗银行让大数据分析平台来分析潜在交易继而获得交易风险建议。这可能会将花旗银行从一桩灾难性投资失败中拯救出来。

花旗银行希望使用大数据技术设计出一个能与人互动的机器，并通过深度内容分析、语言识别及实践学习，来帮助客户做出金融决策。

借助大数据挖掘，花旗银行的业务改进已经取得显著成效，相信随着大数据分析技术的深入应用，花旗银行的转型将会越来越成功。

在银行业领域，真正依托互联网和大数据资源，不依靠实体“物理存在”的纯网络互联网银行目前尚未出现。已有的各类持有银行牌照的纯网络银行只是在物理形态上互联网化，而没有真正体现互联网精神和互联网资源的运用，因而不属于本报告严格界定的互联网金融范畴。同样，目前国内外广泛流行的网络证券或证券业网络化、网络保险或保险业网络化都只是简单地将传统证券和保险业务通过互联网渠道进行市场拓展，也非严格意义上的互联网金融业态创新。

从概念上区分，可以将目前的所有网络金融形态划分为互联网金融和金融互联网。目前理论界和实务界对互联网金融的认识仍存在一定的分歧。按照严格互联网金融定义，只有在互联网平台依托大数据和云计算开展的金融服务才属于互联网金融，传统金融机构和业务的网络渠道拓展则属于金融互联网（见表1）。即便是诸如20世纪90年代开始的美国网络银行，只是在存在形式上附着于互联网，而没有真正在运行模式上依托互联网技术进行大数据挖掘和分析，也不能将其归纳为严格意义上的互联网银行。

表1　互联网金融与金融互联网

金融互联网	互联网金融
传统银行的网上银行业务 缺乏大数据和互联网技术支撑的纯网络银行（物理形态网络化的银行） 网络证券或证券业网络化 网络保险或保险业网络化 众筹融资 大多数平台类P2P借贷 互联网理财 互联网支付	以美国Lending Club公司为代表的依托大数据运行支撑的P2P借贷 以阿里小贷为代表的网络微贷 以花旗银行为代表的利用大数据挖掘改进的传统网上银行业务

基于上述分析，随着以P2P借贷、网络微贷和部分创新后的网上银行业务为代表的互联网金融雏形出现，可以预见，未来纯粹以互联网为资源、以大数据和云计算为基础的互联网金融模式将不断涌现，例如基于互联网和大数据分析的众筹平台、纯互联网银行和网络理财平台等。

从目前广义的网络化金融形态来看，金融互联网和互联网金融模式相互交汇。在阐明互联网金融的严格范畴、存在模式和未来方向后，本报告从金融功能角度对目前国内外广泛存在的所有网络金融形式，包括严格互联网金融模式和金融互联网泛在形式进行归类分析，研究主要针对当前出现的各种网络化金融业态。表 2 归纳了互联网金融的几种主要模式。

表 2　互联网金融的几种主要模式

金融功能		主要模式
资金融通	直接融资	众筹融资:FundersClub,Kickstarter 等
		P2P 借贷:Lending Club,Prosper,Zopa,Smava 等
	间接融资	网络银行:First Internet Bank,日本乐天银行等
		非存款类放贷机构的网络微贷:阿里小贷等
		传统银行网上银行提供的网络贷款等
金融服务		第三方支付:PayPal,支付宝等
		网络证券:E * TRADE,Charles Schwab 等
		网络保险:Insurance 3 Zebra,Comparafinanza 等
		网络理财:Credit Karma,Personal Capital 等
		其他:传统银行网上银行账户查询、转账,手机银行等服务

从金融功能区分，传统意义上实现资金融通功能的业务模式包括网络银行[①]、众筹融资、P2P、网络微贷以及传统银行的网上银行业务等，其他金融服务则涉及网络证券、网络保险、网络理财、第三方支付及其他网络投资咨询等业务。其中，网络微贷、P2P 借贷和众筹融资可以归纳为“非银行网络融资”模式。

三　互联网金融的业务模式

互联网金融极大改变了传统金融的运营模式，在不改变金融核心特征（货币流通、信用、持续效用）的前提下，金融五要素（对象、方式、机构、市场及制度和调控机制）得到重塑。

① 本文将互联网银行区分为纯粹的互联网银行（统称网络银行）和传统银行的电子银行（统称网上银行）。

随着互联网金融模式的不断衍生发展，互联网金融模式不断创新并冲击传统金融服务模式，发展程度较高的互联网金融模式主要有六种。

（一）互联网银行

银行业对于互联网技术的运用早已开始，从运营模式区分包括两种类型：网络银行（即没有实体经营网点的独立网络银行，统称网络银行）和传统银行业务网络化（即在传统银行业务基础上增加的电子银行或网上银行，统称网上银行）。

20 世纪 90 年代，网上银行随互联网应用开始发展。1994 年 10 月，美国斯坦福国家信用组织（Standford Federal Credit Union）开始提供互联网金融服务。1995 年 5 月，富国银行（Wells Fargo）首先在互联网上提供银行服务。1995 年 10 月，美国安全第一网络银行（Security First Network Bank，SFNB）成立，成为首家无实体网点的网络银行。1998 年，汇丰银行在英国设立 First Direct 银行提供网络银行服务。同年，德国 Quelle 邮购公司设立 Entrium Direct 银行开始提供网络银行服务。2000 年，荷兰国际集团（ING）在美国设立 ING Direct 网络银行开始运营。2001 年，由日本伊藤忠商事和住友商事等十几家日本著名商业企业出资建立了 E-bank 网络银行（后改为乐天银行）。进入 21 世纪后，国外各大传统银行都提供了网上银行服务，也有银行和企业独立设立网络银行。随着网络技术的日新月异和客户需求的变化，互联网银行也得到积极发展。

1. 网络银行

网络银行模式的互联网银行没有实体网点，通过网络开展业务，是纯粹的网络银行，国外也称直接银行。以美国的互联网银行 SFNB 为代表，包括 Netbank 银行、第一互联网银行（First Internet Bank）、ING Direct 银行[①]和 CompuBank 等，通常与传统银行没有直接关系，并不依托于传统银行。另外还

---

① 一种观点认为，可以将 ING Direct 银行等归纳为网络直销银行，这类银行一般是传统银行的子银行，在客户群、网点和风险管理上可以依托母银行，也容易受母银行经营绩效影响。但考虑到这类银行的发起设立母银行已经将网络银行业务独立出来，由这些新设银行单独形成品牌，同时也没有实体网点，因此，本报告将这类网上直销银行归为网络银行。

有一类由商业企业依托发起企业电子商务平台或邮购公司平台设立的网络银行，如日本乐天银行和德国 Entriunl Direct 银行等。

网络银行有如下运行特点：一是通过一个入口提供全面并覆盖广大区域的银行服务，一般前台业务依托网络平台，后台处理集中在一个地点进行；二是人员精、成本低，没有实体网点和物理柜台，不发放实体银行卡，客户主要通过电脑、电子邮件、手机等远程渠道获取银行产品和服务；三是手续费率低，存贷款价格竞争力较强；四是服务主体倾向于小微型资金需求者，能提供与传统银行不同的差异化营利性产品；五是具有强大的营销和产品运营机制，能够紧跟市场需求变化和网络技术发展，及时调整经营策略。

当然，网络银行失败的例子也比比皆是。究其原因，一是产品不能迅速吸引大量用户；二是提供的服务和产品单一；三是不能妥善解决存款来源问题；四是没有监管好管理风险。美国安全第一网络银行和 Compubank 都主要因为产品单一而无法持续发展；Netbank 银行不仅产品单一，且忽视风险管理并吸储困难，最终在次贷危机中倒闭。

值得强调的是，上述已出现过的网络银行均未充分利用互联网资源，没有运用大数据挖掘和大数据分析提供高效、便捷、低成本、类型丰富的金融服务。可以预判，未来真正的互联网银行或纯网络银行应该是，机构组织形式的“物理存在”完全依托互联网，充分利用大数据资源和云计算等互联网技术提供各类网络银行服务，提供的金融服务真正体现“开放、平等、协作、分享”的互联网精神特质。

2. 网上银行

网上银行是传统银行在已有实体银行和业务的基础上，将业务通过网络开展和实现，是互联网技术对金融服务加以优化的体现。与传统服务模式相比，网上银行效率显著提高。目前，国内外绝大多数传统银行都开通了此类网上银行服务。

网上银行通常以传统银行的庞大用户为基础，通过提供便捷的网上银行服务，方便客户，降低成本。同时，网上银行依托传统银行的丰富风险管理经验，可以做到稳健运行、风险可控。从某种程度上来说，这是对传统银行业务的渠道补充，大大拓宽了传统银行的业务范围、经营时间和服务领域。这种线上线下相结合的模式对传统银行和网上银行具有正外部性。当然，网上银行也存在经营失败的风险：一是对网络技术的应用不足；二是风险防范措施不到位；三是传统银行业务经营不善具有连带效应等。

网上银行从服务单一、仅提供信息类服务，转为以交易类业务为中心。基本的网上银行业务包括查询、资料更新与挂失、转账、汇款、网上支付、网上投资等多种金融产品和服务。近年来，网上银行服务内容和产品不断创新，包括为客户提供保险、小额质押贷款、住房按揭贷款、线上供应链金融等。个人和企业均可利用各种互联网终端，足不出户获得各项金融服务。

随着金融创新的不断深化，网上银行服务和产品不再局限于将互联网技术与银行业务简单叠加，而是根据互联网客户的鲜明需求，专门开发一系列存贷业务，包括依托互联网的联保贷款、信用贷款、保证贷款、抵/质押贷款、贸易融资、供应链金融等，借助电子银行实现循环贷款功能，提高资金利用效率和手续灵活性，同时大幅降低企业的财务成本和时间成本。此外，网上银行还在投资理财、电子商务平台功能方面进行积极的探索。

专栏3　电子银行业务创新

存款业务创新：2012年底，光大银行在“淘宝理财”频道上推出了定期存款产品“定存宝”的在线销售，门槛低至50元，共有3个月、6个月、1年、2年、3年、5年6种存期的利率可供选择，利率为2.86%~4.75%，均在央行基准利率上上浮至顶，比基准利率高出10%。该产品还曾参与“聚划算”团购活动，短短几日获得5000万元的存款余额，购买者除享受1年期3.3%的利率外，还额外获赠能够直接抵现使用的“集分宝”，其返还率相当于1%。

贷款业务创新：平安银行的线上供应链金融，包括预付融资、现货线上融资、电子仓单质押线上融资等服务模块，核心模式是银行与供应链核心企业、仓储监管平台、其他供应链合作者、现货类电子交易市场实现系统对接，为核心企业及其上下游企业提供集信息管理、融资、支付、结算为一体的在线金融服务，以丰富多样的个性化融资方案有效满足供应链企业多样化的金融需求。

投资理财、电子商务平台功能方面的探索：建设银行在电商平台领域独树一帜，旗下的“善融商务”是一个融合了专业化金融服务的电商平台，能提供支付结算、分期付款、融资贷款等全方位的专业服务，这是其他购物网站基本无法实现的。

值得注意的是，目前大量的传统银行越来越注重使用互联网资源，充分利用大数据分析进行业务拓展，并提供更高效、便捷的网络金融服务。部分银行纷纷与互联网企业进行合作，通过优势互补来巩固市场地位，甚至有些银行自己开发电子商务平台来应对挑战。随着金融互联网和互联网金融的不断融合，未来的传统网上银行业务也将越来越使用互联网资源。

专栏4　传统银行网上业务的拓展

美国富国银行利用大数据分析专门提供客户支出状况，允许客户自定义支出分类，比如汽车保养、生活用品、房贷支出等，并给不同的消费支出打上分类标签，系统自动对数据进行分类统计，并给出支出分布图（见图1），让客户直观了解过去一段时间的消费支出状况。

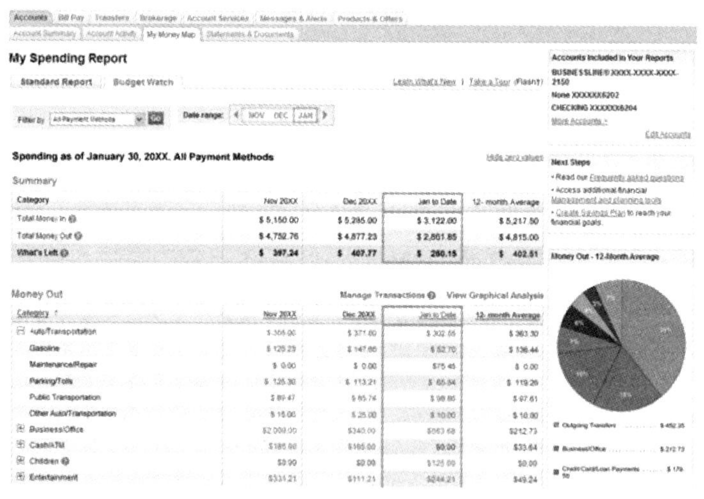

图1　美国富国银行提供的客户支出报告

数据不仅可以被银行使用，在法律许可和保护客户隐私的前提下，银行甚至可以向第三方开放数据接口或程序接口，让第三方公司或个人开发个性化的应用程序，比如开发个人财务管理的应用程序，发布到苹果的应用商店供人们下载。从而调动全社会的人员为银行开发各式各样的应用，为客户提供更丰富、更个性化的服务。

网银的用户行为分析目前主要服务于防欺诈和网络攻击，在交叉营销和个性化服务方面考虑不多。比如电商网站会根据用户点击商品的频次和商品间的关联关系推算出用户可能感兴趣的其他商品，在页面上进行推荐。而网银除了边栏固定的营销活动广告，基本没有这种基于客户行为分析的交叉营销。实际上，可以根据客户的资金状况和理财习惯，在合适的时间以合适的渠道向客户推荐银行的产品和服务。

另外，网银网站的用户访问量很大，其广告价值是很大的。而且访问网银的用户都是在处理与钱有关的事情，这时向用户推送符合其喜好的商品广告，转化为购买行为的概率会比较高。与第三方广告平台合作，出售广告栏位也许可以成为网银的一大盈利点。

（二）网络微贷

非存款类放贷机构发放的小额微型贷款是中国特定金融制度背景下的一种创新。网络微贷特指在互联网领域设立的“只贷不存”的小额贷款公司所从事的专业放贷业务。

互联网微贷的典型是阿里金融板块中的阿里小贷。阿里小贷以交易参数为基点，结合O2O（Online to Offline，将线下商务机会与互联网结合）综合交易模式，让互联网成为连接线下交易的平台，线下交易两端是阿里巴巴、淘宝和天猫三个平台的小微商户与阿里巴巴旗下两家小额贷款公司。阿里贷款全套产品和流程的理论基础是将小企业的电子商务经营数据映射为传统经营业态的折算公式和动态图景，帮助阿里小贷解决小企业信息不透明等障碍，以及帮助小企业解决融资难等问题。将互联网技术融入放贷过程中，对于缓解信息不对称造成的高信用风险、高贷款成本和贷后风险控制等具有积极作用。

阿里金融开展网络微贷的核心竞争力在于依托阿里巴巴电商业务积累的海量客户信息和交易数据，以及领先的信息处理水平，实现对贷款者信用水平和

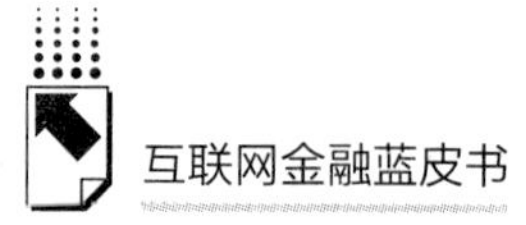

还款能力的精准把握。阿里金融可以实现微贷业务“批量化生产”、服务“程序化运作”。

在阿里系电商平台的“贷前、贷中、贷后”闭环系统中，拥有阿里系电商平台13年所积累的3.5亿笔信用记录。互联网微贷流程是：在贷前审批环节，自建信用评估模型，汇总所有信息（还包括卖家提供的销售数据、银行流水、水电缴纳、在线视频调查等情况作为辅助资料），将数值输入互联网行为评分模型，采用交叉检验技术①，进行较高精度的风险评估。在贷后监督环节，通过已建立的风险预警机制和管理体系实时监控企业经营活动，通过阿里云和支付宝平台监控贷款者的经营情况和现金流水状况，为风险预警提供信息数据。此外，借全网曝光、店铺关停等机制提高贷款者的违约成本。对传统信贷而言，由于对互联网大数据和前瞻信息的创新运用，阿里金融的贷款模式具有颠覆性。图2描绘了大数据加工的过程。

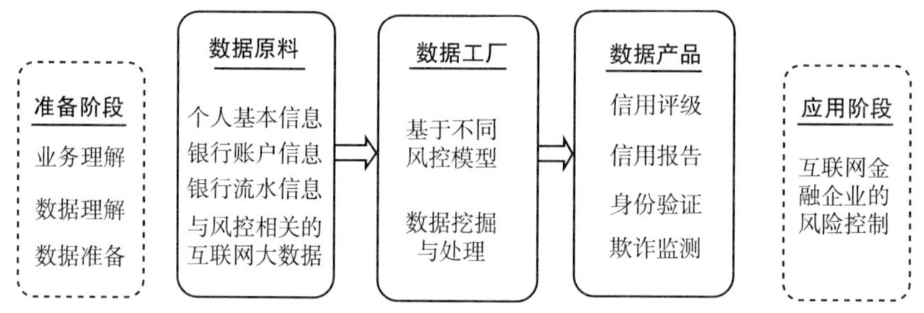

图2　大数据加工过程解析

目前，苏宁、eBay、京东等多家互联网巨头企业纷纷设立互联网微贷平台。例如，eBay与中国平安下属平安金融科技咨询公司（平安金科）达成战略合作，由平安金科联合银行推出“贷贷平安商务卡”互联网金融产品，为eBay上的卖家提供无抵押、无担保的信用贷款。从互联网微贷发展的趋势看，服务对象不局限在单一的销售环节和购买环节，为发挥产业链各环节的协同效

---

① 交叉检验技术：随机从一组测定数据中抽取一部分数据来建立模型，用其余的数据来检验此模型的方法。如在人工神经互联网法中，随机从一组测定数据中抽取一部分数据来训练互联网，获得权系数，根据所得到的权系数进行预测，以预测值与实验值的差值作为评价参数，来校验所建立的互联网模型。

应，增加附加值，微贷服务已开始延伸至制造、采购和物流等环节。

网络微贷模式的特点在于：一是有自己的电商平台，积累了大量的交易、物流数据，为后期小额贷款提供了信息来源；二是出发点更多是为满足电商平台的客户需要；三是资金规模相对较大。阿里巴巴旗下的两家小贷公司注册资金最高为16亿元，苏宁斥资3亿元建立其小贷公司，而截至2013年6月末全国小额贷款公司实收资本平均为0.9亿元。

（三）P2P贷款

1. P2P概念

P2P贷款（Peer-to-Peer Lending，又称“人人贷”）是个体对个体之间通过网络实现资金融通，拥有资金并有投资理财意愿的个人，通过互联网平台获取信息和进行交易操作，使用信用贷款方式直接将资金贷给有借款需求者。P2P模式表现为个体对个体的信息获取和资金流向，在债权债务关系中脱离传统的资金媒介。

P2P模式通过P2P平台为借贷双方提供信息流通交互、信息价值确认和其他促成交易完成的服务，但不作为借贷资金的债权债务方。具体服务形式包括但不限于：借贷信息公布、信用审核、法律手段、投资咨询、逾期贷款追偿以及其他增值服务等。有些P2P平台事实上还提供资金中间托管结算业务，也依然没有逾越“非债权债务方”的边界①。

2. 发展历程

P2P兴起于欧美国家。2005年，第一家互联网P2P公司Zopa在英国设立，随后Lending Club、Prosper、Kiva等P2P平台不断出现并产生持续创新力，包括对社交互联网软信息的利用、贷款产品的拍卖竞标等形式在世界范围内得到推广。在欧美国家，人们长期习惯于依赖信用卡进行超前消费，P2P模式主要基于个人消费信贷，通过互联网进行P2P借贷完全符合其对借贷的便捷性、可得性、低利率的追求。这些国家信用消费历史较长，具有完善的信用体系，几乎任何个体的信用状况均有据可查，这为P2P的蓬勃发展奠定了安

---

① 李钧：《P2P借贷：性质、风险与监管》，《金融发展评论》2013年第3期。

全便捷的社会基础。

3. P2P 产生的原因

（1）技术原因。20 世纪 80 年代以来，互联网技术的发展降低了信息传播的成本，在很大程度上解决了信息分散和不对称问题。历史数据的积累和数据挖掘技术的深化，使信息（数据）的真实性和转化价值得到提升。这些技术条件有力地支撑了 P2P 模式的发展。

（2）市场原因。一是资金需求方。P2P 平台融合搜索技术、数据挖掘技术和平台概念，推动信息对称性和渠道通畅性问题逐步改善，极大地解决了小微企业和个人贷款难问题。P2P 平台利用网络简化借款申请流程手续，缩短资金获取时间，深受中小微企业欢迎。二是资金供给方。大众富裕阶层的财富保值需求逐年增加，并普遍偏好中低等风险的固定收益类产品，P2P 理财产品符合这个市场的需求。

4. P2P 特点

一是 P2P 借贷双方参与的广泛性。P2P 借贷双方呈现散点网络状的多对多形式，且针对非特定主体。对于出资者，P2P 准入门槛较低，参与方式灵活。借款者主要是个体工商户和工薪阶层，短期周转需求占很大部分。二是交易条件的灵活性和高效性。交易条件包括借贷本金、利息、期限、还款方式、担保抵押等内容。部分 P2P 平台提供一个竞价的场所，部分 P2P 平台则直接配比项目与资金，极大地满足了借贷双方的多样化需求。P2P 平台没有层层审核模式，在信用合格的情况下，手续简单直接，从贷款审批到贷款发放期限较短。三是互联网技术的运用。P2P 借贷参与者具有分散性与广泛性，借贷关系密集复杂，这种多对多的信息整合与审核，极大地依赖于互联网技术。

5. P2P 与传统融资模式的异同

P2P 与传统融资模式的相同点：一是都为金融媒介，满足借贷双方对资金的需求；二是发生借贷业务时都具有风险性，P2P 平台的风险比传统银行融资模式更大，监管力度薄弱；三是 P2P 平台模式和传统金融模式在洽谈一笔业务时都会对借款人的信用进行分析。

P2P 与传统融资模式的不同点：一是 P2P 进入门槛低、信息量大，金融渠道较为畅通，小额借贷满足率高；传统投资融资渠道门槛高，较难满足个人和中小型企业资金需求。二是 P2P 借贷操作过程简单，成本低；传统金融模式操作过程复杂，成本较高。三是 P2P 模式透明性高，出借人和借款人互相了解对方的身份信息、信用信息，出借人可以及时了解借款人的还款进度；传统金融模式单方面规定利息，信息透明度较低。

（四）众筹融资

1. 众筹概念

（1）定义。众筹（Crowd Funding）是一种全新的项目投融资方式，指项目发起人通过互联网众筹平台宣传、介绍自己的项目，合格投资者对感兴趣的项目进行少量投资，使发起人筹集项目运行资金。在相当一部分众筹活动中，投资者还积极参与项目谋划与实施过程，促使产品更好地适应市场需要。这种用“团购＋预购”形式向网友募集项目资金的模式，可以有效集聚众多互联网网民的富余资金，积小成大并形成一股较大合力，通过给有创意的个人提供资金支持，每个人的小额资金都可以创造价值，实现互利共赢。

按照筹资方式不同，众筹大致可分为四类：捐助类、报酬类、借贷类和权益类（Donation，Reward，Lending，Equity）。捐助类与报酬类众筹规模较小，且多集中于公共、健康、环境、教育、社区和宗教类目的；报酬类众筹也多集中于影视、技术等创意性项目；权益类众筹较为少见，多集中于软件、互联网、计算机和通信技术等项目融资。

（2）众筹的构成。发起人：有创意但缺乏资金的人；支持者：对筹资者的创意和回报感兴趣，且有能力支持的人；平台：连接发起人和支持者的互联网终端，可以是社交媒介或专业众筹网站。

（3）众筹的特点。一是低门槛，众筹不限制发起人身份、地位、职业、年龄、性别，仅关注项目本身是否具有足够的吸引力；二是多样性，众筹的方向具有多样性，可包括设计、科技、音乐、影视、食品、漫画、出版、游戏、摄影等；三是依靠大众力量，支持者通常是普通网民，投资门槛低，积少成多，如 Kickstarter 网站显示，2012 年度 2241475 个出资者共筹集 319786629 美元，平均每位出资人付出 143 美元；四是注重创意，众筹具有公益圆梦意义，但发起人的创意（设计图、成品、策划书、视频讲解等）要达到可展示程度，

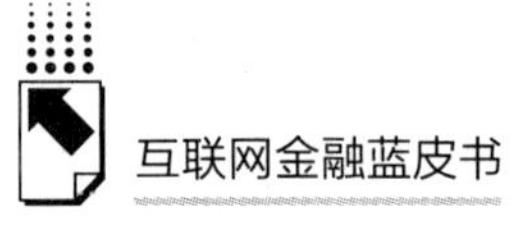

且不可复制。

众筹融资模式最适合于科技金融和文化金融领域。项目一般是艺术创作、自由软件、设计发明、科学研究以及公共专案等。在规定期限内，项目募集资金若达到目标，则项目融资宣告成功；否则，募集资金全数返还投资者。对投资者的回报方式可以是实物的，也可以是精神层面的。由于投资风险较大，一般投资金额较小，但面对的投资群体较大。

（4）众筹的性质。向公众筹集资金涉及是否非法集资问题。国内外专业众筹网站通常规定：所有项目不能以股权或是资金作为回报，项目发起人不能向支持者许诺任何资金上的收益，必须是以实物、服务或者媒体内容等作为回报。从这个角度看，众筹对一个项目的支持属于购买行为，而非投资行为，与非法集资有本质的区别。众筹模式在美国被纳入监管，成为合法融资行为。根据中国证券法，向不特定对象发行证券，或者向特定对象发行证券累计超过200人的，都属于公开发行，需要经过证券监管部门核准。

2. 众筹的兴起与发展

众筹最初是艰难奋斗的艺术家们为创作筹措资金的一个手段，现在已演变成初创企业和个人为自己的项目争取资金的一个渠道。社交媒介和专业众筹网站使任何有创意的人都能够向几乎完全陌生的人推销自己的创意并筹集资金，消除了从传统投资者到机构融资的许多障碍。

众筹兴起于美国网站 Kickstarter，该网站通过搭建网络平台面向公众筹资，让有创造力的人可能获得他们所需要的资金。这种模式打破了传统的融资模式，每一位普通人都可以通过众筹模式获得从事某项创作或活动的资金，融资来源不再局限于风投等机构。

众筹模式兴起于 2009 年，但发展迅速。据 ECN（European Crowdfunding Network）估计，2012 年末全球约 450 家众筹平台，筹集资金约 22 亿欧元，较 2011 年增加 80%。Massolution 公司的研究报告显示，2007 年全球众筹融资平台尚不足百个，到 2012 年上半年则已有 450 多个。2009 年全球众筹融资额仅为 5.3 亿美元，2012 年已上升至 26.6 亿美元，较 2011 年的 14.7 亿美元增长了 81%。预计 2013 年全球众筹融资规模将达 32 亿美元（见图 3）。众筹模式在中国起步较晚，2011 年 7 月上线的点名时间是中国最大的众筹网站。

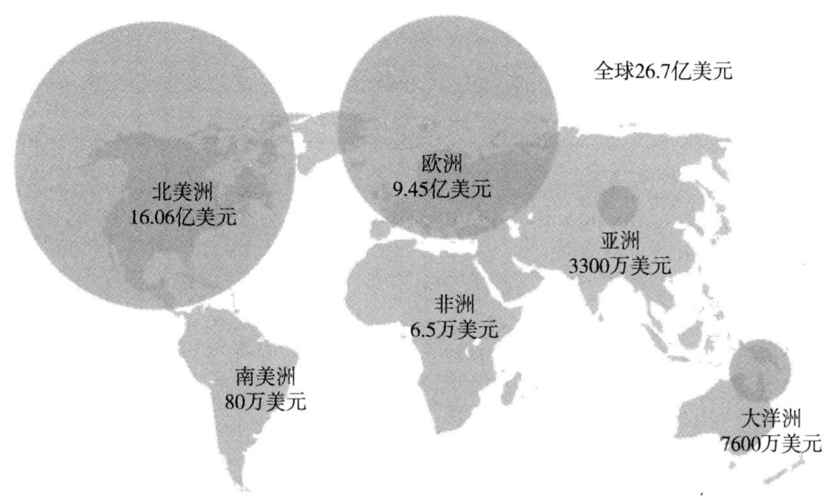

图3　2012年全球众筹融资规模及分布

资料来源：2013CF-The Crowdfunding Industry Report，Massolution。

3. 众筹的价值

（1）风险投资的补充。众筹可有效解决不适合批量复制的产品的资本来源，满足人们日益增长的对个性化产品和服务的需求。不适合批量生产意味着融资规模较小而且成本高，风险与收益不成正比，难以吸引风险投资机构。

（2）吸引潜在客户群与未来投资者。众筹模式不仅可以带来启动资金，还可以把产品从小众推向消费级市场。对于一些不缺钱但相对成熟的项目，众筹平台是一个营销渠道。众筹平台用户普遍敢于尝试新鲜事物，这对许多以创意取胜的项目十分重要。此外，众筹网站还可能成为创新项目被风险投资发现的重要平台。

（3）参与主体价值多元化。众筹平台融资者往往有多重目标，除融资外，还包括获得外部技术、资源、管理经验等帮助。投资者参与众筹的目的涉及慈善行为、享受行为（享受与融资者互动和创新的过程）、特别体验机会、特殊荣誉和独特价值服务因素。投资者和融资者不局限于单纯的资金借贷本身，交易活动的目的更为丰富，交易关系更为融洽，距离更为贴近。

（五）互联网支付

互联网支付是一种由具备一定实力和信誉保障的独立机构，采用与各大银行签约的方式，提供与银行支付结算系统接口的交易支付平台的互联网支付模式。互联网支付包括依靠获得支付许可牌照的第三方支付和依托移动支付终端提供金融服务的其他支付服务等，后者以手机支付为代表。

第三方支付模式在互联网交易活动中极为重要。网络买家选购后，使用第三方互联网平台提供的账户进行支付，并由第三方通知卖家货款到账、要求发货；买方收货检验并确认后，通知第三方向卖家付款，第三方再将款项转至卖家账户。同时，第三方支付还可以承担信用中介和资金监管职责，为无法与银行网关建立接口的小微企业、个体户提供便捷的支付平台，在一定程度上弥补网上银行支付方式对交易双方约束的局限性，间接为真实交易、货物质量和退换要求提供较为可靠的保证，一定程度上减少了互联网交易欺诈。同时，银行可以扩展业务，节省网关接口的铺设和维护费用。

目前，我国第三方支付模式主要分为两类，第一类是在银行基础支付层提供的统一平台和接口的基础上，提供网上支付通道，典型的企业有上海环讯、北京首信、网银在线、拉卡拉等。第二类则是电子商务网站自建的支付平台，如支付宝等。我国第三方支付平台发展趋势：一是逐渐将业务范畴扩展至对交易双方流动资金的管理，成为金融支付综合服务提供商，为基金、保险的销售提供新渠道；二是逐步形成线上、线下多种支付方式并存的融合局面，例如支付宝即将附着于线下自动售货机。

3G 技术的发展，带来移动电子商务的兴起，推动手机移动支付方式不断发展，即允许用户使用其移动终端，通过拨打电话、发送短信、使用 WAP 功能或下载客户端软件等方式接入移动支付系统，直接或间接向银行金融机构发送支付指令，对所消费的商品或服务进行支付。IDC 报告显示，2017 年全球移动支付的金额将突破 1 万亿美元。移动支付主要分为近场支付和远程支付两种，前者是用手机刷卡方式坐车、购物，通过支付钱包实现当面付款等；后者是在移动终端上发送指令进行支付，如掌中付移动支付系统。

专栏5　手机移动支付①

手机支付是银行业金融机构与移动通信运营商之间通过跨行业合作，整合货币电子化与移动通信业务，借助移动互联网络平台，以手机作为终端，向客户提供银行服务的一种金融服务方式。根据业务主导力量的不同，手机支付的业务模式大致可以分为两类。

一是以银行为主导的手机支付模式。手机支付是商业银行利用移动互联网（主要是WAP和3G等通信手段）提供的一种新型金融服务。通过将手机号码与银行账户进行绑定，客户可以使用手机来获得各种银行服务。即银行将柜台上非现金交易和不涉及实物单证的业务从传统互联网向移动互联网终端（即手机）延伸。从银行角度看，移动运营商应该是商业银行开办手机银行业务的一个重要通道，负责提供相应的技术支持和信息服务。客户通过运营商提供的通道能够接触到各种类型的银行服务。

从实现方式上看，这种手机支付业务操作又可以分为三类。

（1）基于WAP的模式。通过手机自带或内嵌的WAP（Wireless application protocol）浏览器访问银行网站，即利用手机上网处理银行业务的在线服务，客户端无须安装软件，只需手机开通WAP服务。这种模式兼容性很高，但受制于手机上网的速度，同时在满足客户体验方面缺乏吸引力。

（2）基于客户端的模式。这种模式是将手机银行的客户端软件安装嵌入客户手机界面，客户通过操作银行提供的客户端软件登录手机银行。基于客户端的模式能够为客户提供银行特色服务，有效满足客户体验需求，但是需要银行不断开发新的客户端程序来适配不同款式的手机，运行成本较高。

（3）基于短信的模式。短信模式是指银行按照客户通过手机短信发送的指令，为客户办理查询、转账、汇款、捐款、消费、缴费等业务，并将交易结果以短信方式通知客户的金融服务方式。短信方式门槛较低，但功能有限，难以实现交互业务，而且最大的问题在于要求客户熟记各家银行的短码，反而不方便。目前以下行的信息提供服务为主。

---

① 庾力、陈继明、王瑱：《中国手机银行发展：现状、问题及对策》，《西部金融》2012年第4期。

二是以移动运营商为主导的手机支付模式。从移动运营商角度看，凭借移动通信技术、市场网络和客户信息资源等方面的优势，移动运营商足以开展相应的移动支付业务，商业银行可以成为其开展移动支付业务在金融方面的资金结算后台。这种模式由移动运营商或第三方服务商设立手机钱包，客户首先通过自助设备等渠道将资金充值到手机钱包账户，然后从该手机钱包账户进行支付。

这种模式以肯尼亚的 M-PESA[①] 移动货币为典型代表。M-PESA 允许使用者将货币保存在虚拟的“储值”账户里面，这一账户由电信运营商的服务器维持，由使用者通过移动电话操作。使用者可以通过本地的 M-PESA 代理商进行存款和取款[②]。使用者可以使用其可用余额，将货币发送给其他移动电话用户、购买话费或者储存货币等。电信运营商将客户存储在 M-PESA 账户上的资金汇集到统一账户，委托商业银行集中管理，这样使得运营商有足够的时间和精力致力于技术的开发和提高服务水平。

互联网支付企业通过各类产品与业务创新，替代了大量银行的支付结算中间业务。而随着监管机制的逐渐放开，商业银行的小额信贷和代理基金、保险、信托、券商理财产品等重点业务，互联网支付企业也可能逐渐进入。2013 年 4 月，阿里巴巴推出了信用支付产品，对浙江和湖南的用户群率先开放先透支再还款服务，这在本质上就是基于卖家既往的信用状况所提供的个人消费信贷服务。

（六）互联网理财

投资者通过互联网获取理财服务，主要包括金融产品和服务的交易、网上理财信息查询、理财信息分析、个性化理财方案设计等。互联网理财强调金融机构利用互联网“大数据”主动挖掘信息，深入解读数据，思考客户问题，并运用现代信息技术，研判客户需求，定位客户资源，从而提供定点、有针对

---

① M-PESA 是英国沃达丰发明的电子支付方案，目前不仅在肯尼亚使用，同时也在坦桑尼亚和阿富汗使用。M-PESA 允许使用者将货币保存在虚拟的“储值”账户里面，这一账户由电信供应商的服务器维持，使用者通过移动电话操作。

② 存款就是顾客将现金移交给 M-PESA 代理商，等值的电子货币从代理商的 M-PESA 账户转移到顾客的账户。取款就是一个反向操作。这种转移由 M-PESA 系统实时授权，代理商与顾客的账户同时借记和贷记。所以，交易双方都不承受信用或结算风险。

性的服务。

互联网理财具有信息、成本和时空优势。一是互联网信息传播速度快、范围广，投资者通过互联网可轻松掌握全国甚至全球的理财资讯，信息数量没有上限，且传递速度较快。如互联网证券交易提供的行情更新频率在8~10秒/次，快于其他任何委托方式。二是互联网理财服务节省大量的运营成本，包括设立庞大经营网点的费用、通信费用、数据挖掘费用等。互联网的开放性、无边界性，促使服务供应商不断地提高服务质量、降低服务费用。数据统计显示，发展虚拟理财网站的投资仅为250万~1000万元，日常费用仅为5万~20万元，显著低于新建一家营业部的费用。三是互联网理财的空间覆盖面可达全球，时间上真正做到了“7×24”小时营业，极大地方便了客户。

在美国，互联网理财深受市场瞩目，互联网银行（SFNB）、互联网保险（INSWEB）、互联网基金（美国版余额宝PayPal）和电子券商（E*TRADE）等均提供网络理财服务。PayPal公司成立次年就设立账户余额的货币市场基金，通过PayPal网站向在线投资者开放，前提是投资者须为PayPal用户，基金初始及追加投资的最小额均为0.01美元，最高账户余额为10万美元。

在国内，支付宝与天弘基金联合推出“余额宝”，首创互联网理财业务。用户把支付宝中的余额转入“余额宝”，就可购买货币基金，最低购买金额无下限，还可以随时用余额宝内的资金进行网购，实现“T+0”的高流动性，同期限收益率高于开放式理财产品。此后，东方财富、同花顺、工银瑞信、华夏基金、南方基金等基金公司或第三方机构也逐步推出“活期宝”“收益宝”等互联网理财工具。互联网理财的特征明显：一是仅通过淘宝网、基金公司网上直销平台和托管行网站销售，不通过银行柜台销售；二是销售门槛降低，最低至50元；三是成本低，理财产品常以团购方式销售，投资者可享受基金认购手续费打折或免除的优惠。

专栏6　互联网理财模式——余额宝①

2013年6月13日，阿里巴巴集团的“余额宝”类存款悄然上线，是由国

① http://blog.sina.com.cn/s/blog_5ff12cb901019q4c.html.

内领先的第三方支付平台之一的支付宝打造的一项全新的余额增值服务。通过余额宝，用户在支付宝网站内就可以直接购买基金等理财产品，获得相对较高的收益，同时余额宝内的资金还能随时用于网上购物、支付宝转账等支付功能。通过“余额宝”，用户存留在支付宝的资金不仅能拿到“投资收益”，而且和银行活期存款利息相比收益更高。余额宝主要有以下几个特点。余额宝资金运作流程如图4所示。

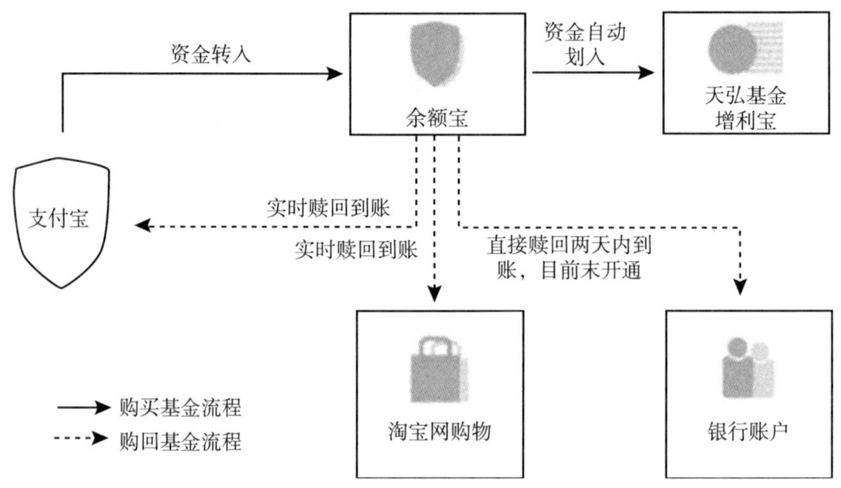

图4　余额宝资金运作流程

1. 操作流程简单

余额宝服务是将基金公司的基金直销系统内置到支付宝网站中，用户将资金转入余额宝，实际上是进行货币基金的购买，相应资金均由基金公司进行管理，余额宝的收益也不是“利息”，而是用户购买货币基金的收益，用户如果选择使用余额宝内的资金进行购物支付，则相当于赎回货币基金。整个流程就像给支付宝充值、提现或购物支付一样简单。

2. 最低购买金额没有限制

余额宝对于用户的最低购买金额没有限制，一元钱就能起买。余额宝的目标是让那些零花钱也能获得增值的机会，让用户哪怕有一两元、一两百元都能享受到理财的快乐。

3. 收益高，使用灵活

跟一般“钱生钱”的理财服务相比，余额宝更大的优势在于，它不仅能够提供高收益，还全面支持网购消费、支付宝转账等几乎所有的支付宝功能，这意味着资金在余额宝中一方面在时刻保持增值，另一方面又能随时用于消费。转入余额宝的资金在第二个工作日由基金公司进行份额确认，对已确认的份额会开始计算收益，同时，与支付宝余额宝合作的天弘增利宝货币基金，支持T+0实时赎回，这也就意味着，转入增利宝中的资金可以随时转出至支付宝、余额宝，实时到账无手续费，也可直接提现到银行卡。

4. 安全

支付宝对余额宝还提供了被盗金额补偿的保障，确保资金万无一失。余额宝转入及转出都无需手续费，支持实时转出、及时到账等。用户转入余额宝的资金不仅可以获得收益，还能随时用于消费支付，非常灵活便捷。

5. 手机随时随地操作

2013年7月1日，余额宝功能在支付宝钱包（即支付宝手机客户端）上线，这就意味着，用户可以每天在手机上操作余额宝账户，随时买入、卖出、查看收益。与在电脑上使用相比，也就是说，用户把余额宝里的钱转出到支付宝余额后，可以通过支付宝钱包，转回任意的银行卡，并且不需要手续费①。

① 《互联网金融“撒欢”银行业领地“求稳”》，《中国改革报》2013年10月14日。

B.2
互联网金融发展的基础

一　互联网金融发展的理论基础

（一）声誉理论

声誉是市场经济中缓解信息不对称、规范市场秩序的一种有效制度安排。声誉机制是治理和规范市场经济秩序的重要制度安排，针对现实中存在的因信息不完全造成的金融信用缺失状况，可以“建立某种激励、约束和惩罚”的声誉机制。任何社会对不规范经济行为的治理都有成本，声誉机制是一种比法律成本更低的机制。由政府来治理不规范经济行为所付出的成本比当事人依靠建立声誉进行自我约束所付出的成本更大。建立声誉机制可以使守信用者得到利益激励，不守信用者受到惩罚，因而对于市场经济健康运行具有重要意义。

专栏1　声誉理论①

西方经济学对声誉机制的研究较早。声誉在经济活动中的价值极为突出。行为人在经济活动中的一举一动无不塑造着自己的声誉。从企业层面来看，声誉体现出自身的价值观、经营活动风格、守信状况及企业文化等，展现了一个企业受社会公众认可和信任的程度。声誉作为一种无形资产，其实际价值无法客观量化，也不如其他资产稳定，然而一旦受损将迅速贬值，重塑的难度较大。不管是市场上的自然人还是企业法人，在线上线下的经济交往中必须重视声誉带来的经济价值，建立良好的声誉。

---

① 余津津：《国外声誉理论研究综述》，《经济纵横》2003 年第 10 期。
皮天雷：《国外声誉理论：文献综述、研究展望及对中国的启示》，《首都经济贸易大学学报》2009 年第 3 期。

传统西方经济学理论中，声誉是保障经济行为主体契约诚实执行的重要机制，由于存在丧失未来收益的威胁，因而使得双方缔结的合同能够自动实施。即使对方是自私自利的，但是出于声誉的考虑，尽管存在着潜在的机会主义倾向，非合作交易行为也会不断持续下去。随着激励理论的深入发展，经济学将动态博弈理论引入委托-代理关系研究中，论证了在多次重复博弈代理关系的情况下，声誉等隐性激励机制能够发挥激励代理人的作用。在重复交易中，一方或者双方都能够获得关于别人能力和偏好的有价值信息。新制度经济学认为，重视个人声誉是一种良好的意识形态资本，能够起到对经济人行为的激励作用。随后，大量的经济学与管理学文献研究了声誉问题，这些文献主旨是声誉能够降低信息获取成本。

声誉理论的经典模型及理论基础为 KMRW 模型（Kreps，Milgrom，Roberts 和 Wilson，1982）与无名氏定理[①]（Folk Theorem）。KMRW 模型指出，完全信息条件下的有限次重复博弈不可能导致参与人的合作行为。在这种情况下，不存在对于声誉的解释，因为参与人都没有积极性建立良好的声誉。Kreps、Milgrom、Roberts 和 Wilson（1982）建立了标准的声誉模型（Reputation Model），引入了两种类型的参与人：好的类型（Good）和斯坦克尔伯格类型（Stackelberg）。前者如高能力企业，可以选择高或低努力程度，即具有机会主义倾向；后者对其能够承担的行为进行可信的承诺，这种类型有时被称为承诺类型。模型的结论是：在一定时期内，好的类型企业可通过“伪装”成斯坦克尔伯格类型来获得声誉。Kreps、Milgrom、Roberts 和 Wilson（1982）的思想被总结为 KMRW 定理。该定理还解释了当进行多阶段博弈时，声誉机制能起到很大作用，上一阶段的声誉往往影响下一阶段及以后阶段的效用。现阶段良好的声誉意味着未来阶段有较高的效用。因此，非道德类型的经营者就有可能假装成道德类型的经营者，建立声誉，以期在博弈快结束时利用声誉获取更高的效用。

从微观层面来看，交易主体把声誉看成一种资产。如果企业未能履行合

① 无名氏定理指的是在重复博弈中，只要博弈人具有足够的耐心（贴现因子足够大），那么在满足博弈人个人理性约束的前提下，博弈人之间就总有多种可能达成合作均衡。无名氏定理之所以得名，是由于重复博弈促进合作的思想，早就有很多人提出，以至于无法追溯到其原创者，故以“无名氏”命名之。

约，就可能丧失一部分顾客，这样企业声誉的价值就等于未来交易的损失减去违背合约所得到的短期收益。这种观点已被正式化，成为无限次重复博弈的触动策略均衡。在这种均衡中，参与人声誉的价值就是与触发战略相联系的支付总和与一次性博弈占优战略支付之差。这正是无名氏定理所揭示的，如果博弈重复无限次并且每个人有足够的耐心（贴现因子足够大），帕累托最优的合作就可以成为每一次博弈的均衡结果。那么，从获得长期利益的角度出发，参与人都有积极性为自己建立一个乐于合作的声誉，同时也有积极性惩罚对方的机会主义行为。

声誉信息的广泛传播能够提高市场运作的效率，但是直到最近几年声誉的传送机制才被得到广泛研究，这就是有关声誉信息的理论。它将声誉看成反映行为人历史记录与特征（效用函数）的信息。声誉信息在各个利益相关者之间的交换、传播，形成声誉信息流（Reputation Flow）、声誉信息系统（Reputation System）及声誉信息互联网（Reputation Network），成为信息的显示机制，有效限制了信息扭曲，增加了交易的透明度，降低了交易成本。

现代互联网信息技术已渗透到生产生活和经济交易领域，互联网上的交易足迹可以被深度保留、分析和挖掘。互联网金融活动的数据信息价值突出，以互联网为基础的金融借贷活动无法对交易对手进行全方位的考察与研究，但可以通过互联网上的数据轨迹进行深度挖掘。数据信息是一种有价值的信用资产，可以衡量所有交易个体的声誉水平。在互联网金融领域，海量并不断增多的交易数据能够作为反映经济主体声誉的重要证据，同时成为最能反映企业未来收益的真正前瞻性信息。整合信息资源、调整信息结构、构建双方的信任机制显得尤为重要。互联网金融活动依赖自治的私人秩序或非正式契约，声誉机制在一定程度上能代替公共秩序，帮助建立基于信誉的信任。数据就是金融，声誉就是开展金融活动的保障。随着互联网金融发展和制度法规的完善，声誉机制对互联网金融活动的重要性会愈见突出。

声誉机制发挥作用需要两个条件：一是信息低成本迅速传播；二是交易方行为是可置信的（Postlewaite，Okuno-Fujiwara，Ellison and Kandori，1995）。互联网金融领域的P2P和众筹网站等承担着信息中介机构的作用，通过建立信用评价体制以保障信息低成本快速传播。交易方行为可置信从动态博弈视角可分为可置信承诺和可置信威胁，这种承诺和威胁是声誉机制发生效果的重要保障，在很大程度上对行为主体形成约束，有利于契约关系的形成。

互联网金融平台是沟通资金供给者和资金需求者的典型双边市场。平台吸引一方的主体越多，对平台另一方主体的效用就越大，另一方主体参与平台活动的积极性就越强（Rochet 和 Tirole，2006；Armstrong，2006）。由于信息不对称和信息不完全，互联网平台的金融主体不可避免地面临许多逆向选择和道德风险等问题。互联网金融依托“大数据”对信息、数据、声誉和信用等进行充分计算，可有效甄别不同个体的信誉水平和声誉状况。依托声誉机制保障，充分利用历史数据信息鉴定交易主体的信用状况，互联网金融平台可以不断吸引新的主体进入平台。

互联网金融活动中，交易产生数据，数据塑造声誉，声誉体现信用。市场主体利用互联网平台交易形成的“大数据”，在重复博弈中评判对方的信用水平，充分运用声誉信息价值和声誉机制促进互联网金融发展。互联网金融则为声誉理论提供大数据资源，建立声誉并发挥作用。

（二）信息经济学

“大数据”是发展互联网金融的核心信息要素。互联网信息具有较大的外部性。金融行业与互联网领域不断加深融合，交易过程留存的互联网数据成为重要的信息资产，是判断资信水平和还贷能力的重要考量指标。随着互联网信息传送与交流、价值评价，以及互联网经济政策法规制定等方面的深入发展，互联网经济的开放性和竞争性将更为强烈。

信息不对称引起逆向选择和道德风险并导致金融市场低效和发生风险。网路上信息容量巨大、种类繁多，信息噪声也更为显著，信息不完全及不对称状况更为突出。减少互联网金融领域的逆向选择和道德风险，应当充分运用“云计算”技术对包括交易主体信用信息在内的“大数据”进行深度挖掘、分析和整合，建立科学的互联网金融信息评判标准，构造符合自身实际的信息运用模式，汇集和利用软信息将“非关系型贷款”变成“关系型贷款”，在互联网金融活动中形成自身的核心竞争力。

专栏2 信息经济理论

信息经济学是针对“信息”这一对象分析如何优化资源配置的交叉科学，融管理学、经济学、系统科学、运筹学和信息科学的相关理论于一体，反映信息主体所产生的经济行为及由此而带来的经济结构及其长期发展规律。

信息经济学于20世纪60年代初提出，以美国经济学家Stigler于1961年在《政治经济学》杂志上发表的《信息经济学》论文为代表，着重研究信息的价值和成本，以及信息对生产要素、工资和价格的影响。20世纪80年代，随着新技术革命兴起及影响扩大，信息经济学理论步入黄金发展时期。20世纪90年代，信息经济学取得重大突破，传统经济学理论（如边际效益递减理论、规模经济理论、经济周期理论、生产力要素理论等）受到信息经济学研究的进一步审视，并修正和完善。

信息经济学理论体系可以按照不同角度加以划分。有的理论着重于按照信息的生产与利用过程，研究信息的生产、流通与最终消费；有的理论则按照现代经济学理论分析框架，从市场不确定性的维度来建立信息经济学的理论体系。最常见的分类方法是从宏观和微观的角度划分。微观信息经济学主要以经济活动个体（如厂商、企业）的信息行为，以及信息如何影响个体的决策行为为分析对象，大致包括四部分内容：一是市场信息的表现形式和对信息的效用分析（包括委托－代理理论）；二是信息资源配置理论（包括信息结构理论等）；三是最优的信息经济分析（包括信息搜寻理论）；四是微观信息市场理论（如微观信息市场效率和均衡理论等）。典型的几类代表性核心理论包括委托－代理理论、信息系统选择理论、搜寻理论、不利选择（柠檬）理论、信息市场理论、团队理论、信号理论、格罗斯曼－施蒂格利兹悖论①。宏观信息经济学主要以个体厂商信息行为的外部化为分析对象，主要研究信息产业发展与信息市场的国家政策、国际信息技术贸易和信息技术对经济增长所产生的作

① 格罗斯曼和施蒂格利兹在1980年发表的文章《论信息效率市场的不可能性》中提出了被称为“格罗斯曼－施蒂格利兹悖论”的一个重要结论，这个结论是由两个被证明相互矛盾的命题构成的：①如果市场上价格信息是充分传递的，那么市场均衡是不存在的；②如果获取信息是需要付出代价的，那么将不存在通常意义上的竞争均衡。上述两个结论所导出的“均衡”悖论，彻底否定了传统经济学所隐含的“信息是充分传递”的这样一个前提。它说明完全的信息并不能有效地提高市场效率，相反，却有可能会阻碍市场效率的发挥。

用等方面。

信息经济学理论中最具代表性的模型为委托－代理模型，逆向选择和道德风险是委托－代理框架下信息不对称导致市场失灵的典型形式。互联网平台上的信息是不对称的，在这种信息结构中，市场整体效率会遭受较大损失。行为人的自利性促使掌握更多信息的一方以对方的利益为代价谋求自己的利益，而信息劣势一方则知道对方利用信息优势在谋利，从而对任何交易都持怀疑态度，不利于市场交易的达成，给双方的长远利益造成损失。因此，缺乏信息的一方要采取行动来甄别鉴定对方隐藏的信息，以改变自己的信息劣势地位，这是“筛选”活动，而掌握完全信息并拥有优质产品的一方则尽可能使信息充分暴露，力求赢得市场，这是“发信号”活动。按照这种类型来看，信号模型由信号传递模型（拥有私人信息一方）和信号甄别模型（处于信息劣势一方）构成。在委托－代理活动中，为了防止代理人利用自身优势损害委托人利益，防范道德风险，应该建立激励机制。激励机制可划分为显性和隐性两种类型。显性激励机制（Explicit Incentive Mechanism）使当事人预期能够获得的补偿收益显性化，是解决单次委托－代理关系的静态模型；隐性激励机制（Implicit Incentive Mechanism）则表现得不那么明显，主要包括声誉模型（Reputation Model）、棘轮效应[①]（Ratchet Effects），它是解决多次重复委托－代理关系的动态模型。互联网金融活动的委托－代理特征并非十分明显，然而，相对于线上互联网金融服务机构而言，参与者仍然处于信息劣势一方，可能无法像一些P2P平台那样掌握交易双方的大量信息，这些线上网站依然有可能利用自身信息优势损害资金提供者和资金需求者双方的利益，因此有必要建立激励和约束机制防止互联网金融活动道德风险的发生。

由于价格是在搜寻中获得的，以付出成本为代价，因而带来信息的不完全，也就决定了竞争是不完全的。决策个体之间存在直接的相互作用，私人信息发挥着重要作用。在信息不完全和非对称条件下，完全理性转化为有限理性，即经济个体按照自身利益最大化原则行事，但他通常并不具有做出最优决

① 棘轮效应由经济学家杜森贝里提出，体现的是一种行为惯性，是指人的消费习惯形成之后有不可逆性，即易于向上调整，而难于向下调整。尤其是在短期内消费是不可逆的，其习惯效应较大。

策所需的信息，因此，其认识能力是有限的。各个决策个体之间的影响成为经济分析的出发点。通过对信息，尤其是私人信息作用机理的分析，信息经济学揭示了个人理性可能导致集体非理性，价格并不能囊括全部的市场经济关系，因此，市场价格制度就不再是激励约束的全部内容和手段，“非价格”机制成为激励约束不可或缺的内容，信息经济就是运用机制设计理论来设计“非价格”制度以解决这个问题的。

信息与经济间关系的研究主要着眼于信息不对称对经济主体行为的影响。信息经济学通过激励制度的设计，防止交易活动中的欺诈行为，弥补市场效率因信息不对称而产生的缺陷。以博弈论为例，博弈论主要研究决策主体的行为发生直接相互作用时的决策以及这种决策的均衡问题。人们之间决策行为的相互影响广泛存在于社会经济活动中，博弈论在决策问题中已成为应用越来越广泛的重要分析方法，也构成了信息经济学研究的基本方法。信息经济学与博弈论之间的关系可以表述为：博弈论是方法论导向的，给定信息结构，研究可能的均衡结果；而信息经济学则相反，是问题导向的，给定信息结构，研究最优的契约安排，也就是强调具有激励的机制设计的重要性。从本质上说，西方信息经济学是非对称信息博弈论在经济学中的应用，是微观经济学的新发展。博弈论研究的问题是决策各方的行为发生相互影响时各自的决策以及这些决策所能达到的均衡，而信息经济学研究的问题则是决策各方的行为发生相互影响时存在的非对称信息。在这里，非对称信息指的是某些参与人拥有但另一些参与人不拥有的信息，信息经济学所讨论的信息即指这种影响双方利益的信息，而不是各种可能的信息①。

（三）网络经济学

互联网金融活动既能运用互联网活动中的边际效率递增规律使运营效率提高，又能充分利用互联网平台构筑金融活动的“长尾基础”。个体交易主体大

① http：//wenku. baidu. com/link？ url = 3sRdPwFPPmMbretDJ9NLbJnl86MGyaq_ wBFS6ooNcgiLIBbbrd9SdveJg6KiVPdZ8zYXEuuO_ 5sIJ3Z0ArGZNR0vBvH1sipqagcGGYZLggm.

量、零散、异质的金融需求难以在现有金融服务模式下被满足。互联网使个体金融服务供需模式得到进一步优化，使资金融通的时间、空间及数量边界得以扩展，从而形成互联网金融的“长尾市场”。

专栏3　网络经济理论

以互联网技术为基础结构的互联网经济发展带来许多技术和经济问题，与互联网经济相关的现实问题也成为理论界研究的热点领域。但直到目前，网络经济学尚未形成一个广泛共识的理论体系，许多概念的界定仍处于不断摸索过程中。

早期的网络经济学实际上是被划分在“通信经济学”范畴中的，包括对电力、电信、公路、铁路等基础设施行业的经济学研究。从现在的角度来看这些行业似乎与互联网经济并无直接联系，然而之所以被称为“互联网经济”，是因为这些行业具有“互联网”式而非“垂直”式的经济结构特征。此类网络经济学研究着眼于与有限资源的最优配置相关的经济学问题和政策的制定方面，其中一个非常关键的问题就是关于垄断与竞争的讨论。互联网行业存在着固有的经济技术特征和广泛的互联网外部性，从而使人们认为互联网行业倾向于出现规模经济和自然垄断，经济学家一直致力于制定相关规章制度和反垄断机制，并对这些制度安排进行经济学分析。随着经济现实和现代经济理论的发展，“网络经济学”的研究开始将研究重心从制定相关的经济法规政策转移到引入激励规制和建立市场竞争机制方面，塑造一个存在多种竞争主体的市场结构。

20世纪90年代后，互联网技术的高速发展使有关互联网的经济学问题成为“网络经济学”的一部分，起初是关于计算机的局域网技术、广域网的成本计算和费用标准方面的一些经济学讨论，随后逐步增加到对互联网服务的市场价格及服务提供者竞争等方面的分析，这时的“网络经济学”也包括了互联网资源的有效配置、提高互联网投资的获利能力及制定合适的政府政策法规等方面。1995年，在美国麻省理工学院举办了互联网经济学研讨会，会后美国学者McKni和Baley将会上的发言稿编纂成《互联网经济学》（*Internet Economics*）一书，首次比较明确地阐述了互联网经济学的定义：互联网经济学是一门研究互联网服务市场的经济学，其研究的主要目的就是实现对互联网中“云”的部分进行经济学解释，弄清在互联网“云”中究竟发生了什么，

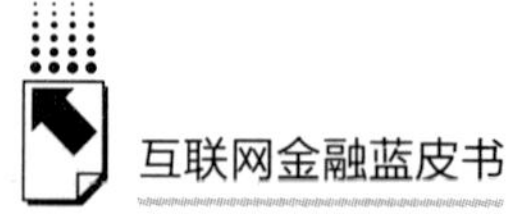

为什么它会存在，以及它的关键经济特征是什么。

作为一种崭新的经济业态，互联网经济具有以下显著的特征：快捷性、高渗透性、自我膨胀性、边际效益递增性、外部经济性、可持续性和直接性。传统边际效益递减规律认为，在技术水平不变的情况下，当把一种可变的生产要素投入一种或几种不变的生产要素中时，最初这种生产要素的增加会使产量增加，但当它的增加超过一定限度时，增加的产量将要递减，最终还会使产量绝对减少。在互联网经济中，情况恰好相反，消费者对某种商品使用得越多，增加该商品消费量的欲望就越强，出现了边际效益递增规律。首先，互联网经济的边际成本是递减的。互联网信息成本主要由三部分构成：互联网建设成本、信息传递成本，以及信息的收集、处理和制作成本。前两类成本边际成本为零，平均成本都有明显递减趋势；第三类成本与入网人数有关，即入网人数越多，所需收集、处理、制作的信息也就越多，这部分成本就随之增大，但其平均成本和边际成本都呈下降趋势。互联网的收益随入网人数的增加而同比例增加，互联网规模越大，总收益和边际收益就越大。其次，科学知识是唯一不遵守效益递减规律的工具。著名经济学家克拉克较早地发现了这一规律。由于信息等高科技产业以知识为基础，而知识具有可共享、可重复使用、可低成本复制、可发展等特点，对其使用和改进越多，其创造的价值越大。而且，知识作为资本要素投入，通过与其他要素的有机配比和使用，提高了投入要素的边际效益，最终导致效益递增。最后，互联网经济具有累积增值性。在互联网经济中，对信息的投资不仅可以获得一般的投资报酬，还可以获得信息累积的增值报酬。这是由于信息互联网能够发挥特殊功能，把零散而无序的大量资料、数据、信息按照使用者的要求进行加工、处理、分析、综合，从而形成有序的高质量的信息资源，为经济决策提供科学依据。同时，信息使用具有传递效应，信息的使用会带来不断增加的报酬。举例来说，一条技术信息能以任意的规模在生产中加以运用。这就是说，在信息成本几乎没有增加的情况下，信息使用规模的不断扩大可以带来不断增加的收益，这种传递效应也使互联网经济呈现边际收益递增的趋势①。

① 谭顺：《网络经济基本特征探析》，《淄博学院学报》（社会科学版）2001 年第 1 期。

长尾理论是互联网时代兴起的一种新理论，由美国人克里斯·安德森提出。长尾理论认为，当商品储存、流通的场地和渠道足够宽广，商品生产成本急剧下降，以至于个人都可以生产，并且销售成本急剧降低时，几乎任何以前需求极低的产品都将存在大量需求。这些需求和销量不高的产品所占据的共同市场份额，可以和主流产品的市场份额相比，甚至更大。

长尾理论将深刻影响未来市场的供需模式。"二八定律"一直是商业中的定则。在传统市场经济模式下，商品的种类受到物理上的巨大限制，这天然地排斥了冷门商品。然而在互联网经济模式下，互联网渠道聚集了冷门商品的分散用户，以较低的边际成本打开了无数的利基（Niche）市场①，释放了以往被忽视的"非热门用户"的"非主流需求"，形成了规模经济，对二八定律造成了巨大冲击。

二　互联网金融发展的技术基础

互联网技术是20世纪以来人类最重大的科技发明，深刻地影响着世界政治经济文化和社会的发展。从早期计算机主机与终端之间的数据传输，到由脱离电话的传输线路、交换设备及通信计算机建设起来的分组交换网络，再到以太网和现今世界上规模最大、增长速度最快的Internet，互联网经历了从无到有的发展历程。在科技日新月异的今天，各种新的网络技术不断涌现，如云计算、移动互联等，正是这些技术的发展应用，创造了一个崭新的"网络世界"。

（一）互联网技术概述

20世纪诞生的互联网，充当着一个互动平台，打破了时空局限，使所有人都可能通过网络共享全社会的智慧，交流各种各样的信息。根据维基百科的定义，互联网（Internet，又称网际网路，或音译因特网、英特网）是网络与网络之间所串联成的庞大网络，这些网络以一组通用的协议相连，形成逻辑上

① 指被市场中的统治者或有绝对优势的企业忽略的某些细分市场或者小众市场。

的单一巨大国际网络。这种将计算机网络互相连接在一起的方法可称作“网络互联”，在此基础上发展出覆盖全世界的全球性互联网络或称互联网，即互相连接在一起的网络①。在 Internet 中，用户计算机需要通过校园网、企业网或 ISP 联入地区主干网，地区主干网通过国家主干网联入国家间的高速主干网，这样就形成一种由路由器互联的大型层次结构的互联网络。

互联网的主要功能包括数据传递、资源分享、分布处理等。数据通信传递功能是用来传递计算机之间的各种信息，这其中包括报纸版面、图片资料、咨询信息等。数据通信传递功能具有传输速度快、管理灵活、系统开发难度低等优点。利用这一功能，可实现世界各个部门和单位的计算机网络互联，实现各个地区的统一分配和管理。计算机资源共享功能主要是指硬件、软件和用户自有资源的共享。硬件共享方面，可以在全网范围内提供对处理资源、存储资源、输入输出资源方面的共享。软件共享方面，用户可以访问各类大型数据库，下载网络资源，在一些网络环境中通过安装客户端软件，登录网络计算机，使用该计算机的软件。用户自有资源的共享方面，用户可以通过计算机网络实现用户之间的资源交流，如通过发送电子邮件、发布新闻消息和电子商务活动等，实现用户的信息交换需求。分布处理功能则主要体现在计算机工作负荷量大的时候，将工作分配到其他空闲的计算机，均衡各计算机的负载，提高处理问题的实时性，这种计算机协作的新形式比购置高性能的大型计算机要便宜得多。

目前世界上已有 150 多个国家和地区接入 Internet，Internet 上拥有不计其数的网络资源，用户可以从 Internet 上获得所需的信息。在互联网的世界中，每个用户既是信息服务的消费者，又是信息服务的提供者，“人人参与”正是互联网从发展伊始就一直秉承的理念。

（二）互联网技术与现代金融

互联网作为一种高效、便捷的信息传输技术，从 20 世纪 90 年代起，迅速地在世界范围内普及开来，深刻地影响着人类社会的方方面面。继通信业、零

① 维基百科，http：//zh.wikipedia.org/wiki/%E4%BA%92%E8%81%94%E7%BD%91。

售业等领域之后，金融业成为又一个深受互联网冲击的行业。

互联网金融是传统金融行业与互联网技术结合的新业态。理论上，任何涉及互联网技术应用的金融领域，都属于互联网金融范畴，包括第三方支付、在线理财产品、金融中介、电子商务等。与传统金融不同的是，互联网金融依托大数据和云计算，采用互联网、移动互联网等工具作为媒介，使得部分金融业务在完全脱离金融机构物理存在的条件下，透明度更高、成本更低、操作更便捷、速度更快。在互联网技术变革的冲击下，金融服务机构中逐渐呈现两种趋势：一种是利用和整合网络信息技术与技术平台，借助网络渠道为大家提供更优质的服务，如网上银行等；另一种是以第三方支付、电商信贷、P2P 信贷等为主业，基于大数据、云计算、移动互联等技术创新平台的新兴企业。

互联网技术对金融领域的推动作用不仅提供了一个更加宽广、更加便宜的资金流通平台，而且改变了传统金融体系的信息处理方式。谢平①认为互联网金融的信息处理模式主要分为三个部分：通过社交网络生成和传播信息；搜索引擎对信息的组织、排序和检索；云计算技术保障了对海量信息数据的高速处理能力。具体而言，就是利用云计算对大数据的高效处理能力，搜索引擎将资金供求双方通过社交网络揭示和传播的海量信息进行组织和标准化，形成连续动态的信息时间序列，银行等企业根据这个序列可以用最小的成本分析出资金需求者的风险定价、违约概率等。

（三）互联网技术发展趋势

1. 大数据时代的到来

互联网技术被用来作为共享资源的渠道，数据产生、发送的速度和频率急剧增长，数据源的数目和种类不断增加，数据量已经从 TB 级别跃升到 PB、EB 乃至 ZB 级别。互联网每天产生的内容可以刻满 1.68 亿张 DVD，而社交网络“Facebook”每分钟的浏览量高达 600 万次。如此庞大的数据，到底意味着什么？“数据是新的石油。”购物网站的顾客评论，为分析企业产品销售状况提供依据；华尔街“德温特资本市场”公司首席执行官保罗·霍廷通过分析

① 谢平：《互联网金融新模式》，《新世纪周刊》2012 年第 24 期。

社交网络的留言，判断民众情绪，做出投资决策，并因此获得了一季度7%的收益率。企业已经开始注意到大数据的重要性，但又不得不面对其数据量大、种类繁多、价值密度低的特点。如何准确地完成数据价值的“提纯”，如何高效地运用数据的价值，成为企业特别是IT企业在大数据时代最为紧迫的问题。

“大数据”一词来源于英文单词“Big Data”，在以前的概念中，“信息爆炸”“海量数据”等都已不能概括这个新生事物。第一次系统提出大数据时代到来的是麦肯锡全球研究所2011年6月发布的一份报告《大数据：创新、竞争和生产力的下一个前沿》（*Big Data: The Next Frontier for Innovation, Competition, and Productivity*）。这份报告对“大数据”的具体定义如下：“大数据是指大小超出了传统数据库软件工具的抓取、存储、管理和分析能力的数据群。这个定义有意地带有主观性，对于‘究竟多大才算是大数据’，其标准是可以调整的，即我们不以超过多少TB（1024GB）为大数据的标准。我们假设随着时间的推移和技术的进步，大数据的‘量’仍会增加。还应注意到，该定义可以因部门的不同而有所差异，这取决于什么类型的软件工具是通用的，以及某个特定行业的数据集通常的大小。因此，今天众多行业的大数据范围可以从几十TB到数千TB。”

麦肯锡全球研究所将大数据的“大”表示成为一个范围区间，而作为特指的大数据，按照EMC公司的界定，“大”代表的是大型数据集，符合“大”特征的数据集规模一般在10TB左右。不仅如此，多用户会将这多个数据集放在一起，形成PB级数据量。同时，大数据来自多种数据源，以实时、迭代的方式来实现。

根据IBM公司的概括，大数据的基本特征可以表示为4V，具体如下。

（1）大量化（Volume）。相对于之前的互联网时代数据量，大数据的信息量是它的10倍，从TB到PB甚至ZB。

（2）多样化（Variety）。大数据牵涉到的不仅是数据量的爆炸性增长，更有数据类型的改变，从传统的文本、表格等结构化数据转变为图片、声音和视频等非结构化数据。分析人士预计，图片视频等非结构化数据将占整个互联网数据总量的75%，而且带来智慧的大数据大多属于非结构化数据。

（3）快速化（Velocity）。企业产生的海量交易数据以及社交网络产生的

海量交互数据必须以极快的速度传递、分析、处理，以期能够对用户的行为进行实时响应，否则大数据的智能便毫无意义。

（4）价值（Value）。大数据的价值主要体现在两个方面：价值总量高、单位价值低。麦肯锡认为大数据的价值体现在两个方面：分析使用和二次开发。虽然大数据具有巨大价值，但是传统思维与技术的定式使得人们在面临信息泛滥时缺乏相应的知识，以至于大数据价值利用的密度较低。

围绕大数据的应用，势必会发生一场生产力的变革。而且大数据会在生产力获得高速发展的同时，自身也获得发展。通过对大数据的特征以及大数据应用的分析，可以得出如下三点大数据的发展趋势。

（1）大数据资源化。大数据在国家、企业及社会层面逐渐成为重要的战略资源。在信息化社会，谁掌握了数据，谁就把握了胜局，信息时代中数据是独立的生产要素。全球化市场中，Google、Facebook、Amazon 三家网络巨头积累了海量的数据资产。Google 为全世界的公开网页建立了庞大的索引；Facebook 则拥有最大的社交网络，积累了海量的人际关系数据；Amazon 沉淀了巨大的商品信息，建立了全球最庞大的商品数据库。这些海量的数据无疑成为这三家网络巨头制胜的法宝，奠定了它们在网络世界中的霸主地位。而且它们拥有的不同数据资产，也促使其选择各自不同的发展战略和商业模式。在某种程度上，这些网络新贵已然取代了昔日的诸如 IBM 和 Mircrosoft 等老牌巨头，并在各自的领域中引领产业的发展方向。因此我们可以很清晰地发现，拥有庞大并且独一无二的数据资产的企业，将会以令人惊叹的速度发展前进，并且形成非常成功的商业模式。

2012 年 1 月在瑞士举行的达沃斯世界经济论坛发布的名为《大数据，大影响》（*Big Data*，*Big Impact*）的报告再次印证了大数据资源化的发展趋势：“大数据就像货币和黄金一样，是一种新型的经济资产。”而多家投资机构根据这份报告甚至判断，大数据将会成为贯穿全年的一条全新投资主线。

（2）行业垂直整合。行业垂直整合的趋势是在数据的运用上，通过收集海量用户数据，并对用户数据进行科学分析与计算，使企业能够更贴近用户，也能更理解用户。

Microsoft 推出 Surface 平板产品，收购 Nokia 手机业务，都表明其进军硬件产业的野心，将整个产业链纳入自己旗下，是 Microsoft 发展的新趋势；甲骨文推行的大数据一体以及苹果在业界著名的垂直整合模式也都表明了大数据的行业垂直整合发展趋势。

在大数据时代，产业格局由水平分工向垂直整合转变的趋势明显，这是大数据效应改变产业竞争的一个缩影。因为在大数据的逻辑下，谁越靠近终端用户，谁在产业链中就越具有发言权，这也是上述产业巨头公司进行垂直整合的目的。

（3）泛互联网化。这一发展趋势其实是驱动大数据飞轮效应的第一步，它是收集数据的重要渠道。如果没有泛互联网化的 App 和硬件设备，公司就无法获得用户的行为数据。泛互联网化中的核心技术变革是物联网和移动互联。

专栏4　大数据资源

互联网给金融业发展带来的最激动人心的资源就是大数据。根据 2012 年全球最权威 IT 智库 Gartner 的定义，大数据（Big Data）是需要新处理模式才能具有更强的决策力、洞察力和流程优化能力的海量、高增长率和多元化的信息资产。著名全球信息咨询机构国际数据公司（International Data Corporation，IDC）对大数据技术的定义是：通过高速捕捉、发现和/或分析，从大容量数据中获取价值的一种新的技术架构。IDC 还提出大数据的四个本质特征：首先，体量惊人，从 PB 级别迈向 EB 级别①；其次，种类繁多，且不同种类数据的深度挖掘都能带来全方位的信息资产；再次，价值密度低，但商业价值较高；最后，处理速率极快，适用秒级定律②，即处理大数据须在秒级时间范围内给出分析结果，这是大数据处理技术和传统数据挖掘技术的最大区别。

随着信息技术的快速发展，特别是信息获取、物理信息系统、互联网、物联网、社交互联网等技术的突飞猛进，数据规模发生了爆炸式增长，大数据已经普遍存在。互联网上每一次搜索记录、每一笔交易流程，甚至点击鼠标、敲

① 1PB = 210TB，1EB = 210PB。截至目前，人类生产的所有印刷材料的数据量是 200PB，而历史上全人类说过的所有的话的数据量大约是 5EB。当前，典型个人计算机硬盘的容量为 TB 量级，而一些大企业的数据量一般为 PB 量级（甚至接近 EB 量级）。互联网上的数据每年将增长 50%，每两年便翻一番，而目前全球 90% 以上的数据是最近几年才产生的。

② 秒级定律即 Second Law of Big Data，体现的是对数据处理速度的要求，需要在秒级时间内给出分析结果，否则将失去数据的实际价值，体现了大数据处理技术所要求的时效性。

打键盘的每一次输入都是数据。

大数据被广泛运用于金融、医疗、商务、科研、政府监管、国家安全等几乎所有领域，塑造新的评判标准与决策流程，深刻地改造当今的经济社会结构和秩序，重塑人类文明的变革与发展。未来学家阿尔文·托夫勒认为“数据即财富”，在《第三次浪潮》一书中将大数据赞颂为“第三次浪潮的华彩乐章”①。

大数据给互联网金融带来的战略意义，不在于庞大的数据信息本身，而在于通过对这些数据资产进行专业化处理所提取的前瞻性信息。正如《大数据时代即将到来》② 的作者指出的，大数据是史上首个能够预测人类短期行为的技术。未来的不确定性，是人类产生恐惧的根源之一。之前我们能够利用的所有数据都是后瞻性的，而互联网上保留着大量前瞻性数据，让我们看到了解决未来预测问题的一丝曙光。“大数据商业应用第一人”维克托·迈尔·舍恩伯格所著的《大数据时代》一书是国外大数据研究的先河之作，书中指出：大数据开启了一次重大的时代转型，信息风暴正变革人类的生活、工作和思维；这一时代最大的转变是放弃了对因果关系的渴求，取而代之的是关注相关关系，也就是说，只要知道“是什么”，而不需要知道“为什么”。

对于资本市场而言，大数据技术最令人激动的是，互联网上的数据能够反映事物未来走向，用于预测市场。Thasos Group 是目前唯一一家使用大数据投资的对冲基金，而且收益率超过非高频交易之外的对冲基金的平均交易水平，其之所以能够表现优异，就是缘于对大数据充分、科学的运用。对于信用市场而言，大数据会改变传统信用市场的作业思维。信用状况取决于很多变量，而且信用是一个动态的行为特征的体现——随时变化的情绪、资产、收支、社交互联网活动等都会对信用产生影响。大数据在前所未有的可量化维度，对信用主体的大量信用行为进行捕捉、收集，并提供给大数据系统进行整理、分析，使信用状况的评价过程由离散变成连续，从而实现对于主体信用的动态评价。

---

① 阿尔文·托夫勒于 1980 年正式提出“第三次浪潮”概念，并在《第三次浪潮》一书中详细地阐明了他的观点：开始发展农业、建立封建制度称为“第一次浪潮”，产业革命、建立资本主义制度称为“第二次浪潮”，现在则处于以信息与知识为主导的第三次浪潮。

② 《大数据时代即将到来》是国金证券计算机团队大数据系列的三篇深度研究报告之一，另两篇报告为《大数据时代的三大发展趋势和投资方向》《以数据资产为核心的六种商业模式》。

表 1 为部分类别大数据的来源。

表 1　部分类别大数据的来源

大数据类别	代表性来源企业或产品
电商类网站大数据	阿里巴巴、京东、苏宁
信用卡类网站大数据	我爱卡、银率网
社交类网站大数据	新浪微博、腾讯微博
小贷类网站大数据	人人贷、信用宝
支付类网站大数据	易宝、财付
生活服务类网站大数据	平安一账通

2. 云计算与大数据

正如维克托·迈尔·舍恩伯格所说，大数据的真实价值就像漂浮在海洋中的冰山，第一眼只能看到冰山一角，绝大部分都隐藏在表面之下。发觉数据价值、征服海洋的“动力”正是云计算。

互联网技术的发展，尤其是社交网络、移动互联网把人类社会带入了一个庞大的结构化与非结构化数据信息的新时代。传统的 PC 作为日常工作生活中的核心工具，其存储量、计算能力及硬件的损坏，都可能会带来不可避免的麻烦，云计算应运而生。根据维基百科对云计算的解读，云计算是一种通过 Internet 以服务的方式提供动态可伸缩的虚拟化的资源的计算模式。不同于传统的单个服务器或计算机单独计算的模式，云计算是使用大量个人 PC 或笔记本电脑进行复杂计算的一种模式，或者说通过后台把非常便宜的计算机大规模的网络和虚拟化软件连在一起，形成大规模计算机集群构架进行计算。

云计算的兴起与大数据的广泛运用息息相关，正是因为数据量的爆炸式增长，才引起了这样一种新兴的计算模式。在互联网金融中，云计算和大数据结合的模式能够获取大量的客户资信数据和交易数据，使得互联网金融的交易成本和摩擦成本都大幅下降。云计算技术的发展，通过互联网使计算或存储分布在大量的分布式计算机上，而非本地计算机或单纯的远程服务器中，就可以便宜、高效地将这些大量、高速、多变化的终端数据存储下来，并随时进行分析与计算。

云计算和大数据是两个不同的概念，但是互相之间存在交集。不同之处在于云计算改变了 IT 行业，是一个进阶的 IT 解决方案；而大数据改变了企业的业务模式，并且能够为企业的决策者提供更有效的决策支持。相互关联之处在于：如果把大数据当作一个亟待解决的问题，那么云计算就是解决问题最有效的方法之一。“大数据离不开云。”大数据必须有云作为基础架构，并通过云计算的平台进行分析、预测，才能让决策更为精准，释放出更多数据的隐藏价值。

专栏5　云计算技术

云计算是一种通过互联网以服务的方式提供动态可伸缩的虚拟化资源的计算模式。人们能想象得到、所有能收集得到的信息，都可以为金融领域所用，关键是拥有创新的手段和工具，让手里海量数据产生价值。传统的软件工具无法在合理时间内对规模巨大的数据进行截取、管理、处理，并整理成为主体行为决策提供帮助的信息。新的互联网数据处理技术是保障大数据资源得到有效利用的前提与基础。云计算作为继20世纪80年代大型计算机向“客户端+服务器”转变之后的又一种巨变，是适用于大数据的主要新技术之一，为大数据资源提供了保管场所和访问渠道。

2006年8月9日，时任Google首席执行官的埃里克·施密特正式提出“云计算”（Cloud Computing）的概念。云计算的命名借鉴了自然界中的“云-水”的循环模式，“云”也常被作为互联网和底层基础设施的抽象表示。美国国家标准技术研究院①（National Institute of Standards and Technology，NIST）的云计算定义得到了业界的广泛认可。NIST的Peter Mell、Tim Grance对云计算是这样定义的②：云计算是一种能够通过互联网以便利的、按使用量付费的方式获取计算资源（包括互联网、服务器、存储、应用和服务等）并提高其可用性的模式，这种模式提供可用的、便捷的、按需的网络访问，进入可配置的计算资源（包括网络、服务器、存储、应用软件、服务）共享池，这些资源能

---

① 美国国家标准技术研究院属于美国商业部的技术管理部门，前身是1901年建立的联邦政府的第一个物理科学实验室。

② 英文原文内容：Cloud computing is a model for enabling convenient，on-demand network access to a shared pool of configurable computing resources（e. g.，networks，servers，storage，applications，and services）that can be rapidly provisioned and released with minimal management effort or service provider interaction. This cloud model promotes availability and is composed of five essential characteristics，three service models，and four deployment models.

够被快速提供，只需投入很少的管理工作，或与服务供应商进行很少的交互。云是网络、互联网的一种比喻说法。过去往往用云来表示电信网，后来也用来表示互联网和底层基础设施的抽象。

狭义云计算是指IT基础设施的交付和使用模式，指通过网络以按需、易扩展的方式获得所需资源；广义云计算是指服务的交付和使用模式，指通过网络以按需、易扩展的方式获得所需服务。这种服务可以是IT和软件、互联网相关，也可是其他服务。它意味着计算能力也可作为一种商品通过互联网进行流通[①]。

云计算拥有诸多优势，包括：不需要额外资金投资对计算资源进行访问；减少数据中心基础设施和电力能耗；减少PC处理能耗和成本；具有更快更好地完成项目的能力；确保远程办公的IT人员保持基础设施与软件的更新；等等。云计算在虚拟机的支持下，能够让应用程序更加动态地适应需求，改善业务流程。

图1为云计算轮廓。

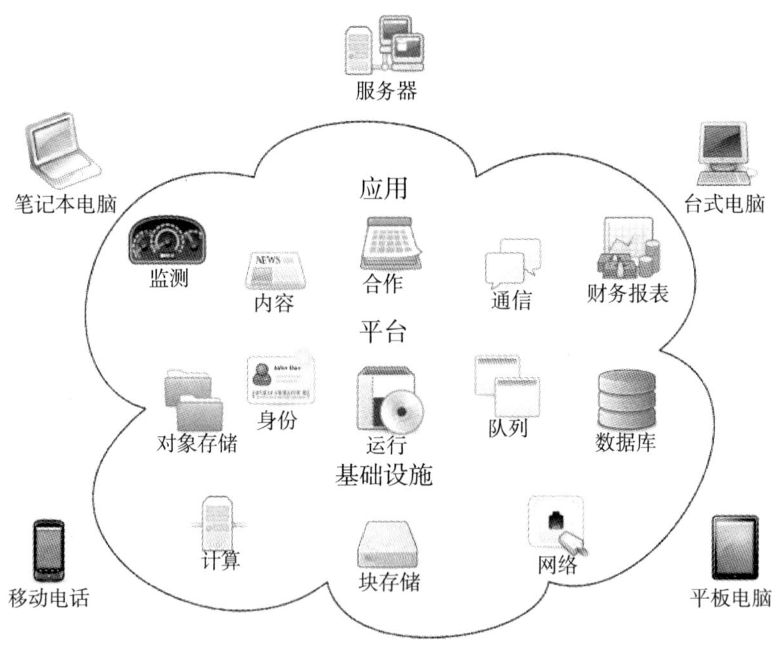

图1　云计算轮廓

① http：//blog. csdn. net/wang6279026/article/details/8206279.

云计算模式具有五个关键特征、三种服务模式和四种部署方式。

NIST 定义的云计算的五个关键特征。

（1）按需提供服务。用户可以根据自身需求，进行计算资源与能力的申请，而非一成不变。

（2）虚拟化。虚拟化是实现云计算的基石，通过虚拟化，云里的资源会得到更高效的利用，应用服务会更可靠、更灵活地提供给用户。可以说，没有虚拟化就没有云计算。

（3）资源池化。所谓资源池，是指通过整合服务器、存储、网络，形成大规模的云，对外提供可租用的服务。Amazon、IBM、Microsoft 等的“云”均拥有几十万台服务器。企业私有云一般拥有数百、上千台服务器。通过将计算资源池化，“云”能赋予用户前有未有的计算能力和更弹性的服务。

（4）高可扩展性。云的规模可以动态伸缩，满足应用和用户规模增长的需要。

（5）高可靠性。云采用了数据多副本给用户、计算节点同构可互换等措施来保障服务的高可靠性，使用云计算比使用本地计算机更可靠。

根据以上特点，现在通用的云计算服务模型可以分为三类，分别是软件即服务（Software as a Service，SaaS）、平台即服务（Platform as a Service，PaaS）及架构即服务（Infrastructure as a Service，IaaS）。

（1）SaaS。提供给客户的服务是运营商运行在云计算基础设施上的应用程序，用户可以在各种设备上通过客户端界面访问，如浏览器。消费者不需要管理或控制任何云计算基础设施，包括网络、服务器、操作系统、存储等。

（2）PaaS。提供给消费者的服务是把客户采用提供的开发语言和工具（例如 Java、Python、. Net 等）开发或收购的应用程序部署到供应商的云计算基础设施上去。客户不需要管理或控制底层的云基础设施，包括网络、服务器、操作系统、存储等，但客户能控制部署的应用程序，也能控制运行应用程序的托管环境配置。

（3）IaaS。提供给消费者的服务是对所有设施的利用，包括处理、存储、网络和其他基本的计算资源，用户能够部署和运行任意软件，包括操作系统和应用程序。消费者不管理或控制任何云计算基础设施，但能控制操作系统的选择、存储空间、部署的应用，也有可能获得有限制的网络组件（如防火墙、负载均衡器等）的控制[①]。

NIST 所谓的四种部署方式是公用云、私有云、社区云及混合云。公用云服务可通过互联网及第三方服务供应者开放给客户使用，“公用”并不表示用户数据可供任何人查看，通常会对用户实施使用访问控制机制，极具成本效益。私有云具备许多公用云环境的优点，如弹性、适合提供服务，两者的差别在于私有云服务中，数据与程序皆在私人组织内管理，且不会受到互联网带宽、安全疑虑、法律限制的影响，因为用户与互联网都受到特殊限制，供应者及用户更能掌控云基础架构，改善安全与弹性。社区云由众多利益相仿的组织掌控与使用，共同使用云数据及应用程序。混合云结合公用云及私有云，用户通常将非企业关键信息外包，并在公用云上处理，但同时掌控企业关键服务及数据。

云计算将复杂、庞大的计算处理程序分拆成无数个较小的子程序，再由多部服务器所组成的系统进行搜索、计算分析，并将处理结果传回用户。通过这种方式，远程服务商利用互联网共享动态、易扩展、虚拟化的软硬件资源，可在数秒之内处理数以千万计甚至亿计的信息，达到与“超级电脑”性能同样强大的互联网服务，减少用户终端的处理负担，降低了用户对于 IT 专业知识的依赖。面对市场行为主体创造的大量非结构化和半结构化数据[②]，如果直接下载到关系型数据库则将耗费过多时间与金钱，而如果通过云计算对实时的大型数据集通过互联网按需获取资源，向数十、数百甚至数千的电脑分配工作，则将带来数据处理效率质的提高。

我国云计算产业处于起飞的起步阶段，工业和信息化部及国家发改委于 2010 年 10 月曾联合印发《关于做好云计算服务创新发展试点示范工作的通知》，确定在北京、上海、深圳、杭州、无锡五个城市先行开展云计算服务创

---

① http://blog.sina.com.cn/s/blog_730edb930100wja7.html.

② 相对于结构化数据（即行数据，存储在数据库里，可以用二维表结构来逻辑表达实现的数据）而言，不方便用数据库二维逻辑表来表现的数据即称为非结构化数据，包括所有格式的办公文档、文本、图片、XML、HTML、各类报表、图像和音频/视频信息等。半结构化数据，就是介于完全结构化数据（如关系型数据库、面向对象数据库中的数据）和完全无结构的数据（如声音、图像文件等）之间的数据，如 HTML 文档就属于半结构化数据。

新发展试点示范工作①。

根据“中国云计算服务网”2011 年 9 月的结论，在中国，以地方政府为代表形成了四个大型云计算地理发展区域，分别是“环渤海云计算产业圈”“智慧东营长三角云计算产业圈”“珠江三角洲云计算产业圈”“中西部云计算产业圈”。但目前在众多园区中，仅有浪潮公司②和中创中间件公司③等提供自主知识产权的云计算解决方案，曙光信息产业有限公司④等提供云技术设备，阿里巴巴等提供基于云计算的专业应用。可见，自主品牌的开发、云应用受众的推广，还需要一段时间的推进。

云计算技术的发展水平直接关系到互联网金融模式的演进，两者共生共荣，协同进步。互联网金融必须借助该项技术提高信息处理能力，增强数据安全性，降低运营成本。首先，云计算技术能够增强互联网金融交易主体的数据处理能力。通过把云计算与数据挖掘技术结合，可以在短时间内对银行大量的业务数据进行存储、分析、处理，从海量数据中提取有价值的信息，为主体的决策提供服务。其次，云计算能够增强互联网金融相关数据的存储能力和可靠性。一方面，“云”中不同类型的大量存储设备通过应用软件集合起来协同工作，满足互联网金融业务不断增长带来的庞大数据存储的需要；另一方面，如果某台服务器出现故障，“云”也可在极短的时间内将数据拷贝到别的服务器上并启动服务。由于有专业团队负责管理数据、防范病毒、应对互联网攻击，有严格的权限管理机制规范数据的安全管理，因而用户不必担心数据丢失、损坏或被窃取。最后，云技术能够将大部分通信成本转嫁给云计算供应商，极大地降低运营成本。

---

① 试点工作的主要内容包括：第一，推动国内信息服务骨干企业针对政府、大中小企业和个人等不同用户需求，积极探索 SaaS 等各类云计算服务模式；第二，以企业为主体，产学研用联合，加强海量数据管理技术等云计算核心技术研发和产业化；第三，组建全国性云计算产业联盟；第四，加强云计算技术标准、服务标准和有关安全管理规范的研究制定，着力促进相关产业发展。

② 浪潮集团有限公司是中国领先的计算平台与 IT 应用解决方案供应商，同时也是中国最大的服务器制造商和服务器解决方案提供商。

③ 中创中间件公司隶属中创软件，自 1998 年开始致力于中间件技术研究与产品研发，是国内领先的中间件产品与服务提供商。

④ 曙光信息产业有限公司成立于 1995 年 6 月，是一家在科技部、信息产业部、中科院大力推动下，以国家“863”计划重大科研成果为基础组建的高新技术企业。

3. 移动互联网

随着宽带无线接入技术和移动终端技术的快速发展，随时随地乃至在移动过程中都能方便地从互联网获取信息和服务，成为人们迫切追求的目标，移动互联网应运而生并迅猛发展。

移动互联网是指以宽带IP为技术核心，可同时提供语音、数据、多媒体等业务服务的基础性和开放性电信网络。移动互联网通过智能移动终端，诸如手机、iPad等移动终端或传感设备随时随地接入网络，产生大量数据，并且仍在以惊人的速度迅猛增长。在推动“大数据”时代来临的同时，人们利用各种现代通信工具通过移动互联网不停地向分布在全球的服务器发送、接收数据，这些也都要依赖于“大数据”的支撑。

移动互联网让互联网进入新的产业周期。互联网的接入终端形态发生变化，并成为产业的基本要素。不仅如此，基于移动互联网技术，互联网金融的支付方式也发生了巨大改变——以移动支付为基础，个人或企业可以通过移动终端进行货币支付、缴纳费用等。从这个角度看，移动支付是整合了移动终端、互联网、供求双方和金融机构的全新支付方式，利用移动通信技术让企业和个人能够随时随地进行交易。随着3G、WIFI等网络技术的不断进步，移动支付越来越成为日常生活中用于小额支付的主要方式。同时，金融机构在身份认证和数字签名技术等安全防范领域不断地开发出新产品，替代常用的现金、支票等支付手段，为企业之间的大额支付提供便利。

4. 物联网

物联网是新一代信息技术的重要组成部分，本意是物物相连的互联网。物联网技术的重要革新方式是其用户端延伸和扩展到了任何物品之间，进行信息交换。物联网是互联网的延伸，使得网络世界与现实世界融合成一体。物联网是目前几乎所有技术与计算机互联网技术的结合，它能够更快更准地收集、传递信息，并进行技术处理。

物联网可以被划分为三个不同层次：感知层、网络层和应用层。感知层包括传感器、识别系统，像眼镜一样感知外部世界；网络层就是物联网整个系统中的处理核心；应用层是物联网和相关领域的充分结合。移动支付作用于网络层和应用层中间，极为关键地推动了物联网在互联网金融领域的革命性突破。

以腾讯集团旗下的微信支付为例，用户在进行支付的时候，只需要扫描二维码或者进行射频发送，即可完成支付或接受的动作。移动支付的发展，突破了支付的时间和空间限制，在第三方支付基础上又推进了新的革新。

5. 搜索引擎技术

在大数据背景下，信息显然达到超载状态，引发了大量信息迷航现象，导致决策和工作效率急剧降低。搜索引擎技术能够帮助用户找到最能匹配自己需求的内容。该技术是指将大量互联网信息事先收集到本地服务器，经过加工、处理，建立信息数据库和索引数据库，从而对用户提出的各种检索条件做出响应。

搜索引擎的工作原理大致可以分为搜索信息、整理信息及接受查询三个环节。搜索引擎的信息收集基本都是自动的，利用称为“互联网蜘蛛”或“互联网爬虫”的自动搜索机器人程序，从少数几个网页页面上的超链接开始，连接到每一个网页上的超链接。理论上，只要每一个网页存在适当的超链接，机器人程序便可遍历所有网页。搜索引擎整理信息的过程称为“创建索引”。搜索引擎不仅要保存收集起来的信息，还要将这些信息按照一定的规则进行编排，以便迅速找到所需信息，而不需重新翻查。接受查询是搜索引擎搜索、整理信息的目的。根据用户向搜索引擎发出的查询要求，搜索引擎接受查询，检查索引，在极短的时间内找到信息并向用户返回。目前，信息的返回主要是采取网页链接的形式，搜索引擎一般会提供一小段摘要信息，以帮助用户判断此网页是否含有自己所需的内容。

近几年，随着搜索引擎技术的飞速发展，人类对搜索引擎的要求，不再停留于帮助人们从海量信息里面找到结果，而是在海量结果里面找到唯一，迅捷地满足搜索者多样化的要求，明显降低包括时间成本在内的隐性成本。传统的搜索引擎对于互联网金融信息的搜索效果不尽如人意，不能完全适应金融专业人士对于专业信息高效准确收集的需求。

理论上，专属于金融信息的垂直搜索引擎主要包括两大模块：金融结构化信息抽取技术和金融爬虫搜索引擎。金融结构化信息抽取技术就是给定一定的需求，引擎按需进行网页信息收割，并将抓取的信息存入数据库。需求一般包括网站清单、关键词、表达模式、语义互联网等。结构化信息的抽取必须基于对网页的深入分析方能实现，这就是垂直搜索引擎与通用搜索引擎之间最大的差别，也是评判垂直搜索引擎质量的重要技术指标。金融爬虫搜索引擎是一个功能很强的程序包，也可以看作一个金融的互联网智能搜索代理。它会定期根据一定的网页分析算法过滤与主题无关的链接，保留有用的链接并将其放入等待抓取的 URL 队列，之后根据一定的搜索策略从队列中选择下一步抓取的网页 URL，并重复上述过程。因此，金融爬虫搜索引擎访问页面的过程是对互联网上信息遍历的过程，在遍历过程中不断记录网页中的新链接，直到访问完所有的链接，或者出现了预先设定的停止条件。可以看出，相比来说，金融爬虫搜索引擎的金融信息获取效率和准确率都比金融结构化信息抽取技术要低。

专业化的金融信息搜索引擎可以帮助用户高效地收集专业信息，也能为金融监管方提供金融信息的监控系统。在互联网金融领域进行的搜索，更需要进一步的专业性技术支撑。根据权威调研机构 Forrester 的数据，每年有 7000 万美国人、1000 万英国人用在线金融比价网站作为申请金融产品的第一站，近 70% 的用户表示，搜索比价改变了他们对金融机构和产品的选择。在国内，百度金融、融 360 等金融搜索网站正在成为多数网民选择和申请金融产品的互联网入口。同时，在信用市场，金融搜索引擎还能对社交互联网中储藏的大数据进行筛选、过滤，将这些数据所蕴涵的软信息集中化、显性化，解决融资贷款过程中的信息不对称问题。

中国本土最大的搜索引擎网站——百度拥有目前国内互联网公司最大的入口流量。据易观智库等机构分析，百度目前坐拥中国 70% 的搜索市场，用户规模超过 5 亿人。作为一个拥有多年搜索技术、经验以及广泛用户基础、庞大数据储量的搜索平台，开展互联网金融业务成为百度近年的主要发展模式之一。“搜索 + 金融”有助于促进百度创造新的业务模式和收入来源，实现平台交易价值的提升以及搜索流量的变现。2013 年 8 月，“百度金融”测试版就已经上线，目前仅开放信用卡搜索和申领功能，整体结构还比较简单，内容也有待充实。

三　互联网金融发展的动力基础

互联网金融是互联网时代金融发展的必然产物，是金融创新的重要趋势。

从金融发展的历史来看，金融创新是推动金融发展的重要推动力。特别是从20世纪90年代开始，随着经济全球化进程的加快、各国金融管制的放松，以及信息技术的高速发展，金融创新大量涌现，推动了金融业的快速发展。进入21世纪，互联网及相关技术的普及和深化应用为金融创新带来了更为巨大的空间。互联网与金融的结合之所以能够碰撞出艳丽的火花，并呈现爆发式发展，成为互联网和金融业的焦点，一方面，是因为信息技术的发展，尤其是互联网技术的成熟发展和广泛应用为互联网金融发展提供了坚实的技术基础；另一方面，也是更为重要的，当前互联网金融发展具备了强劲的创新动力。

对于金融创新的动因，很多学者进行过深入研究。可以发现，在不同历史阶段，在不同经济环境、管制环境、技术环境下，金融创新具有不同的动因。归结起来主要有以下几个方面：①转嫁金融风险；②规避金融管制；③降低交易成本；④技术推动；⑤需求拉动；⑥制度改革（见图2）。

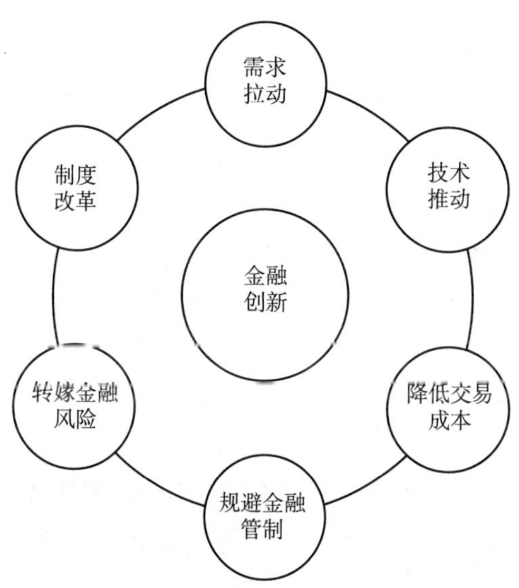

图2　金融创新的六大主要动因

互联网金融创新同时具备了以上六个方面的动因，每个动因既有与历史相似的方面，又有其互联网的时代特征，其中需求拉动和技术推动是互联网金融创新的主要动力。

（一）互联网拥有巨量的活跃用户群

美国玛丽·米克（Mary Meeker）发布的《2012 互联网趋势报告》显示，全球互联网用户群一直保持较快增长，已经超过了 24 亿人，普及率超过 1/3。随着搜索引擎、电子商务、社交网络、移动互联网、智能手机等大量商务、生活应用的发展，互联网用户群体的活跃程度不断提高，互联网已成为生产生活中不可分割的部分。

从我国互联网用户的发展看，经过 20 多年的发展，特别是经过“十五”和“十一五”时期的快速发展，到“十二五”中期，网民已经接近 6 亿人（见图 3），规模位居世界第一，互联网普及率达到 44.1%。从地域看，互联网已基本渗透到全国所有城市和大多数农村地区。从行业看，国民经济各行各业也已经广泛应用互联网。

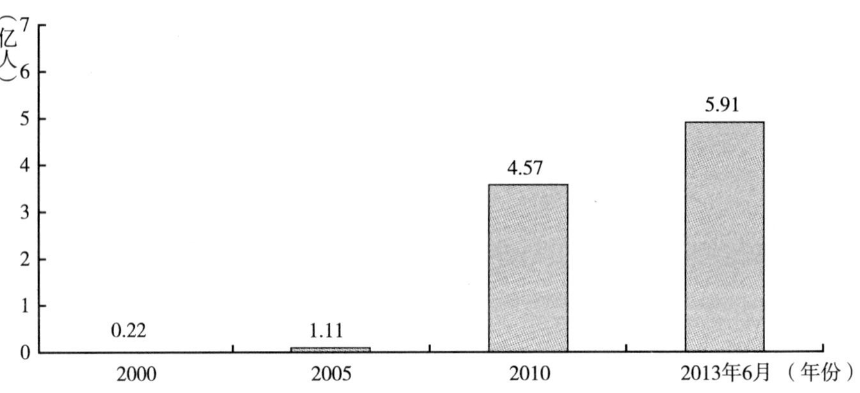

图 3　2000 ~ 2013 年 6 月中国网民发展情况

资料来源：中国互联网信息中心：《中国互联网络发展状况统计报告》。

尽管“十二五”期间网民增长速度趋缓，但网民的互联网应用不断深化，以网络购物、网络支付为代表的个人商务交易应用保持快速增长（见表 2）。从最初简单的信息浏览、电子邮件，到信息搜索、远程办公、视频会议、电子银行、影音娱乐、购物、社交等，在生产生活中，越来越多的信息流和资金流都通过互联网应用来完成。可以说，互联网用户的活跃程度在不断深入。

表 2　个人互联网商务交易应用

指标	年份	网络购物	网上支付	网上银行	旅行预订	团购
网民规模（亿人）	2013	2.70	2.44	2.41	1.32	1.00
	2012	2.42	2.20	2.21	1.12	8.33
比例（%）	2013	45.9	41.4	40.8	22.4	17.1
	2012	42.9	39.1	39.3	19.8	14.8

资料来源：中国互联网信息中心：《第 32 次中国互联网络发展状况统计报告》。

此外，随着互联网的发展，70 后、80 后的网民主体已经成为社会财富的主要创造者，网民群体财富的积累和财富增长需求的不断提高，带来了天量规模的潜在金融需求。

因此，规模不断增长、应用持续活跃的互联网用户群是当前互联网金融发展的最大动力源，特别是随着互联网用户金融需求的不断增长并网络化，互联网金融市场潜在规模十分巨大，无论是金融机构还是非金融机构都有十足的动力去发展互联网金融，获得互联网金融市场份额。

（二）传统金融服务需求的“互联网化”

互联网对用户行为习惯的转变是深刻的。伴随着电子邮箱、即时通信、搜索引擎、电子商务、网络影音、社交网络等互联网应用的出现和普及，传统的线下行为习惯会转为线上，或者被注入强烈的互联网因素。例如，消费的时候会通过互联网搜索相关信息，了解其他人的购物经历；社交活动的时候会在社交网络中发布照片，通过互联网进行互动；等等。这种对用户行为习惯的转变可以称之为“互联网化”，互联网已不仅仅是获取信息的工具，而且已成为工作、生活的一部分。不仅个人用户，企业用户的“互联网化”程度也在不断提高。对于这种用户行为习惯的转变所导致的需求变化，传统金融服务需要适应“互联网化”，必须依托互联网进行创新，以满足用户需求。

（三）新兴商业模式带来新金融服务需求

信息技术特别是互联网及相关技术与商业的结合诞生了大量的新兴商

业模式，引领全球互联网应用和商务活动的发展，与此同时也带来了基于互联网的新金融服务需求。特别是以 Amazon、eBay、阿里巴巴、天猫商城、京东商城、淘宝为代表的全球电子商务的快速发展，带来了大量互联网支付、跨境支付需求，拉动了第三方支付的发展。以 Facebook 为代表的社区网络的发展与成熟，催生了社区网络间的融资需求，移动商务的快速发展使得移动支付需求爆发。总之，新兴信息技术与商务的结合对传统信息流、商流、物流进行变革的同时，也对传统资金流带来深刻影响，催生新的金融服务需求。

（四）个性化、碎片化金融需求爆发

在互联网的开放、平等、去中心化环境中，个体的个性化、碎片化需求得到充分释放和满足。互联网庞大的用户群体的规模优势以及较低的交易成本优势，可以降低个体个性化和碎片化需求的边际成本，从而有效满足个体的个性化和碎片化需求。

传统金融体系中没有得到满足的金融需求会在互联网中爆发，如中小微企业融资需求、个人小额融资需求、小额理财需求等。这些需求理论上可以在互联网中实现点对点配对，从而摆脱传统金融中介，实现资金供求平衡。尽管个性化、碎片化金融需求单体微小，但在互联网中可以聚集成规模庞大的金融需求，且呈爆发式增长。

这种以“大众金融”“自金融”为特点的互联网金融需求成为诸多非金融企业涉入互联网金融业务的重要动力，并推动互联网金融发展，迫使传统金融机构进行变革，通过互联网满足个性化和碎片化金融需求。

（五）互联网金融发展的技术动力

金融与信息技术具有天然契合性。在信用货币时代，金融活动大多可以用数据和电子信息来表示。以信息为主要处理对象的信息技术一经出现便与金融紧密结合在一起。

表 3 为银行业务创新与信息技术发展情况。

表3　银行业务创新与信息技术发展

时　间	业务创新	市场划分	所用核心技术
20 世纪 50 年代	信用卡	零售业务	磁条
20 世纪 60 年代	自动转账	零售业务	电话
	ATM 机	零售业务	机电一体化技术
20 世纪 70 年代	POS 机	零售业务	计算机、通信
	信用打分模型	零售业务	数据库技术
	自动付款技术（ACH）	批发业务	计算机、通信
	SWIFT 系统	零售批发	计算机、通信
20 世纪 80 年代	家庭银行	零售业务	计算机、通信、安全机制
	企业银行	批发业务	计算机、通信、安全机制
	EDI	批发业务	通信、安全机制
20 世纪 90 年代以后	网上银行	全方位	互联网络、信息技术、安全控制
21 世纪初	手机银行	零售	移动互联网、智能手机

信息技术的发展极大地推动了金融的发展和创新。自 20 世纪 50 年代开始的信息技术革命，对全球的各行各业产生了深远影响，其中对金融业的影响最深。随着计算机和互联网的普及应用，金融业实现了质的飞跃，各种金融产品创新不断涌现，服务方式更加多元化，信息技术与金融业已不可分割。金融产品的定价、风险控制、服务方式，金融机构运营管理，金融行业的运行监管等都依赖于信息技术。

从互联网及相关信息技术的发展趋势来看，云计算技术、物联网技术、大数据技术、移动互联网技术等，将对未来金融创新带来强劲的推动力，如基于云计算技术的“云”金融服务，基于物联网和移动互联网的移动支付，基于大数据技术的智慧金融服务、社会信用评价模型等。

（六）规避金融管制

金融管制是现代金融体系的重要组成部分，是维持金融体系稳定、防范金融系统风险的主要措施，包括市场准入、业务范围、资本充足率等要求。尽管从 20 世纪 90 年代开始，全球金融发展呈自由化趋势，但金融管制依然不可或缺，各国根据自身金融发展情况，实行不同程度的金融管制。金融管制在一定程度上限制了金融活动，金融创新成为规避金融管制的主要路径。

互联网由于其开放、动态特征，成为金融活动规避管制的沃土。大量非金融企业利用互联网进行金融活动，如 P2P 借贷、第三方支付通过与境内外银行合作开展跨境支付业务等。

（七）降低交易成本

金融中介功能是当前金融体系的主要功能之一，主要目的是降低资金供需双方的信息不对称性，提高资源配置效率。降低交易成本、提高金融效率是金融创新的永恒动力。互联网金融创新利用信息技术提高了金融市场供需信息的对称性，降低了道德风险和逆向选择的可能性，通过资金供需双方直接配对，以极低的交易成本实现资金供需的平衡，帮助金融市场帕累托改进。

（八）转嫁金融风险

转嫁金融风险是互联网金融创新的动力之一，即利用互联网的网状、分散特征，把金融风险分散到互联网庞大的用户群体中。

除上述金融创新动力外，互联网金融创新的另一特点是非金融机构进行互联网金融的跨界创新，从而为整个传统金融体系带来“鲶鱼效应”，迫使传统金融机构积极探索互联网金融创新。

综上，在推进金融改革、鼓励金融创新的宏观制度环境下，互联网创新发展具备强劲的动力基础，特别是在互联网金融需求爆发和互联网技术的推动下，多种动因交织在一起，将使未来基于互联网的金融创新空前繁荣。

四　互联网商业模式创新带来的市场机遇

互联网商业模式创新是互联网技术与商业活动紧密结合的产物，在替换、优化和创新原有商业活动信息流、物流的同时，也在替换、优化和创新商业活动的资金流。一个成功的互联网商业模式创新将会给互联网金融带来巨大的市场机遇，当前互联网商业模式中，给互联网金融带来空前市场机遇的是电子商务（E-Commerce）和社交网络（Social Network）。

（一）电子商务

电子商务正在主导全球商业革命，改变传统贸易方式、商务模式和消费形式，变革传统商业活动的信息流、物流和资金流，使得“三流”在时间和空间上可以分离。利用电子商务，人类可以实现远程交易，不受时间和空间限制。电子商务发展对全球消费、制造、供应链等各个领域产生深刻影响。

20 世纪 90 年代后，随着互联网、计算机技术的不断成熟，电子商务应用领域不断拓展，应用水平不断提高。尽管在互联网泡沫冲击下，电子商务经历低谷，但短暂的低谷阻挡不住发展的历史车轮。如今，电子商务已成为引领全球商业发展的潮流，全球电子商务贸易额迅速增长，从 21 世纪初不到万亿美元，迅速增长至 2011 年的 26.8 万亿美元，网络购物非常活跃。基于移动互联网、社交网络、位置服务的各种电子商务商业模式不断涌现，全球电子商务发展空前繁荣。

我国电子商务交易从 2006 年开始进入快速发展阶段，到 2012 年，全年电子商务交易达到 8.00 万亿元[①]，比 2011 年增长 36.1%（见图 4），其中网络零售增速最快。艾瑞咨询数据显示，2012 年网络零售额达到 13040.0 万亿元，是 2005 年网络零售额的 67 倍多，复合增长率超过 80%（见图 5）。

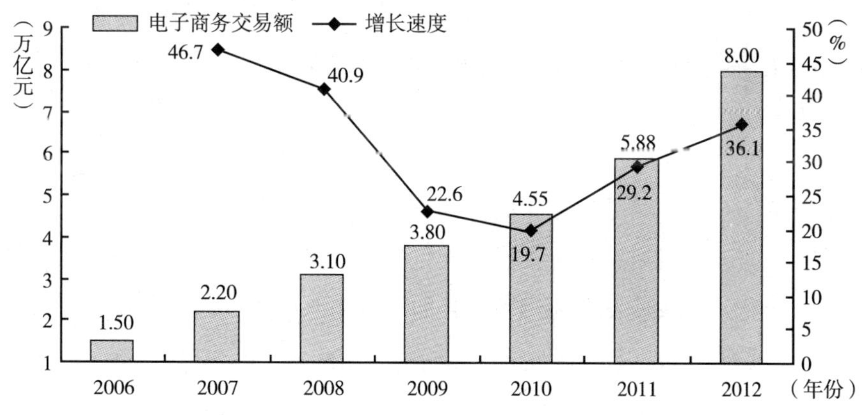

图 4　电子商务交易额及其增长速度

资料来源：商务部。

① 根据艾瑞咨询等机构公布数据预测。

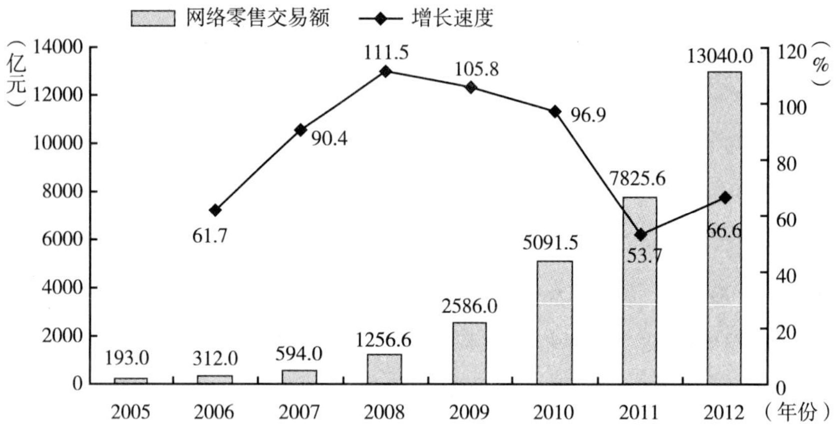

图5　电子商务网络零售额及其增长速度

资料来源：2005～2011年数据为商务部公布数据，2012年数据为艾瑞咨询公布数据。

随着电子商务交易的规模化，以及电子商务应用的普及和深入，电子商务与移动互联网、智能手机、社交网络、云计算、大数据等技术和应用相结合衍生出的新商业模式也不断涌现。一是电子商务交易平台向综合化和垂直化发展，交易产品和方式更加丰富，如团购模式、互联网与实体结合O2O模式、需求导向C2B模式，移动电子商务正在不断创新和引领电子商务商业模式发展；二是电子商务产业分工更加专业化，电子商务服务商业模式涌现。在大量电子商务服务需求社会化后，一批包括运营、营销、数据分析、教育培训、导购、购物搜索等电子商务服务企业快速成长，成为推动电子商务发展的重要力量（见图6）。

电子商务对传统商品交易、服务提供带来变革的同时，也为互联网金融发展带来重要的市场机遇。一是互联网支付的巨大发展空间。我国第三方支付正是借助电子商务的快速发展而迅速成长的，成为金融机构以外的重要支付服务平台。二是基于大数据技术的电子商务平台的信用评价、交易信息，以及对上下游信息的掌控等。电子商务为互联网小额信贷、互联网消费金融、互联网供应链金融发展带来巨大空间，并成为金融产品的重要销售渠道。

互联网金融，特别是互联网支付的快速发展也同时促进了电子商务的快速发展和商业模式的不断创新，两者呈现相互促进态势，未来基于电子商务的互联网金融创新也必将进一步推动电子商务持续快速发展。

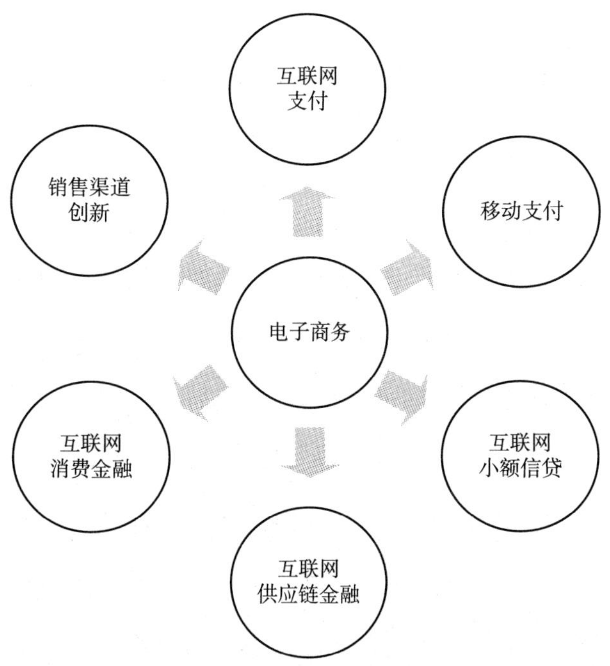

图6　电子商务为互联网金融带来的主要市场机遇

（二）社交网络

从互联网商用伊始，网络社交便成为互联网的重要功能，从电子邮件、网络论坛、即时通信、博客，到以 Facebook 为典型代表的集各类社交功能于一体的网络社交平台，互联网不断将现实生活中的社交功能虚拟化，并用互联网技术丰富虚拟世界中的社交行为，使人们可以在网络中记录，与不同国界、不同年龄、不同职业、不同经历的网友分享和交流各自信息。随着智能手机和移动互联网的普及，社交网络与用户终端紧密结合，成为与生活越来越不可分割的网络活动。

伴随社交网络用户规模的扩大，记录用户动态数据的时间序列不断加长，在大数据技术支撑下，社交网络蕴藏着越来越大的商业机会，特别是通过社交网络记录数据了解行为规律、消费偏好、信用记录等。

社交网络为互联网金融带来了巨大的市场机遇（见图7）。一是基于社交网络的互联网融资，即通过社交网络进行点对点的资金供求配对，包括小额资金借贷和众筹融资；二是基于社交网络创新社会信用评价系统；三是基于社交网络进行金融渠道创新，通过对消费者行为的分析，进行精准化营销。未来，社交网络还有可能在虚拟货币发行、信用创造等方面对传统金融体系带来更多冲击。以 Facebook 为例，截至 2012 年，该网站注册用户已经超过了 10 亿人，活跃用户超过 6 亿人，并推出了 Facebook Credits 的社区虚拟货币，使用者规模已超越很多国家流通货币使用者数量。基于虚拟货币的互联网金融创新会更加丰富，同时也会对现有金融体系带来巨大冲击，给金融监管带来更大挑战。

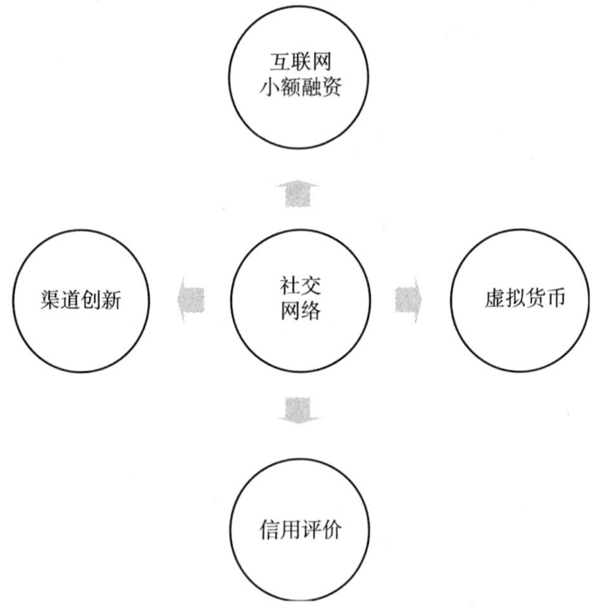

图 7　社交网络为互联网金融带来的主要市场机遇

在现实互联网发展中，电子商务与社交网络两种商业模式的发展不断交织在一起，通过社交网络来促进电子商务，通过电子商务来扩大社交网络，这种规模庞大的商务活动和社交活动在互联网中完成并记录，依托大数据技术，将会为互联网金融创新发展带来无限的市场机遇。

总之，互联网金融无论在技术基础、动力储备还是在市场机遇上，都显示出其坚实的发展基础和巨大的发展潜力。

B.3
互联网金融发展的国际比较

在金融较为发达的欧美等国家，互联网金融理念广为普及，传统银行的网络化程度较为完善，以 P2P 借贷、纯网络银行、众筹模式、第三方支付为代表的新兴网络金融行业在规模上也有较大发展。尽管如此，新兴互联网金融对传统金融行业的影响还较为有限，并未产生颠覆性冲击。在亚洲一些金融欠发达地区，由于创新意识及监管法规欠缺，目前尚处于模仿欧美互联网金融发展模式阶段。

一　美国的互联网金融发展现状

（一）互联网银行

1. 网络银行

1995 年 10 月，由三家美国银行 Area Bank 股份有限公司、Wachovia 银行公司和 Huntington Bank 股份有限公司联合在 Internet 上成立了世界上第一家无任何分支机构的纯网络银行——美国第一安全网络银行（Security First Network Bank，SFNB），由此美国开启了网络银行的发展之路。

专栏 1　美国网络银行

1. 第一互联网银行（First Internet Bank）

第一互联网银行（First Internet Bank，或印第安纳第一互联网银行）成立于 1997 年，1999 年 2 月向公众开放，存款由美国联邦存款保险公司担保，持州银行牌照面向全国经营。到 2001 年，第一互联网银行开始盈利，资产过 2 亿美元。尽管 2008 年银行业业绩下滑，但第一互联网银行业绩仍然保持强劲增长，并保有雄厚资本、较低的不良资产和稳定的存款基础。从2010年底到2012年底，总资产从5.04亿美元增长到6.36亿美元，存款从4.23亿美元增长到5.31亿美元。第一互联网银行能以很小的成本有效地运营，关键在于它没有实体网点，员工少，成本费用相对较小。2006年3月21日，第一互联网银行通过股权操作成为First Internet Bancorp的全资子公司，First Internet Bancorp是一家单一银行控股公司。

（1）全面服务

第一互联网银行提供全面的服务来吸引新客户和巩固老客户。客户能在一家银行获得所有的金融服务，而不仅仅是其中的一部分，这正是网络银行为客户提供在线金融服务的目标。为了吸引客户和中小企业，纯网络银行必须提供传统型银行所提供的一切金融服务。第一互联网银行正积极准备推出中小企业贷款服务，改变纯网络银行没有企业在线贷款的历史。这家网络银行在网页资源、客户关系和客户信任等方面优势突出①。

第一互联网银行“客户关系”管理尤为出色，涉及的E-mail机制可使客户及时了解支票账户的资金变动并对账户资金短缺等问题提前预警，深受存款人欢迎。网上零售银行业务及证券投资服务包括有息支票账户、定期储蓄账户和货币市场、大额存单、个人退休账户、信用卡、支票卡。银行还提供个人信贷额度、分期贷款、账户之间的实时传输，并能够在一个屏幕上显示支票、储蓄和贷款信息。2012年，第一互联网银行大力推广了在线住房按揭贷款业务。

第一互联网银行通过ATM系统提供存款等服务深受顾客欢迎。利率水平在众多虚拟银行中位于中间水平，货币市场收益率具有较高的竞争力，支票账户收益率虽然低于其他虚拟银行，但还是高于实体银行。

（2）网页建设投资

第一互联网银行非常看重网站建设，把大量资源用在网页设计上，不断地更改网页设计使之更符合顾客和产品的需要。如：第一互联网银行设计了常见问题答案，把一些经常被问到的问题放到里面并附上答案，极大地方便了顾客。第一互联网银行还是第一批提供网上支票影像的银行之一，2004年第一

---

① 《西方网络银行的发展战略及启示》，http：//www.lwzlw.cn/article/html/1436_2.html。

互联网银行在支票被提取后第二天提供持票影像。

(3) 营销策略

一般来说，网络银行都是依靠高收益率来吸引客户，第一互联网银行也是这样。同时它还设计一些小花招来达到某种目的，比如设置查询费，当账户存款达到一定数额可免查询费。只要数额不是太高，顾客一般都能接受，这样能使每张卡里面的存款额达到一定数量，便于银行运营。

2. 美国安全第一网络银行（Security First Network Bank，SFNB）

SFNB 于 1995 年在美国成立，是世界上第一家纯网络银行，其所有业务都通过互联网处理。SFNB 最初取得成功的关键在于充分利用了网络低成本、高速度和跨地域的优势。其成立的最初 4 个月，客户达到 4000 个，遍布 50 个州，每个账户平均交易额达到 25000 美元。但到了 1998 年 10 月，SFNB 由于巨额亏损而被加拿大皇家银行金融集团以 2000 万美元收购。

3. Netbank

Netbank 成立于 1996 年，原名是亚特兰大互联网银行（Atlanta Internet Bank），是美国最早一批纯网络银行。Netbank 没有实体网点，主要提供零售银行业务、公司银行业务、按揭业务、支付汇兑和其他中间业务。

Netbank 在建立初期向网络客户提供高息存款，并与其他公司合作推广自己，如向客户提供在 Netbank 开户的优惠，Netbank 以此获得大量客户。客户可以通过快递支票和 ATM 来进行存款，Netbank 主要收入来源是房屋按揭和一些通过网络提供的自动贷款。

从 2000～2004 年，Netbank 通过开发新业务和并购来扩展业务。Netbank 进入汽车金融领域，开展信用卡业务并提供 24 小时客服支持。Netbank 并购了多家房屋按揭金融机构，一家 ATM 供应商，一家轮船飞机金融供应商和一家存款快递公司。到 2007 年 6 月 30 日，NetBank 有 25 亿美元资产和 23 亿美元存款。

从 2005 年开始，房屋按揭市场开始下滑，Netbank 利润受到较大影响。Netbank 开始为不同客户支付不同的存款利率，使得部分客户开始流失。另外，Netbank 的高汽车贷款利率也使客户选择其他银行，这令其盈利更加困难。

在之后的两年里，由于美国房屋按揭市场的危机，Netbank 无法盈利，重组的努力也告失败，最终在 2007 年被美国储蓄机构监理局（OTS）关闭。其主要存款和资产卖给了 ING Direct 银行，104000 个客户也由 ING Direct 接管。

2. 网上银行

作为网上银行发源地，美国网上银行业起步较早，发展也十分迅速。截止到 2012 年，美国网上银行用户数量已达到 6830 万户（见图 1），comScore 调查显示，该用户数量仍将呈持续增长趋势，网上银行在美国网民中的渗透正在逐步加深。

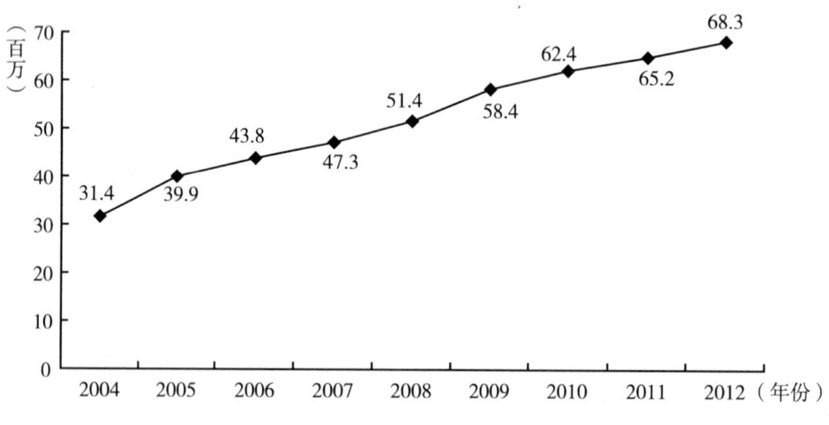

图 1　美国网上银行用户数

数据来源：comScore。

1995 年初至 20 世纪末，美国网上银行大规模创新，促成美国网上银行业务迅猛增加。1995 年 5 月，富国银行（Wells Fargo）成为世界上第一个提供 Web 通道的银行。1996 年 3 月，AT&T 成为美国第一个为信用卡持卡人提供在线欺诈保护的银行机构；同年 7 月 Britton&Koontz First National Bank 成为第一个开始提供触发电子邮件提醒系统的银行机构；1997 年 1 月 Beneficial Finance 在美国首推实时小额贷款；同年 3 月 Bank of Montrealkal 开始提供实时抵押贷款；7 月 E-loan 开始提供在线抵押经纪人业务；8 月 River City Bank 为其网站增加个人金融服务功能；12 月 Nextcard 开始提供网上信用卡服务；1998 年 4

月 OneCore 开始为小企业提供在线优化服务；1998 年 6 月 Lending Tree 开始为拍卖市场提供零售贷款；10 月 Compu Bank 成为美国第一个提供基于 Web 的银行内部资金转账系统的银行。

进入 21 世纪，美国的网上银行步入功能整合发展阶段。随着美国互联网金融的迅速发展，网上银行用户对金融服务的随机性和便捷性要求愈发增多，美国银行机构为满足客户需求，开展多项金融创新活动，新兴在线金融服务也层出不穷（见图 2）。较为普及的服务包括：第一，网上基本理财服务。客户在传统银行中办理的开户、存款、支付账单、转账和付账等业务都可以在网上办理，网上银行可以使客户随时随地按日期和业务品种查询交易记录、信用卡转账、支票支付和 ATM 提款等信息，还可以为个人客户提供免费的理财分析服务，同时也可以为公司客户提供网上贷款、网上贸易融资和网上商贸解决方案。第二，网络资讯服务。网上银行与金融资讯供应商进行合作，为客户提供全球范围内各主要金融市场的实时信息，为客户实现足不出户，全球金融最新资讯依然尽在掌握。第三，网上投资。为客户提供处理其投资组合服务，使客

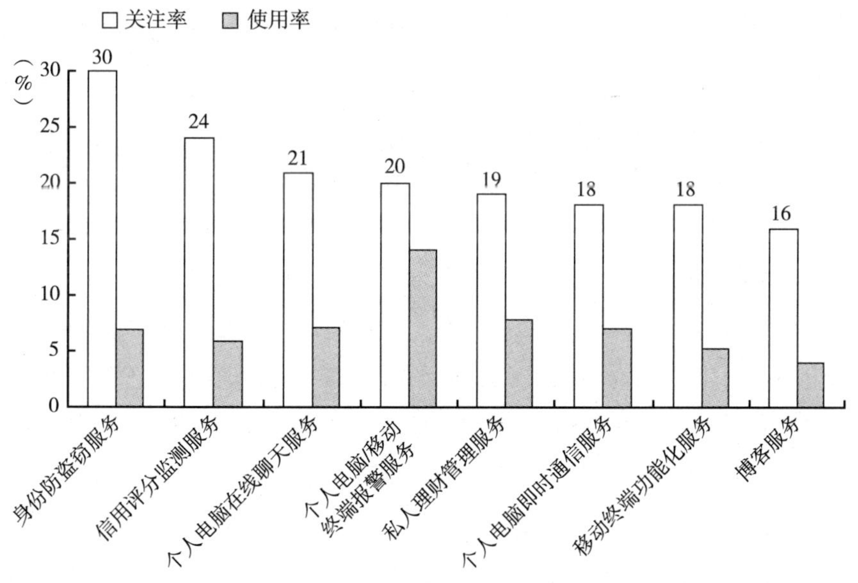

图 2　美国网络银行用户业务选择

数据来源：comScore。

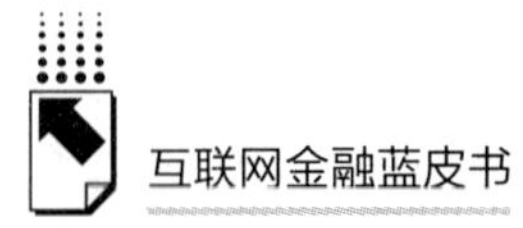

户实现网上股票买卖、网上基金销售和网上保险等。第四，网上购物。在美国网上银行中网络购物主要由银行的信用卡部负责，该部门负责开发网上购物系统，邀请零售商以及联营公司加入系统为客户提供网络购物环境。第五，其他网上银行服务。为降低业务运营成本，大部分网上银行选择与网上的金融服务商进行合作，将业务“外包”出去，通过发挥中介作用收取佣金。

3. 互联网银行的发展模式

当今美国互联网银行的发展主要存在三种模式：

（1）纯网络银行发展模式

纯网络银行（Internet Only Bank）是以计算机服务器为主体、没有实际有形柜台作为业务支持的网络银行，也称虚拟银行（Virtual Bank），是完全基于互联网发展起来的电子银行。纯网络银行有两种发展模式，一是提供传统银行的所有柜台服务项目，以美国的印第安纳第一网络银行为代表；二是侧重于发展适合金融技术的特色服务，这种模式的出发点是承认Internet技术提供的虚拟银行服务存在不能为客户提供现金管理和保险箱服务等缺陷，代表性银行是位于休斯敦的康普银行（Compu Bank）和耐特银行（Net Bank）。

（2）依附于传统银行的发展模式

富国银行是美国第一家在网上向客户提供账务查询服务的银行，并逐步实现网上查询交易记录、转账、支付票据、申请新账户、签发旅行支票等业务。富国银行是美国传统银行向网络银行延伸式发展的代表，也是美国银行业提供网上银行服务的优秀代表，网上银行客户数量多达160万，银行网站每月访问人数96万（并非人次）；接受网上银行服务的客户占其全部客户的20%。富国银行的网上银行系统不仅节约成本，还带来新增收入和客户，使用网上银行的客户素质好、收入高、账户余额大、需求种类多，银行专区的收益和手续费收入相对较多。在160万网上银行客户中，15%是由网上银行服务带来的新客户。最近几年，网上客户每年以140%的速度增长，成为美国拥有最多网上个人和企业客户基础的银行之一。

除延伸模式外，并购模式和目标聚集模式也是网络银行依附传统银行发展的两种模式。并购模式通过并购一些银行网站或纯虚拟银行来实现自身发展，例如1998年10月加拿大皇家银行（RBC）以2000万美元资金收购全球第一家纯虚拟网络银行——SFNB，并借助SFNB在金融服务领域的先进技术，顺利进入美国零售金融市场。目标聚集模式则是一些中小银行因自身实力原因而采取的集中发展策略，从而找寻其在某个细分市场上的竞争优势，力争占领某个独特的网络金融服务市场，例如堪萨斯州的一家社区银行——信托银行（Intrust Bank），基于客户主要集中在同一个地区因素，其发展网络银行的目的在于保证巩固该地区市场的客户份额，通过开展一系列适合本地区客户需要的社区型特色服务，从而取得成功。

（3）依附于非银行机构的发展模式

随着新兴互联网机构不断参与金融业务竞争，多数传统银行采取与这些新竞争者相互合作的策略，与它们结成不同形式的战略联盟，以维持现有市场份额。例如，花旗银行集团与微软公司签订协议，向微软公司的MSN用户提供通过电子邮件实现汇款的服务。对花旗银行而言，这项合作拉开其大举进军互联网的计划。此外，花旗银行集团于2001年秋与美国在线公司签下类似合同，并与拍卖观察公司签约提供网上拍卖的付费服务。

4. 互联网银行发展趋势

随着互联网银行在美国逐渐发展完善，互联网银行主要呈现以下特点：

（1）互联网银行客户群以年轻、高收入阶层为主

目前，美国高收入家庭中大约有48%选择使用网上银行服务，该比率高于美国社会总体水平的25%到30%。高收入互联网银行客户大致分为两类群体：一是接受网上投资性银行业务客户，一般为高收入阶层中的较富裕者；二是接受网上零售性银行业务服务客户，属于高收入阶层中的中低收入者，他们大部分都相对年轻并接受过良好教育。

（2）提供单一金融服务的互联网银行崭露头角

随着业务市场的细分，一些提供单一金融服务的互联网银行逐渐涌现并迅速发展。在美国房地产市场蓬勃发展的几年间出现了专门提供住房按揭服务的互联网银行。由于购房人对按揭贷款的需求急剧增加，而传统银行按揭贷款业务费用较高、服务周期较长，网络按揭贷款银行得以飞速发展，例如Ditech

和 E-Loan 两家互联网按揭贷款银行，仅提供网络服务业务，几年间发展了几百万新增客户，成为传统银行的有力竞争者。

（3）在传统银行业务的基础上增加了多种渠道

目前，美国几乎所有银行都提供网上银行业务，包括：查看账户余额和历史交易记录、支付账单、账户间转账、信用卡业务以及订购个人支票等。网上银行业务已成为一个银行服务质量和能力的重要标志，传统银行不断扩大网络服务范围，如摩根大通银行，就提供了极为丰富的网络银行业务，包括个人支票、信用卡、储蓄、个人账单支付、房屋抵押贷款、住房按揭、汽车保险、教育贷款、保险、投资、退休计划和退休金管理等。

网上银行在传统银行业务基础上增加了多种渠道，但调查显示，目前美国网上银行开展的个人财务管理业务普及率仍很低（见图3、图4）。

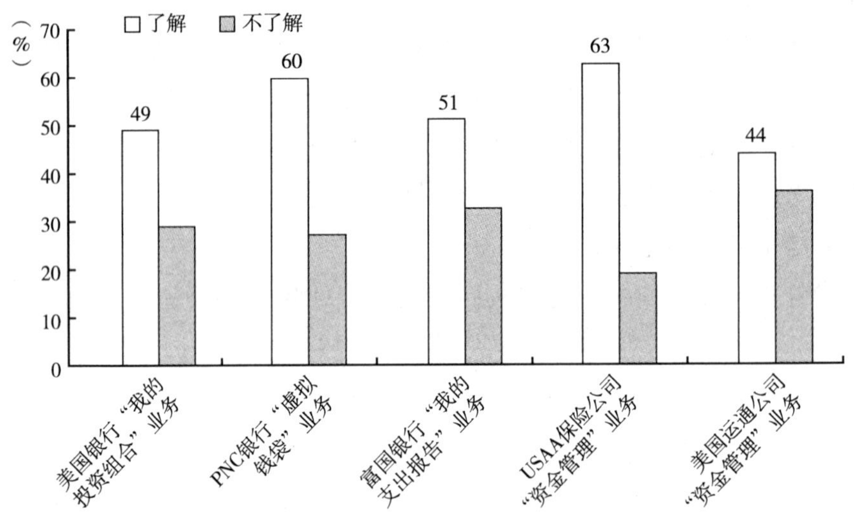

图3　美国网上银行用户对个人财务管理业务的了解程度

数据来源：comScore。

尽管发展迅速，但互联网银行仍存在一些无法忽视的障碍，例如美国纯网上银行所吸收的存款出路狭窄，一般仅为买进一些以按揭抵押贷款为基础的证券类产品，或者直接拆借给银行，并不具备和传统商业银行竞争的实力。

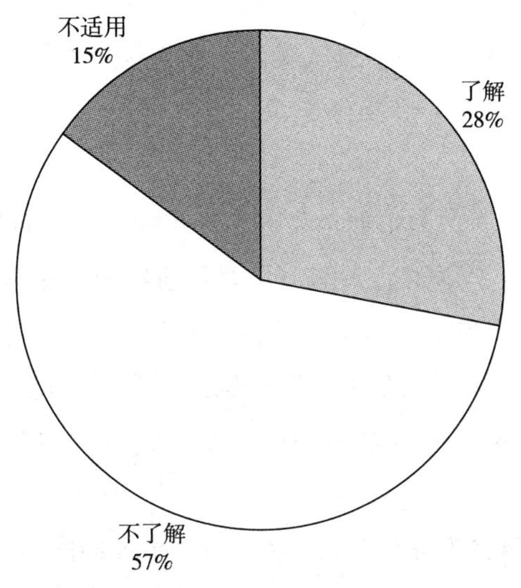

图 4　美国网上银行用户对银行新兴业务的熟悉程度

数据来源：comScore。

（二）网络证券

互联网证券主要是证券公司利用互联网等通信技术，为投资者提供证券交易的实时报价、各类与投资者相关的金融信息和市场行情分析等服务，并通过互联网帮助投资者进行网上的开户、委托、交易、交割和清算等证券交易的全过程。网络证券交易与传统证券交易业务程序基本相同，但实现交易的手段不同。

美国是最早开展网络证券交易的国家，也是网络证券交易经纪业最为发达的国家。美国网络证券交易始于 20 世纪 90 年代初，当时主要向机构投资者实时提供行情。1995 年，嘉信（Charles Schwab）公司成立专门的电子商务公司从事互联网经纪业务，成为第一家开展证券电子商务的经纪商，1996 年，E*TRADE公司成立，美国无传统经营场所的新型经纪公司诞生。1996 年 4 月，Yahoo 公司上市，引发相当一批证券公司开始重视并涉足证券电子商务。1999 年，美林证券开始为投资者提供网络证券交易服务，标志着美国传统证券经纪商对网络交易发生根本性转变，美国网络证券交易快速发展。到2010年，所有证券投资者都通过网络进行证券交易。21世纪以来，随着美国新经济和网络热的消退，美国证券市场步入全面调整时期，市场交易额大大减少。网络证券交易经纪商的新客户数量急剧减少，交易额逐步下降。

据美国证券交易委员会估计，美国专业网络经纪商的数量从1997年的28家发展到目前的200家以上，大约160家普通经纪商也提供网络证券交易服务。目前，美国约有30%～50%的证券交易是直接或者间接通过网络进行，其中约有45%的散户证券交易通过互联网经纪完成，网络证券交易的账户数量达2000万个，交易量每天超过100万笔，网络经纪的资产超过3.1万亿美元。

网络证券交易得到投资者认同，主要有两方面原因：

一是安全性。除考虑交易手段和交易方式多样性，以及充分的风险揭示外，许多推出网络证券交易的美国证券公司为交易客户提供商业保险。出险后，客户可直接从保险公司得到相应赔偿。E*TRADE为交易客户提供总额高达1亿美元的商业保险，一定程度上消除了客户对网络证券交易安全性的顾虑。

二是与自由浮动的佣金制度相关。随着网络证券交易量增加，网上每笔交易的平均费用不断下降，投资者受益颇大。美林证券等传统证券经纪商收费水平最高，嘉信理财等有折扣证券经纪商收费水平次之，Ameritrade等纯粹网络证券交易经纪商收费最低，但证券经纪商之间的差异正趋于缩小。总体上看，收费水平与证券经纪商为客户所提供的服务质量高度相关。专营网络经纪商E*TRADE创立后不久赶上美国第二波佣金降价潮，迅速成为美国佣金价格战的先驱，目前已成为同服务水平中佣金费率最低的券商之一。

除低价策略外，E*TRADE还为客户提供丰富的信息内容和研究报告，并与著名的Ernst&Young合作提供财经资讯服务。E*TRADE通过买下Telebankt，强化其金融垂直网络服务策略。除证券信息外，E*TRADE还提供房屋贷款、保险产品、退休规划、税务及网上金融顾问服务等。1997年起，E*TRADE开始全球扩张，与America Online及Bank One策略联盟，先后进入澳洲、加拿

大、德国及日本、英国、韩国和我国香港等国家和地区。同时，E*TRADE 积极拓展零售网点，在美国建立五个“财务中心”，分布于纽约、波士顿、丹佛、比利时山庄和旧金山；通过各地“社区”延伸触角，此外还提供 1.1 万个自动柜台机网络供客户使用。

尽管如此，E*TRADE 等纯网络运营的单纯渠道经纪商由于缺乏产品开发能力，难以取代传统经纪商。截至 2012 年，E*TRADE 市场份额占比不到 1%，营业额及利润显示，E*TRADE 落后于传统券商美林以及综合券商嘉信。主要原因是，尽管 20 世纪 90 年代新成立的 E*TRADE 依靠网络经纪商拥有的低成本、低佣金率、先进的 IT 技术等优势，迅速获得极高点击率，在经纪业务中占据一席之地，但网络经纪商不能提供全面的投资咨询服务以及成型的投资产品，因此仍难以取代美林、嘉信等传统经纪商。

按经纪业务分类的三种类型证券经纪商比较见表 1。

表 1　按经纪业务分类的三种类型证券经纪商比较

	美林模式	嘉信模式	E*TRADE 模式
经纪业务模式	全服务经纪商	折扣经纪商	专营网上经纪商
目标客户群	以大客户为主	以中小客户为主兼顾大客户	以中小客户为主
交易方式	实体营业部为主	实体营业部与网上交易并重	网上交易为主，实体营业部很少
佣金标准	高	中	低
信息咨询	丰富的投资咨询信息	较丰富的投资咨询信息	广泛合作，提供网上财经咨询
信息来源	内部研究为准	内部 + 外部	外部获取
核心优势	强大的研究咨询力量与众多经验丰富的投资顾问	网上网下综合发展，佣金较低	丰富的金融信息、便捷的网站设计，低成本、低佣金
模式成功的前提条件	众多经验丰富的投资顾问、强大的研究咨询力量、成熟的资产市场	具有一定数量的有形网点、先进的 IT 技术、较高的网络普及率、成熟的资本市场和相对宽松的监管模式	先进的 IT 技术、较高的网络普及率、丰富的品种和信息来源、成熟的资本市场和相对宽松的监管模式
12 年营业额（亿美元）	209.2	48.8	19.0
12 年净利润（亿美元）	2.9	9.3	-11.2

数据来源：美林证券、嘉信证券、E*TRADE 证券官方统计数据。

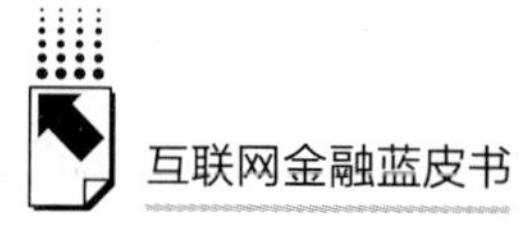

（三）网络保险

美国互联网保险业经过 20 多年发展，已形成一套较为成熟的发展模式。目前，美国的网络保险业在全球业务量最大、涉及范围最广、客户数量最多和技术水平最高，几乎所有的保险公司都建立了自己的网站，在网站上为客户提供全面的保险市场和保险产品信息，并可以针对客户独特需要进行保险方案内容设计，运用信息技术提供人性化产品购买流程。在网络服务内容上，涉及信息咨询、询价谈判、交易、解决争议、赔付等；在保险品种上，包括健康、医疗人寿、汽车、财险等。

美国互联网保险业务主要包括代理模式和网上直销模式，这两种模式都是独立网络公司通过与保险公司进行一定范围的合作而介入互联网保险市场。二者也有一些区别，代理模式主要是通过和保险公司形成紧密合作关系，实现网络保险交易并获得规模经济效益，优点在于其庞大的网络辐射能力可以获得大批潜在客户。相比之下，网上直销模式更有助于提升企业的形象效益，能够帮助保险公司开拓新的营销渠道和客户服务方式。

1995 年 2 月创立的 InsWeb 公司是美国互联网保险代理模式的成功案例。目前是全球最大的保险电子商务站点，每年数以百万计的保险客户通过访问 InsWeb 获取保险信息以及比较保险市场的政策。2011 年 12 月，InsWeb 被 Bankrate. com 收购后，成为全球保险业规模最大的网络保险企业。InsWeb 主要通过为消费者提供保险产品对比信息收取消费者费用和为代理人提供消费者投保意向收取代理人费用盈利。InsWeb 把优质保险公司和险种介绍给客户，同时也把大量客户介绍给保险公司，通过互联网把保险公司和客户联结在一起，为保险公司和客户带来双赢。

但 InsWeb 最终被收购的原因，主要在于保险产品的复杂性需要代理人面对面为消费者进行讲解，单纯依靠网络难以迅速理解产品性质，导致绝大多数保险产品无法依靠互联网销售，限制了互联网保险做大。InsWeb 财报显示，2011 年被收购前最后一次公布报表的前三季度收入仅约 3900 万美元，这与美国传统保险业万亿美元左右保费相比几乎可以忽略不计。

除代理模式和直销模式这两种主流互联网保险运营模式外，美国市场上还

出现了纯粹进行网上保险销售的公司，例如 eCoverag。这是美国第一家，也是 100% 通过互联网向客户提供从报价到赔偿服务的公司。公司主要在世界范围内提供汽车、轮船以及房屋的全套个人保险业务，客户可通过公司 Web 网站低成本购买保单。

（四）P2P 借贷模式

P2P 借贷模式，即依靠互联网技术力量和信用评估技术，为投资者和借款人建立直接借贷的中介服务模式，现已发展成为互联网金融不可忽视的重要领域。在过去十年间，WEB2.0 的兴起为实现 P2P 借贷创造了可能性，2008 年全球金融危机爆发迫使传统金融机构收缩信贷，客观上为 P2P 借贷模式快速发展提供了重要契机。P2P 借贷模式能有效地将借贷双方置于同一平台，既为投资者提供潜在投资机会，获取高于传统储蓄工具的收益，又为借款人提供获得贷款新渠道，拓宽资金来源，因此深受社会关注。在美国，P2P 模式自 2005 年诞生以来，营利性和非营利性 P2P 平台在互联网金融市场上共存，为世界各地的个人和团体提供商业或公益贷款。营利性 P2P 平台以 Prosper 公司和 Lending Club 公司为代表，非营利性 P2P 平台以 Kiva 为代表。

1. 营利性 P2P 平台①

Lending Club 公司和 Prosper 公司主营业务是通过网络平台联系个人之间的贷款。主要运营模式为：

第一，Prosper 与 Lending Club 充当放款方与借款方中介，所有参与方均须先注册为公司会员，并提供个人基本信息以获得成为借款人或者放款人资格。注册时不采用实名制，而使用账号名称，以保持双方匿名。通过 P2P 平台借款的每个借款人必须填写贷款申请表，经审核后平台确定其信用状况。

第二，Prosper 和 Lending Club 将审核后的贷款需求放在各自的官方网站上供放款人浏览和选择，所列出的贷款需求内容包括贷款的总额、贷款的利率和客户评级。经审核通过的贷款需求是无担保的，并且实行固定利率。

① 《美国 P2P 行业的发展与监管》，http：//blog. sina. com. cn/s/blog_ 5981938f0101jka6. html。

第三，放款人可根据借款人提供的相应数据来知晓借款人的收入水平和贷款目的。放款人既可浏览经审核的贷款需求清单来选择投资对象，也可根据偏好的贷款标准制定投资组合，还可以使用这两家 P2P 借贷平台提供的投资组合工具来选择放贷组合。

第四，在 Prosper 和 Lending Club 借贷平台上，放款人并不直接将贷款发放给借款人，而是通过购买或选定与借款人贷款相对应的收益权凭据（payment-dependent notes）进行放贷投资。一旦放款人确定要投资的贷款申请，在犹他州登记并由 FDIC 承保的银行 WebBank 就会审核、筹备、拨款和分发贷款到对应的借款人手中。WebBank 随后将贷款卖给对应的 P2P 平台，以换取该平台通过出售对应的收益权凭据所获得的本金，贷款违约的风险将通过收益权凭据转移给放款人。

第五，Prosper 和 Lending Club 平台都具有从借款人手中按月取得还款的独家权利，通常采用电子转账方式。在扣除提供服务所产生的相关费用后，平台会在每个放款人账户中贷记其信贷本息余额。两个平台也都有追索已违约贷款的权利以及决定是否及何时将贷款转给第三方收款机构。

专栏 2　Prosper 和 Lending Club 的运行机制

1. Prosper

Prosper 是最早进行人人贷业务的商业机构之一，成立于 2006 年。凡是具有美国合法公民身份、社会保障号、个人税号、银行账号、个人信用评分超过 520 分的注册客户，均可以从事 Prosper 平台内的借贷交易。Prosper 开创的很多商业模式被其他人人贷公司采用，包括：在网上公布借款者的贷款需求和信息；放贷人在网上浏览贷款信息并构建贷款组合；建立贷款的二级交易平台等。截至 2012 年中，Prosper 已促成 3.73 亿美元的贷款。

Prosper 的风险定价机制。Prosper 最开始采用荷兰式拍卖决定资金供需匹配和贷款利率，后来改用基于内部评级的利率定价机制。

首先，Prosper 根据借款者信息建立了一个内部评级系统，称为“Prosper 评级”，从高到低共分 AA、A、B、C、D、E、HR 7 档（见表 2）。Prosper 评级越低，借款者的信用状况越差，对应的贷款损失率越高。

表 2　Prosper 评级与信用风险

Prosper 评级	平均每年损失率	Prosper 评级	平均每年损失率
AA	0.00～1.99%	D	9.00%～11.99%
A	2.00%～3.99%	E	12.00%～14.99%
B	4.00%～5.99%	HR	≥15.00%
C	6.00%～8.99%		

资料来源：Prosper 网站。

其次，Prosper 根据借款者的 Prosper 评级、贷款期限以及之前是否有 Prosper 贷款决定贷款利率。Prosper 评级越低、贷款期限越长或者之前没有 Prosper 贷款，贷款利率越高，反之则反是。总的来看，年贷款利率从 5.65% 到 32.45%之间（见表 3）。

表 3　Prosper 贷款利率

Prosper 评级	贷款期限（年）	之前是否有 Prosper 贷款（Y/N）	平均年贷款利率（%）
AA	1	N	5.65
AA	3	N	7.49
AA	5	N	10.71
AA	1	Y	5.65
AA	3	Y	7.49
AA	5	Y	10.71
A	1	N	9.43
A	3	N	12.49
A	5	N	16.74
A	1	Y	8.37
A	3	Y	10.87
A	5	Y	14.92
B	1	N	12.13
B	3	N	15.94
B	5	N	20.36
B	1	Y	11.44
B	3	Y	15.07
B	5	Y	19.46
C	1	N	14.67
C	3	N	19.37

续表

Prosper 评级	贷款期限(年)	之前是否有 Prosper 贷款(Y/N)	平均年贷款利率(%)
C	5	N	23. 58
C	1	Y	14. 67
C	3	Y	19. 37
C	5	Y	23. 58
D	1	N	19. 52
D	3	N	24. 87
D	5	N	28. 36
D	1	Y	18. 31
D	3	Y	23. 62
D	5	Y	27. 20
E	1	N	23. 09
E	3	N	29. 04
E	5	N	32. 45
E	1	Y	22. 81
E	3	Y	28. 70
E	5	Y	32. 12
HR	3	N	31. 77
HR	3	N	31. 77

资料来源：Prosper 网站。

2. Lending Club

Lending Club 公司对符合要求的贷款申请，根据借款者的 FICO 信用评分、贷款金额、过去 6 个月的借款次数、信用记录长度、账户数量、循环信用证使用率和贷款期限等进行内部信用评级，分成 A 到 G 共 7 个等级，每个等级又细分成 5 档。不同信用评级对应着不同贷款利率，从 6% 到 25% 不等，而且信用评级越低，贷款利率越高（见图 5）。Lending Club 公司把每份贷款称为一个票据，提供贷款金额、待认购金额、期限、评级、利率、用途以及借款者就业、收入、信用历史等信息，放在网站上供投资者选择。对单个票据，投资者的最小认购金额是 25 美元，这样一个有 2 万美元的投资者最多可投资 800 个票据，能实现风险的充分分散。Lending Club 公司为投资者提供了构建贷款组合的工具，比如投资者说明自己的收益目标、投资金额和拟认购贷款数目，Lending Club 公司会推荐一个贷款组合。Lending Club 公司还提供了投资者之间交易贷款的平台。在贷款存续过程中，Lending Club 公司负责从借款者处收取贷款本息，转交给投资者，并处理可能的延付或违约情况。

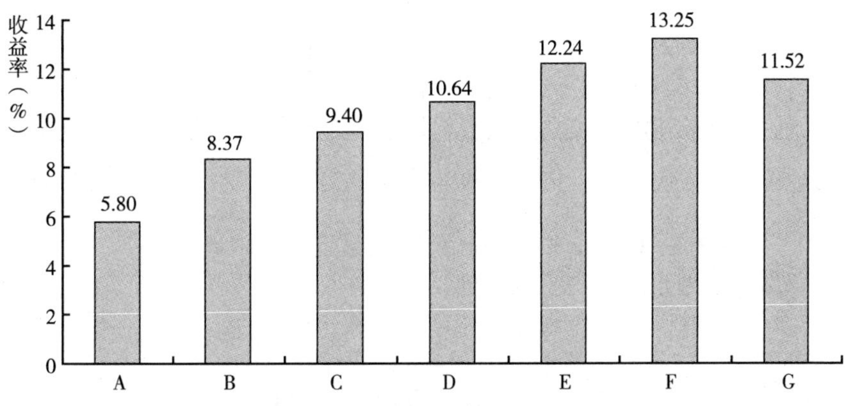

图 5　Lending Club 的风险定价机制

Lending Club 中的借款者，整体上属于中上层阶级：FICO 信用评分平均为 715 分；债务（不计入按揭贷款）/收入比平均为 14.07%；信用历史长度平均为 15 年；年收入平均为 7 万美元，在美国属于前 10% 的水平；贷款金额平均为 1.1 万美元。

Lending Club 也采取贷款利率与借款者内部评级挂钩的风险定价机制，评级越低，贷款利率越高。Lending Club 中年贷款利率平均为 14.21%，违约率为 4%。

Lending Club 的贷款用途从多到少依次为：还信用卡债（70.37%）、改善住房（7.09%）、商业（5.16%）、大额购买（3.21%）、汽车融资（1.88%）、其他用途（12.28%）。

从放贷人的角度看，风险分散的效果非常明显。比如，Lending Club 统计表明，如果放贷人投资 100 笔贷款，遭受亏损的概率是 1%；投资 400 笔贷款，遭受亏损的概率是 0.20%；投资 800 笔贷款，基本不可能出现亏损（见图 6、图 7、图 8）。

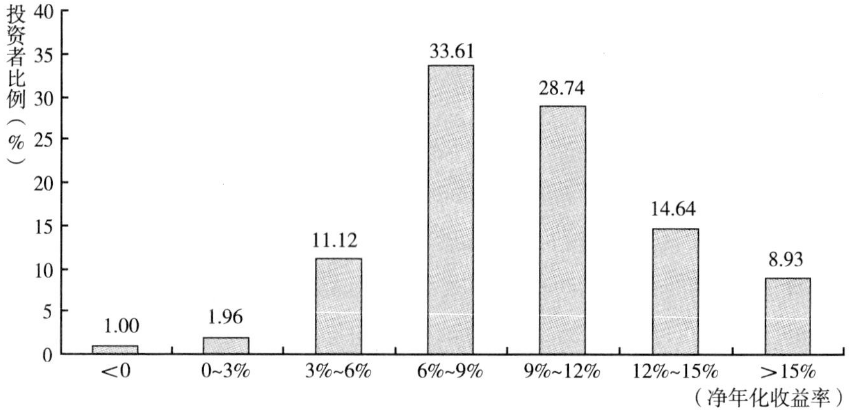

图 6　Lending Club 贷款的风险分散效果（100 笔贷款）

资料来源：Lending Club 网站。

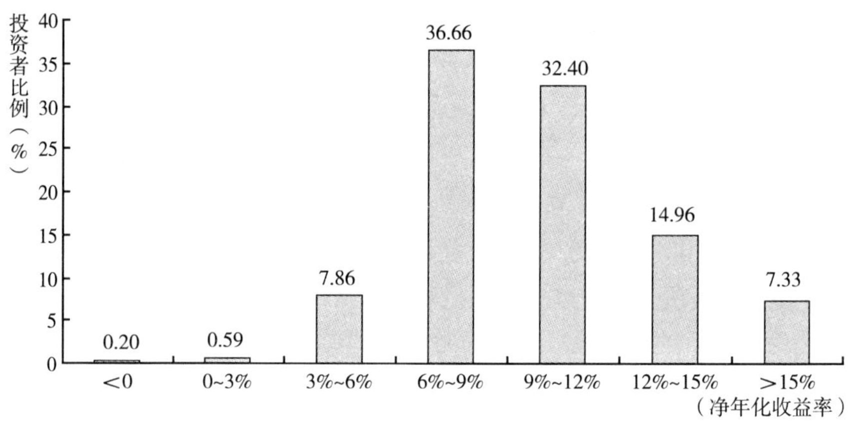

图 7　Lending Club 贷款的风险分散效果（400 笔贷款）

资料来源：Lending Club 网站。

Lending Club 从 2007 年 5 月 24 日以应用形式低调登陆 Facebook 开始，从当年 7 月发放第一笔贷款，到 2008 年 3 月共促成约 1.5 亿美元贷款。2008 年 4 月至 10 月间，暂停向放款人出售收益权凭证，并在 SEC 注册，取得证券发售资格，在此期间 Lending Club 仍运用自有资金为借款者提供贷款。2008 年 10 月重新开始运营之后，Lending Club 发展迅猛。2010 年 11 月成立 LC Advisor（投资管理公司），2011 年 3 月成立投资低风险借款人（A、B 级客

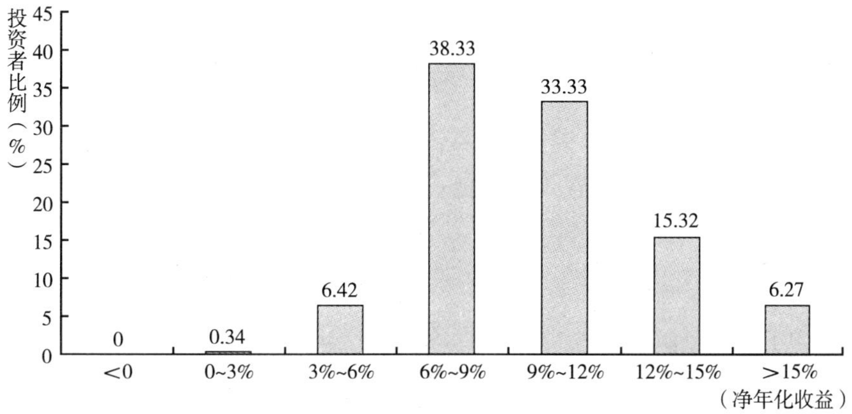

图8　Lending Club 贷款的风险分散效果（800 笔贷款）

资料来源：Lending Club 网站。

户）的保守信贷基金，后又推出各个投资风险级别的 Broad Based Fund，其间有大量投资资金注入 Lending Club（见图9）。到2012 年末，Lending Club 进行业务调整，暂时留出平台 20% 的贷款，供大型投资者进行全额贷款投资。2013 年 5 月，谷歌入股 Lending Club。从 2005 年成立到 2013 年 9 月，Prosper 公司已发展了 195 万名注册会员，共产生约 6. 2 亿美元的个人借贷数额，总体收益回报率达到 9. 09%。2010 年 ~2012 年其发放贷款见图 10。

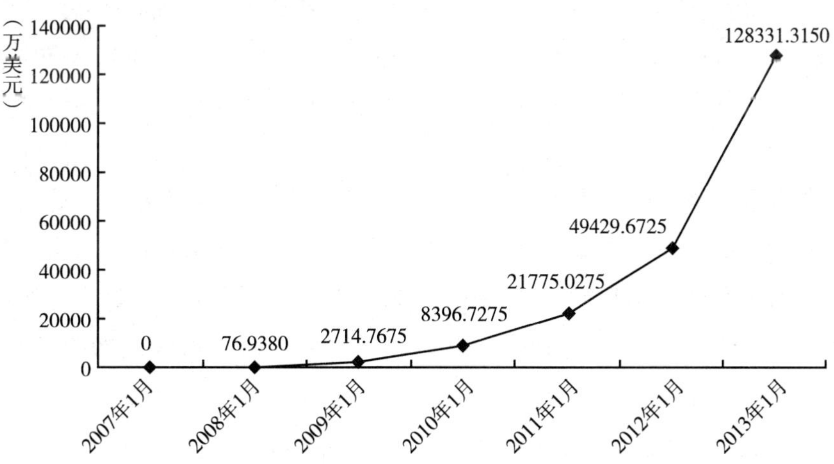

图9　2007 ~ 2013 年 Lending Club 借贷总额变化趋势

数据来源：Lending Club 网站。

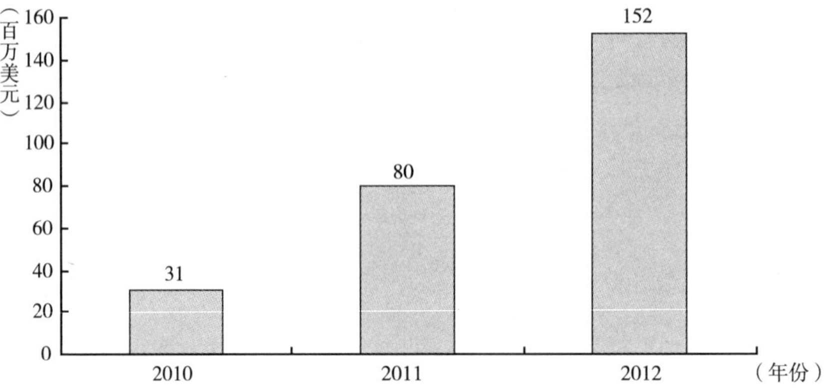

图 10　2010～2012 年 Prosper 发放贷款数量统计

数据来源：Prosper 网站。

截至 2013 年 9 月 17 日，有超过 60930 名投资者向 Lending Club 提供了约 24.69 亿美元贷款，公司也已向投资人发放了约 2.1 亿美元利息，投资者月平均收益率达到 15.13%，Lending Club 借由贷款发放和服务正式实现盈利。而同期由 bankrate.com 列出的支票和储蓄账户 1 年期的定期年收益率仅为 0.10%～1.05%，可见 P2P 借贷为放款人提供了获得相对较高收益的可能性。通过这两家 P2P 放款的出资人通常只提供小额资金给借款人，出资人既可以进行多项目投资，也可以全额投资于单一贷款需求，或者只投资于该贷款需求的一部分，单笔最少投资金额为 25 美元。截至 2013 年 9 月 Prosper 公司出借人平均投资数额为 6075 美元，Lending Club 公司平均单笔金额为 13354 美元。

在借款利率方面，P2P 贷款利率普遍低于传统的信用贷款。截至 2013 年 9 月，Prosper 平均贷款年利率为 6.73%，Lending Club 为 6.78%，而同期市场信用卡平均年利率为 10.99%～22.99%。这体现了 P2P 借贷平台不仅能拓宽信贷来源，还能降低贷款成本。两家公司对借款数额都有限制，Prosper 每笔借款在 2000～35000 美元，Lending Club 借款范围为 1000～35000 美元。从 Lending Club 网站上公布的数据可以看到，约 84.14% 的借款人利用借款偿还到期债务和信用卡，6.03% 用于家庭装修，2.55% 用于商业用途。

2. 非营利性 P2P 平台

2006 年 11 月，美国境内最大的非营利性 P2P 平台 Kiva 成立。通过与借款方所在地微观金融机构合作，为放款人提供机会支持当地经济发展。Kiva 平台借款方所在地区主要是发展中国家，这些国家通常正在寻求资金用以支持小微企业。通过放款人提供的资金，Kiva 向全世界大约 130 个微观金融机构发放无息贷款，以资助这些机构向其所在地借款机构发放带息贷款。Kiva 在其平台上筛选、评价、监督每个微观金融机构，并且标注风险等级供放款人浏览并决定其资助行为。截至 2013 年上半年，约有 57 万名放款人通过 Kiva 在 59 个国家发放了约 2 亿美元贷款。

作为非营利性 P2P 平台，Kiva 运作过程与 Prosper 和 Lending Club 存在一些不同之处。Kiva 从放款人手中收集到资金后，转交给其他微观金融机构，由这些机构管理和发放贷款给借款人，并由这些微观金融机构将收回的款项还给 Kiva，Kiva 依照放款人份额将资金返还给放款人。Kiva 主要是依靠当地微观金融机构去审查和评估借款人信用，并确定贷款数额和期限。放款人最小出资 25 美元，最多可投资整个贷款。Kiva 的借款人地域和所需贷款数额差别非常大，从 1200 美元到 10000 美元不等，每个放款人平均资助 11 笔贷款，给每个借款人约 380 美元。

尽管在 Kiva 平台上放款人提供无息贷款，但微观金融机构会向借款人或者借款机构收取利息，以抵消其运营成本。当微观金融机构按计划如期从借款人手中取得还款时，他们会截留利息和其他运营额。如果借款人未能如期还款，微观金融机构就会通知 Kiva 和放款人延期付款，部分贷款或者全部贷款可能无法收回。根据 Kiva 官方提供的消息，截至 2011 年 3 月 31 日，所有合作机构的还款率为 99%。

除上述营利性和非营利性 P2P 模式以外，美国一些公司也开发了一些其他形式的 P2P 借贷平台。例如，在家庭成员和朋友之间组成贷款更为直接的 P2P 借贷模式。放款人利用此类平台，通过记有包括贷款金额、期限、利率、还款条件等简单条款的收益权凭证，直接向他们所认识的借款人发放贷款。还有一些公司提供与 Prosper 和 Lending Club 相类似的为陌生人之间产生付息贷款提供媒介的平台，但该类公司所面临的市场更为细分，例如，为小微企业或者高等教育学生贷款提供资金。

目前，美国 P2P 行业正处于高速发展阶段。2012 年，Prosper 新增贷款同比增长 91%，Lending Club 新增贷款同比增长 179%，2013 年以来两家平台业务量及贷款金额持续迅猛增长。尽管如此，P2P 行业总规模相对于传统银行业来说依旧较小。以 Lending Club 为例，该平台平均贷款额度不足 1 万美元。虽然美国的互联网融资业务发展迅速，但对传统银行融资业务影响仍相对有限。2008 年以来美国贷款同比增速持续提升，并未受到网络融资显著影响。而且，美国 P2P 贷款相比银行贷款规模及占比仍偏小，2012 年美国 P2P 贷款占银行个人贷款比重仅为 0.03%（见图 11）。

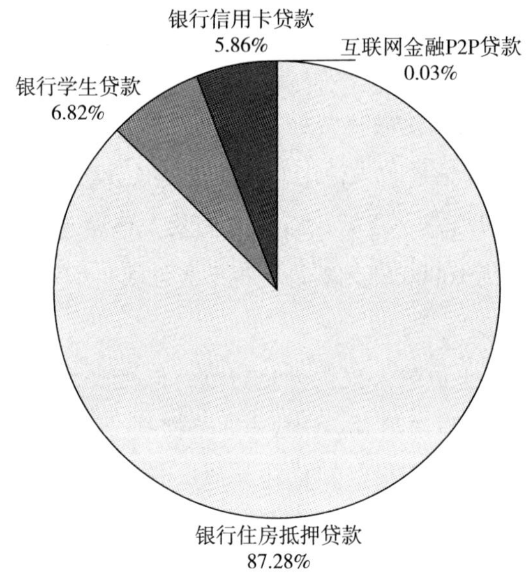

图 11　美国 P2P 贷款余额占个人贷款余额比重

数据来源：wind。

（五）众筹模式

众筹融资（Crowdfunding）是通过互联网为各类创业投资者与创业者实现资金融通的融资模式。2009 年，美国的一家创业众筹网站 Kickstarter 用捐赠资助或是预购产品的形式为中小企业或者小微企业在线募集资金，开启了大众化的融资方式。此后，众筹模式呈爆发式增长，成功募资的项目和募资额屡创新高。调查数据显示，2012 年北美地区众筹平台募资总额为 16 亿美元，较 2011 年增长 105%；以 IndieGoGo、Kickstarter 两大众筹平台为代表的美国众筹融资占据全球众筹融资的主要份额。从单笔募资额看，2013 年 5 月，创意手表项目 Pebble Watch 在 Kickstarter 创造众筹融资的最高纪录——发布 28 小时内筹得 100 万美金，1 个月时间内得到近 7 万人的支持，筹得 1000 万美金。

2012 年 4 月，美国总统奥巴马签署了《促进初创企业融资法案》（Jumpstart Our Business Startups Act，JOBS Act），增加了对众筹的豁免条款，为创业公司通过众筹方式向一般公众进行股权融资提供了法律依据，进一步拓宽了投资者和创业者的募资渠道，众筹模式逐步趋于合法化、规范化。

1. IndieGoGo 平台

IndieGoGo 创建于 2008 年，是目前美国最大的国际众筹融资平台。全球范围内的投资者都可以通过该平台向有能力有梦想但缺乏资金的融资人进行投资。融资流程中，平台工作人员收到创意项目简要说明后按指南对项目是否适合该平台进行评估。若创意通过评估，工作人员将要求项目发起人对项目介绍进一步修改以适应市场需求。完成修改后，则可以在 IndieGoGo 网站上进行最长期限为 120 天的投资者展示和资金募集。融资人可以在固定融资和弹性融资之间进行选择所需的融资机制。其中，若选择固定融资机制，融资者如在规定期限内没有实现融资目标则得不到任何所融资金。若选择弹性融资机制，融资者即使没有实现预定融资目标，仍可以得到部分所融资金，但 IndieGoGo 要对所融到的资金收取 9% 的相关费用。若融资人完成融资目标，则无论融资人选择哪种机制，IndieGoGo 都要对所融资金收取 4% 的相关费用。另外，提供其他服务的第三方收取 3% 的费用，国际融资每次还要额外再收取 25 美元的费用。成立以来，IndieGoGo 已经为全世界 212 个国家的 65000 多个项目提供了融资（见图 12）。

2. Kickstarter 平台

成立于 2009 年的 Kickstarter 目前是全球最大的众筹融资平台。该网站致

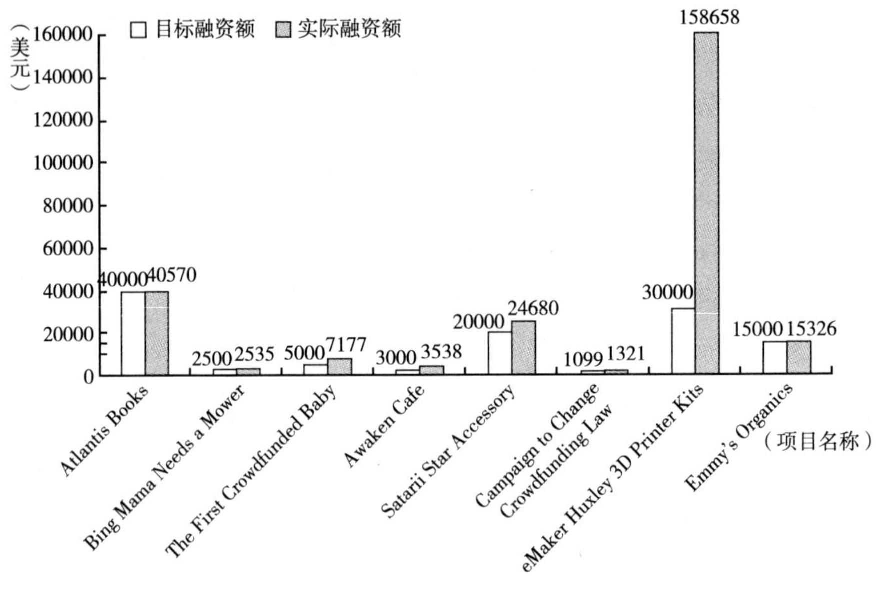

图 12　IndieGoGo 部分众筹项目情况统计

资料来源：Slava Rubin：The CrowdFunders：IndieGoGo's Most Extrodinary Campaigns ［EB/OL］. 2011－08－22. http：//The HuffingtonPost. com。

力于支持和激励创新性、创造性、创意性的活动。通过网络平台面对公众募集小额资金，让有创造力的人有可能获得他们所需要的资金，以便使他们的梦想实现。Kickstarter 提供了“有创意、有想法，但缺乏资金”与“有资金，也愿意捐款支持好创意”的平台。与 IndieGoGo 可以在全球范围内进行融资不同，Kickstarter 目前只针对美国、英国和加拿大的用户开放。在融资内容上，Kickstarter 网站在成立初期主要为图片、电影和音乐等项目融资，目前发展到包括技术、戏剧、出版、设计等 13 类项目的融资平台。Kickstarter 融资流程基本与 IndieGoGo 固定融资机制类似，采取规定点机制（Provision Point Mechanism），融资者必须在规定时间内完成其事先设定的融资目标，没有达到融资目标，融资者无法提取资金，所融资金必须返还给投资者。在规定期限内实现融资目标，融资者可提取资金，按融资金额的 5% 付给 Kickstarter，为 Kickstarter 平台提供资金支付服务的 Amazon 支付系统则收取 3% ～5% 的费用（见图 13）。

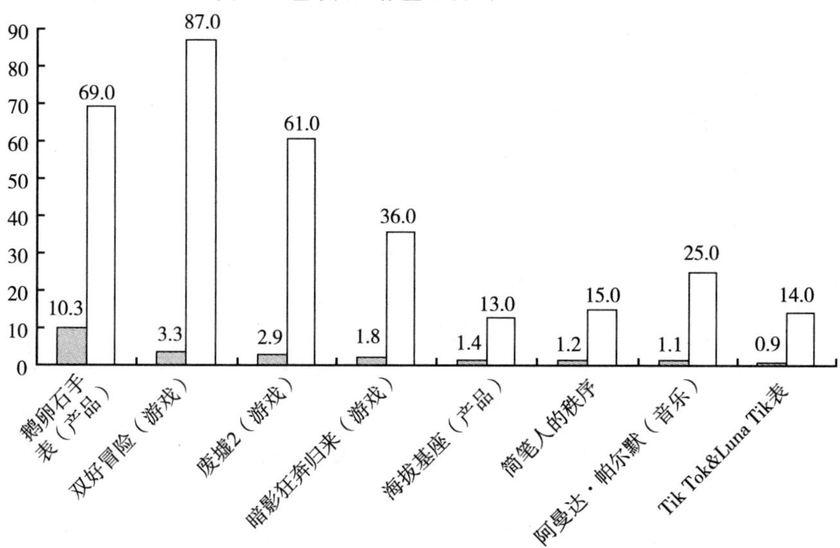

图13　Kickstarter平台筹资金额前8位的众筹项目情况统计（截至2012年6月13日）

数据来源：Kickstarter网站。

专栏3　Kickstarter平台

Kickstarter网站的运作方式很简单：这一平台的用户一方是有新创意、渴望进行创作和创造的人，另一方则是愿意出钱、帮助他们实现创造性想法的人。希望拿到资金的人需要介绍自己的项目有什么价值，并且标的清楚集资到多少钱后开始创作。任何人在Kickstarter网页上看到这些项目后，如果觉得有价值，自己就可以出钱，人数不限，资金不限。每个创意实现后在Kickstarter展示时，都能看到是哪些人出钱资助了这个创意①。

Kickstarter的特征：

（1）集资的时间一般以一个月为宜。Kickstarter允许发起者选择1天～3个月的时间，但从众多的成功案例中发现，它们大部分的集资时间是一个月（见图14）。

① 《美国Kickstarter网站：网上创意平台助力平凡的成功》，http：//finance. cnr. cn。

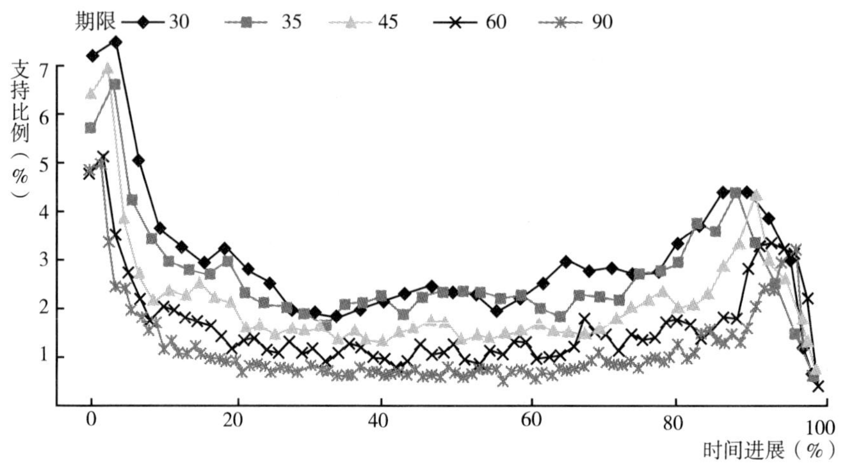

图 14　Kickstarter 项目随时间变化的支持比例

（2）捐款的钱数以 25 美金为众，占 19%，之后是 50 美金，占 14%（见图 15）。

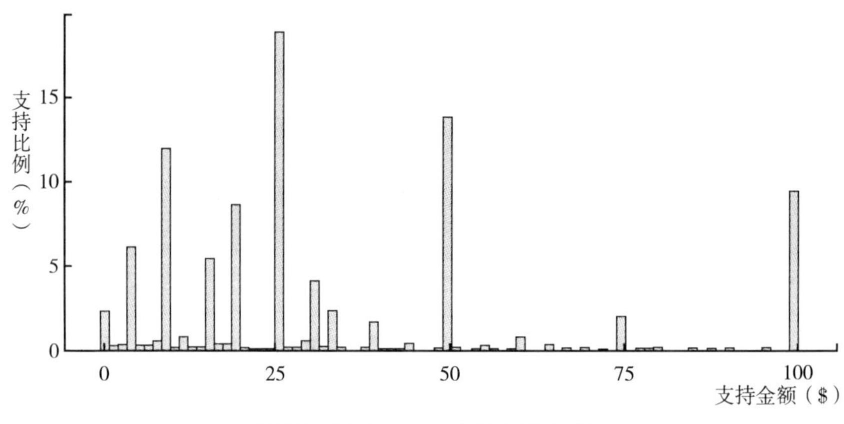

图 15　Kickstarter 支持金额分布

Kickstarter 的优势①：

（1）简化贷款程序，降低融资成本。传统信贷业务审核时间长，对中小企业的信用要求高，难以满足中小企业资金量需求少、频率高的要求。网络融资服务平台，实现银行系统与交易、资金、物流等网络平台的对接，中小企业

① 吴文丹：《我国中小企业网络融资发展对策探析》，《现代商贸工业》2011 年第 5 期。

申请贷款时完全可以全流程网上操作，简化了贷款手续、提高了贷款效率，降低了人力物力成本。此外网络融资采用信用贷款模式而不需要对企业抵押物进行评估，对于企业而言节约了抵押物评估费和担保费，对于银行而言也减少了审核的投入。

（2）引入信用贷款，解决了中小企业抵押难题，中小企业的信用风险极高，这是制约其获得银行贷款的重要因素之一。网络融资平台可以根据中小企业的交易记录，建立信用评价体系网络联保机制，在这种机制中，中小企业可以从获取网络诚信认证的企业中选取2～3家作为网络融资的联保体，以联保体的名义向银行申请信用贷款，通过网络联保使联保体的中小企业相互监督，相互制约，解决中小企业缺乏抵押物的难题，降低银行贷款违约风险。

（3）解决企业与银行之间的信息不对称问题，增加银企匹配。构建网络融资平台，对企业和投资人开放，通过信息发布，及时有效地搭建资金供需双方的桥梁，使中小企业可以跨区域找到满足自己融资条件的资金供应者。

（4）发挥网络效应，降低银行信贷违约风险。由于中小企业管理信息系统不健全，其经营信息、财务信息、管理信息很难及时传递给银行，贷款银行仅仅凭借中小企业提供的资产状况、贷款用途、交易的信用记录进行贷款前的信用风险评估具有一定难度。网络环境下，根据日常交易记录建立中小企业的信用档案，通过网络信用认证加强对中小企业信用的监管。如果中小企业有损害银行利益的行为发生，可取消网络信用认证，利用网络曝光其违约行为。

值得注意的是，Kickstarter 平台上的出资人被称为“捐助者”，其回报不能是现金、红利、还款或者是股权，只能是一个产品、会员卡或者捐助证明等。项目实施后，投资者可从项目发起人处获得与投资项目相关的产品作为回报，目前还没有规定投资者可以获得股权作为回报。

Kicksarter 成立后取得巨大成功，赢得美国 CNN 和《纽约时报》等媒体高度赞扬，并获得超过 1000 万美元的风险投资。截至 2012 年 3 月末，Kickstarter 共为 4 万个项目融资 1.75 亿美元。

3. FundersClub 平台

随着美国 JOBS Act 的推出，通过互联网进行股权融资的限制被打破。

2012 年 8 月，FundersClub 正式上线，成为美国第一家以股权众筹模式帮助创业者进行融资的网络平台。FundersClub 按照高成长性、市场前景好等标准，选择相关优质股权融资项目放在其网站上，同时将投资者的融资金额、其他投资人投资信息等进行公开披露。与传统 Kickstarter 平台融资模式不同，FundersClub 平台的融资人必须承诺给投资人股权形式的回报，出资人可以享受企业成长带来的股权收益。

FundersClub 平台上的一般项目融资额从几万美元到上百万美元不等。一旦项目公司成功上市或被收购，投资者即可将股权出售，而 FundersClub 通过一定比例的手续费获取收益，所有的相关财务、法律和转账手续均通过网络平台实现。

（六）第三方支付

1998 年 12 月建立的 PayPal 网络服务商是目前全球最大的网上支付公司，总部位于美国加利福尼亚州圣荷西市。PayPal 使个人或企业通过电子邮件，安全、简单、便捷地实现在线付款和收款，避免邮寄支票或汇款等传统支付方式的不便因素。PayPal 账户是 PayPal 公司推出的最安全的网络电子账户，截至 2012 年底，在跨国交易中超过 90% 的卖家和超过 85% 的买家认可并使用 PayPal 电子支付业务。同时，PayPal 也和一些电子商务网站合作，成为其货款支付渠道之一，使用这种支付方式转账时，PayPal 则要收取一定数额的手续费用。

1999 年底，PayPal 创建货币市场基金，将在线支付和金融业务结合起来，基金由 PayPal 自身的资产管理公司通过联接基金的方式交由巴克莱及之后的贝莱德的母账户管理，PayPal 用户只需简单地进行设置，存放在 PayPal 支付账户中不计利息的余额就会自动转入货币市场基金，从而获得利息收益。

2006 年 4 月，PayPal 正式进入移动支付领域，并于同年 10 月收购 VeriSign 支付网关，PayPal 用户可通过手机在任何时间任何地方进行移动支付。随着 PayPal 全球扩张及其移动支付系统的逐渐完善，PayPal 在美国相继与全球的开源电子商务平台 Magento 和社交网络平台 Facebook 进行合作，世界

各地的广告商都可以使用 PayPal 来支付 Facebook 广告费。同时，PayPal 注重并逐渐强化对购物者的购买保障。

除 PayPal 外，美国还有三个较大的支付平台，分别为 Google 旗下的 Google Wallet、重点开发移动支付的电信公司联合体 ISIS 以及零售商联盟 MCS。据 BusinessInsider 统计，预计美国 2017 年第三方支付交易总额将从 2012 年的 150 亿美元上升至 2440 亿美元。值得注意的是，尽管 PayPal 在 2011 年共完成支付额 1180 亿美元，但其仅占美国 2011 年非银行体系支付总额的 0.16%；2012 年，PayPal 共完成支付额 1450 亿美元，同比增长 22%，增长幅度较大，但总体仅占美国 2012 年借记卡和信用卡支付总额的 6%，第三方支付对传统金融的冲击影响不大。

二　欧洲的互联网金融发展现状

（一）互联网银行

1. 互联网银行基本情况分析

欧洲网上银行由早期的自助银行发展而来，业务相对比较发达。comScore 公司统计显示，2013 年 2 月，欧洲 155 万互联网用户平均将 35.8 分钟用于访问银行主页。其中荷兰使用网上银行的互联网用户占比最高，达 64.3%；而瑞士最低，仅为 16.7%（见图 16）。欧洲的平均值为 38.2%。土耳其与欧洲均值持平，该国是欧洲各国中网上银行用户平均年龄最低的国家，约 70% 的网上银行用户年龄在 15 ~35 岁之间。

EuroStat 对近年来欧洲互联网用户网上银行业务普及率趋势的统计显示，挪威、冰岛、芬兰、荷兰、瑞典、丹麦等北欧国家的网上银行使用率远高于其他欧洲国家；爱尔兰、西班牙、波兰、捷克、葡萄牙、意大利、希腊等国的网上银行使用率则低于欧盟平均水平；从整体及欧盟均值角度来看，网上银行使用率逐年上升，但在 2010 年之后增速逐渐放缓（见图 17）。

DB Research 多项调查结果显示，安全问题是妨碍欧洲国家网上银行业务发展的最大障碍，特别是在美国安全局窃听事件之后，互联网用户对现有的

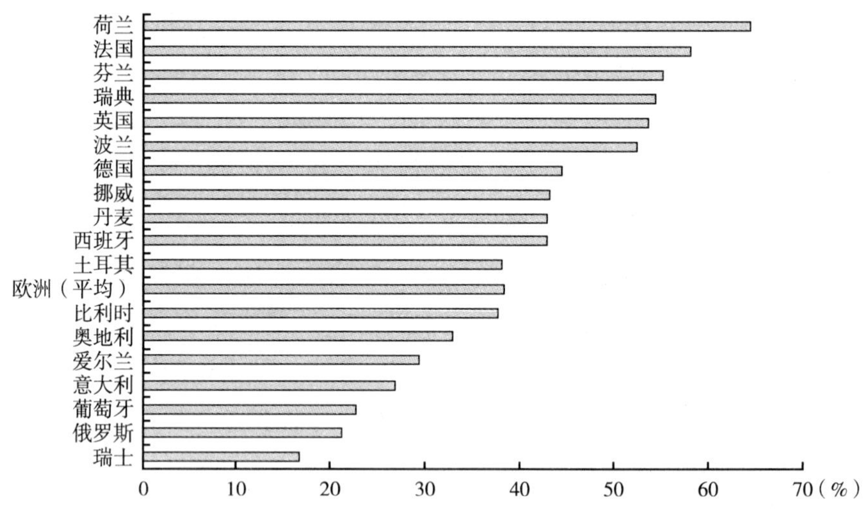

图 16　欧洲主要国家互联网用户在 2013 年 2 月中至少使用一次网上银行业务的用户占比

数据来源：comScore。

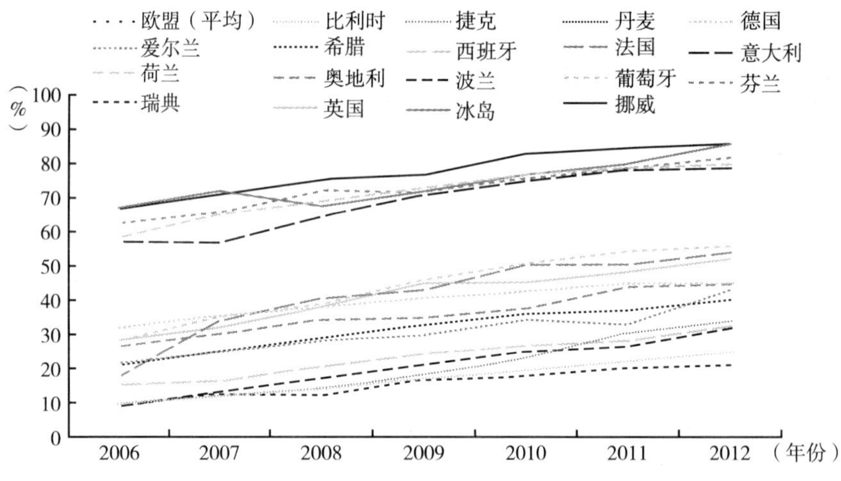

图 17　欧洲互联网用户的网上银行业务普及率趋势

数据来源：EuroStat。

IT 基础设施更加担忧，对使用网上银行、云服务、移动支付或电子商务的怀疑态度加剧，阻碍其发展。欧洲各大银行都已在网上银行安全方面加大投入，

不断更新技术以维护客户群体。目前，欧洲网上银行普及率不及美国，但欧洲银行用于解决网上银行安全隐患的预算却大幅高于美国。同时，网上银行用户用于保证网上银行业务安全的支出也在增加。调查显示，普及率较高的北欧国家用户防病毒软件及防火墙的使用率和安全意识远高于普及率较低的南欧和东欧国家（见图18）。

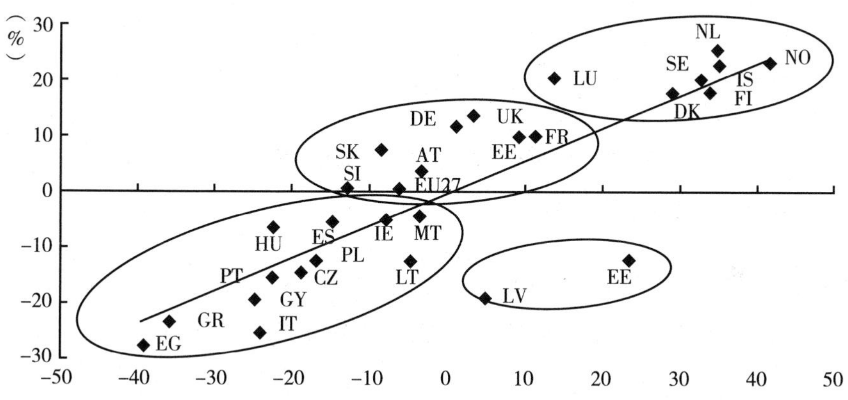

图18 欧洲主要国家安全防护软件使用情况与网上银行普及率

注：纵轴，相对于平均值,%；横轴，相对于平均值,%。

数据来源：DB Research，EuroStat。

近年来，金融业对IT技术的投资逐步上升，该项支出对金融机构业务发展、盈利能力的影响已经引起各界关注。Celent、Forrester Research和Gartner等咨询研究机构于2012年末对2013年全球范围内金融业在IT方面的投资进行了预测，由于方法不同，其结果从1800亿美元到4600亿美元不等，欧洲约占全球投资预算的33%；银行业在IT方面的投资占其经营收入的3.7%至9.4%；金融机构的IT投资远高于其他行业（见图19）。McKinsey咨询公司将银行业高IT投资原因归结为两个方面：一是各国政府及监管者对银行业的监管要求较为严格，导致银行业加大硬件投入，但这些投入不能带来营业收入；二是银行交易结算与销售渠道对IT技术与硬件的需求较大。

欧洲银行业的IT投资问题更应该得到关注。Boston咨询公司研究发现，2010年欧洲银行IT支出占收入的比例为10.5%，高于全球平均值7.3%，而同期美国仅为6.2%，该差异可归因于欧洲银行营业收入较低。法国、英国、

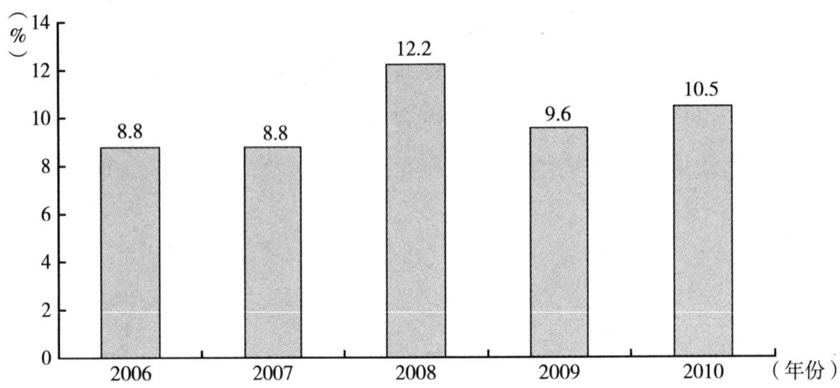

图 19　欧洲银行业 IT 支出占营业收入的比例

数据来源：Boston Consulting Group。

德国银行业 IT 分项支出占比数据显示，各国银行业 IT 员工支出占比较高；法国更倾向使用第三方或外包服务，其支出比例为 27%，而英、德两国分别为 19% 和 21%（见图 20）。

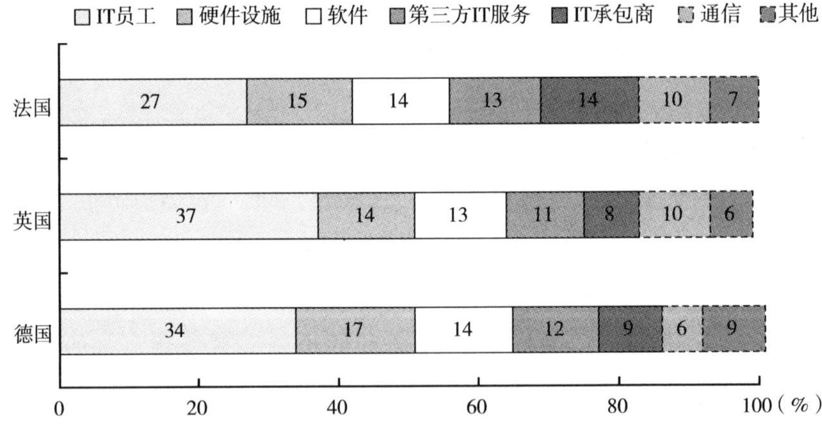

图 20　法、英、德银行业 IT 分项支出占比

数据来源：Forrester Research。

Mckinsey 对欧洲银行业的研究显示，高 IT 支出并没有使银行利润或公司价值提升，盈利能力较好、效率较高的金融机构在 IT 方面的投资往往低于其竞争对手；与单纯的 IT 支出相比，IT 管理质量更为重要。德国储蓄银行的研

究也得出类似结论：银行 IT 使用和管理效率与银行竞争能力呈正相关；只有当银行 IT 管理足够高效之后，IT 支出才能够反映银行的竞争能力。

2. 网络银行

荷兰国际集团（International Netherlands Groups，ING）旗下的 ING Direct 银行是目前全球最大的独立网络银行。该集团曾拥有多家独立网络银行，经历 2008 年金融危机后，ING Direct 有所收缩，出售了北美和英国等多处网络银行业务，目前仅拥有 6 家独立网络银行，分别位于德国、奥地利、澳大利亚、法国、西班牙和意大利。德国的 ING Direct 银行名为 ING-Diba，拥有 780 万客户，是德国第三大零售银行，自 2007 年起连续 6 年当选德国最受欢迎银行。银行没有分支机构，客户可在 58000 台 VISA 自动提款机和 1300 台 ING-Diba 自动提款机上实现存取款操作。2012 年，ING-Diba 总资产 1203 亿欧元，客户存款 985 亿欧元，年营业额 18 亿欧元，税前利润 4.8 亿欧元，但员工只有 3178 人，人均管理资产 0.38 亿欧元。近年来，银行资产增速达 11%，而员工数增速不足 5%。

产品方面，ING Direct 通过简化产品种类和销售过程使金融服务变得简单，同时也减少客户对银行服务的需求。发展初期，在互联网上仅销售储蓄账户等简单产品，近期才在部分市场向全功能银行转型，例如 ING-Diba 现有业务包括储蓄账户、证券、按揭贷款、普通贷款等。ING Direct 的产品设计从消费者需求出发，根据渠道特点定制。

品牌营销方面，ING Direct 强调与行业传统模式脱离，并注重与市场沟通。实践中，通过线下的 ING 咖啡馆支持线上业务。ING Direct 在关键城市设立具有理财顾问功能的开发网，为品牌提供一种线下的真实存在。通过计算机终端，消费者可以登录账户，咖啡吧提供免费互联网接入；将店员培训为金融顾问，能够以没有术语的方式与客户沟通对话，提供产品建议；咖啡吧提供品牌标示纪念品，以在更广范围内推广 ING Direct 品牌。

服务方面，ING Direct 以网上自助服务为主，同时提供全系列远程服务，包括邮件、7×24 小时电话服务和网上实时聊天服务。管理架构方面，ING Direct 是独立于母公司的实体，这种构架允许 ING Direct 以比被母公司控制所允许的更快速度对资产与负债利差进行控制。

网络银行具有降低成本的优势，但失败案例也比比皆是：成立于1999年，总部设在都柏林的First-e银行经营两年后出现巨额亏损，被德国DAB银行收购；法国Zebank于2001年2月成立，由于技术缺点，在成立15个月后被出售；瑞士Vontobel银行的独立网络银行“y-o-u bank”计划在完成前出现1.51亿瑞士法郎亏损，被迫中止。

专栏4　ING DIRECT银行

ING DIRECT银行是荷兰国际集团（ING）成立的具有独立法人资格的网络银行，已在北美、欧洲及大洋洲等9个国家设立并获得成功。受次贷危机及欧债危机的影响，ING集团被要求逐步进行改组及剥离部分资产。ING DIRECT银行的经营受到影响。其中，加拿大ING DIRECT银行于2012年被丰业银行（Scotiabank）收购；英国INGODIRECT银行于2012年开始进入巴克莱银行（Barclays）的收购程序；美国ING DIRECT银行于2012年被Capital One Financial Corp. 收购，以Capital One 360的品牌继续经营。

尽管ING DIRECT的分行有些被收购，但其业务仍在持续，市场影响力仍巨大。截至2012年，英国ING DIRECT银行存款有11亿英镑，按揭贷款有6亿英镑，有150万客户；截至2010年，美国ING DIRECT银行存款客户总数达1870万，总资产超过650亿美元；仅收购美国ING DIRECT银行的交易就高达90亿美元。

以美国ING DIRECT银行为例，其主要为美国中等收入水平的个人客户服务。

（1）完全在线化的账户开立流程

ING DIRECT银行账户的开立完全在线完成，开户流程包括：在线填写和提交申请人（个人或企业）信息；在线签署开户协议；申请人他行支票账户交叉验证；在线设置登录密码等步骤。其中客户身份识别是通过他行支票账户交叉验证的办法来完成的。

（2）利用网络成本优势，提供低廉的产品

ING DIRECT银行只提供5大类11个简单的银行基本产品，包括存款、贷款和投资理财业务，大部分产品价格远低于传统银行的产品定价，如ING

DIRECT 银行提供网上转账和支付免费、借记卡 ATM 取款免费及优惠的住房按揭贷款等。

（3）独特的风险管理手段

1）在客户账户安全保护方面

客户必须在其他银行已开有支票账户，开立支票账户客户必须是美国公民或长期合法居民，并且还需提供有效的社会安全号；客户只能在 ING DIRECT 银行网站上更新自己的客户信息、查询自己的对账单及交易信息，ING DIRECT 银行从不通过 E-mail 向客户发送对账单，也不通过 E-mail 向客户索要或确认客户的个人信息，如客户/账户号码、PIN 密码、社会安全号等；ING DIRECT 银行在其网站上向客户详尽介绍各种可能出现的网络诈骗以及非法盗取信息的情况，并明确告知客户在每种情况下应该采取的应对措施。

2）在客户资金安全保护方面

客户登录 ING DIRECT 网上银行时必须输入客户号码和 PIN 密码，并要回答系统随机提出的客户自己预先设定的安全问题；客户只能在与 ING DIRECT 银行建立的关联账户间进行资金划拨，并且交易指令只能由客户本人发送，不允许他人代办；ING DIRECT 银行只接受客户本人签发的支票，不接受任何第三方支票或其他有价票据；ING DIRECT 银行与其他在美注册的实体银行一样为其客户提供联邦存款保险，使客户的利益受到保障。

3. 网上银行

北欧联合银行（Nordea Bank）是传统银行与网上银行结合较为成功的案例。北欧联合银行成立于 1820 年，1997 ~ 2000 年之间先后并购了瑞典 Nordbanken 银行、芬兰 Merita 银行、丹麦 Unibank 银行和挪威 Christiania 银行，一跃成为北欧地区最大的跨国金融服务集团。北欧联合银行目前拥有 1100 万个人银行客户和 63 万企业客户。集团的网上银行在全球处于领先地位，拥有 590 万用户和年 2. 6 亿欧元货币流通量。截至 2013 年 6 月，北欧联合银行市值 346 亿欧元，总资产 6220 亿欧元，营业利润 10 亿欧元，员工不足 3 万人。

北欧联合银行致力于开发网上优势吸引客户、提高服务效率、降低成本、增加收入。多数客户网上交易每月额外交费 3 ~ 15 欧元，银行每年额外创收

3000 万欧元以上。近几十年来，网上银行业务几乎伴随着北欧联合银行的发展壮大而扩大。1984 年，芬兰 Yhdyspankki 银行的客户首次使用网上银行业务（该银行与其他银行合并为 Merita 银行，后更名为 MeritaNordbanken，于 2001 年加入北欧联合银行）。20 世纪 90 年代，在互联网发展的浪潮中，北欧人是先行者，网上银行则是北欧联合银行的重点发展业务，芬兰分行成功推出电子服务品牌 Solo。2000 年，《银行家》杂志（The Banker）为表彰 MeritaNordbanken 银行在网上银行业务发展模式上的探索，授予其“最佳在线商业策略奖”。2001 年，北欧联合银行网上用户达 270 万，次年达到 330 万。2004 年，用户数达到 400 万，被称为当时全球最大的网上银行。同年，北欧联合银行因其 IT 技术与客户服务的融合，再次获得《银行家》杂志全球性奖项。2012 年，频繁使用该银行手机银行的客户达 80 万。

（二）互联网资本市场

德意志交易所集团是世界领先的交易所，为投资者、金融机构和公司提供进入全球金融市场的通道，其业务覆盖了包括现货及期货交易、交易后结算、托管、市场信息提供、电子交易平台开发在内的全部有价证券交易的价值链。德意志交易所集团下设多个分支机构，分别负责证券交易过程的不同阶段：法兰克福证券交易所、Xetra 和 Eurex 负责交易环节，Eurex Clearing 负责交易清算，Clearstream 负责交割、结算与托管。

法兰克福证券交易所与全电子化的 Xetra 是全球交易量最大的平台之一，超过 11000 支股票、25000 种固定收益证券、2800 个共同基金、1200 个 ETF 在此交易。Xetra 电子交易平台的平均正常运行比率达到 99. 996%。目前，全球有超过 250 家交易公司从 19 个国家连接使用该平台。Eurex 运营衍生品交易，是欧洲最大的中心对手方（central counterparty），提供风险管理服务，场外交易的衍生品工具和现金市场产品。Clearstream 是欧洲主要的后交易服务提供商，其信用等级为标普 AA 级。除保证交易对手间的现金交割顺利外，Clearstrea 还管理、保管和经营其客户资产。Clearstream 月持有 300 万笔国内外交易的债权、股权和投资基金，遍布全球 110 个国家和 51 个主要市场。集团旗下信息部门 Market Data Services 提供包括证券价格、宏观经济指数和法兰克福

（DAX）及欧洲斯托克（STOXX）指数集等信息服务。通过与欧洲能源交易所合作（EEX），集团还提供能源和二氧化碳证书等结构性产品的交易服务。

证券商方面，除了德意志商业银行等传统券商纷纷开展网上证券业务以外，在21世纪之初，一些主营网上交易的新型证券商悄然兴起，X-Trade Brokers（XTB）集团就是其中之一。XTB只提供外汇和衍生品交易，主要服务对象是厌恶风险、喜欢稳定收益的稳健投资者。虽然XTB产品种类与市场交易量尚不及Comdirect、ConSors、Brokerage等网上证券交易商，但其竞争优势却体现在交易成本和交易平台等方面。XTB使用浮动点差报价，使零售客户可以一样享受到大银行间的报价方式，从而更好地进行交易。XTB拥有五种交易平台：（1）xStation网页版平台：借助该平台，用户可以通过网页浏览器查看实时报价，分析图表，并且交易所有的主要外汇品种、商品、指数以及股票衍生品；（2）xMobile智能手机平台，可以随身掌控交易账户，显示图表，获取最新的市场信息，进行实时交易，系统还提供一种快捷搜索功能以便用户毫不费力地找到所需的金融商品；（3）xTab平板电脑平台，可定制的市场报价菜单，查看开设订单和交易历史，接收金融专家的分析，观察市场财经日历以及主要经济数据；（4）xOption分钟期权平台，市场上广泛运用的期权交易平台之一，用户通过这个工具可以方便快捷地将对市场的判断创建成为策略；（5）XTB Metatrader平台，是最为先进的可供分析市场技术面和基础面的交易平台之一，Metatrader拥有广泛的论坛用户和开发者基础，提供丰富的市场信息。

（三）网络保险

在欧洲，网络保险发展速度非常迅猛。1996年，全球最大保险集团之一的法国安盛在德国试行网上直销。目前，安盛公司经营寿险、个人财产和意外伤害险、企业财产和意外伤害险、再保险等多项保险业务，占其业务总额的74%，拥有约1亿客户。2013年上半年，安盛向投保人支付147亿欧元的保险金。尽管安盛将包括网络保险在内的多渠道销售与服务作为其经营战略，但也承认互联网仅是一种销售渠道或信息公告方式，不具有更多意义。在2013版公司介绍中，安盛指出传统销售渠道更多地提供了公司高附加值的个性化服务，而互联网和直接销售渠道更适合如个人车辆保险等更为简单和标准化的保险产品。

对于欧洲其他国家，意大利 RAS 保险公司建立了一个网络保险销售服务系统，在网上提供最新报价、信息咨询和网上投保服务；世界第二大再保险公司——瑞士再保险公司宣布，网上保险帮助该公司每年节约 7.5 亿瑞士法郎；英国保险组织劳合社为适应网络经济新客户要求，改变了三百多年的传统程序，推出全新的互动性货物运输和仓储保险计划，以实现网上销售目标。

（四）P2P 平台

英国的 Zopa 公司和德国的 Smava 公司是欧洲目前影响最大的两个 P2P 平台，但业务侧重与模式略有不用（见表 4）。

表 4　P2P 网站对比

	Zopa	Smava	Kiva
业务地区	英国	德国	全球
网站营业目的	盈利	盈利	公益扶助
贷款项目信息	列表，系统匹配	列表	列表
信用风险承担者	投资者	投资者	投资者
利率	竞标	借款者设定	无
二级市场	无	无	无
自动投标	否	是	否

数据来源：DB research。

1. Zopa 平台

Zopa 是世界上第一家 P2P 网站，2005 年创建于英国，通过向借贷双方收取佣金盈利。Zopa 不列出借款人信息，不允许借贷双方自行匹配，其他 P2P 大多允许借款人进行自我描述和借款用途描述。Zopa 保障其贷款违约率（小于 0.2%）低于银行贷款违约率的主要措施有：（1）网站拥有自己的保障基金 Zopa Safeguard，用于在借款者违约时，赔偿放款人的本金与利息收入；（2）投资者的出资下限仅为 10 英镑，减少单笔在险金额；（3）确保每笔贷款项目至少有 200 人为其提供资金；（4）设置专家团队提供相关服务，确保借款人可以如约还款。到目前为止，Zopa 拥有 42000 个活跃的放款人，出借资金从 10

英镑到 100 万英镑不等；放款人年收益约为 5%；已成功促成 3.77 亿英镑 P2P 贷款；保障基金增至 111 万英镑。不是所有借款人都能获得资金，据 Zopa 统计，网站借款人在 57000 人以上，远大于放款人人数；平均每笔贷款需求为 5500 英镑，而平均成功贷款额为 3500 英镑。

2. Smava 平台

P2P 网站利用高利率和媒体宣传吸引投资者，多数投资者因 P2P 贷款利率高于银行存款而选择 P2P 作为投资项目。高利率意味着借款者的高成本，当前 P2P 网站经营模式容易诱导投资者低估他们将承担的信用风险。Smava 将具有相同信用等级的贷款项目分组，组内违约导致的本金损失将等比例分摊给组中所有投资人，此类制度鼓励放款人承担更多的风险。此外，Smava 超过三分之一的借款人为自营业主，信用等级通常由其信用历史决定，而非当前需融资经营的风险，信息不对称和对相关知识的缺乏导致投资者无法衡量贷款的信用风险。

除以信用风险将借款人或贷款项目分组外，在 P2P 借贷发展前期，P2P 网站还允许借款人主动加入与其志趣相投的贷款组，借款人还可以邀请其现实中的朋友提供担保或背书，这两种方式均显著地降低了信用风险。但随着 P2P 发展和同业竞争程度降低，投资者更倾向使用量化指标区分贷款项目，提供分组服务的网站越来越少，Smava 网站在 2008 年将贷款分为 48 组，是到目前为止组数最多的一年，而 2009 年仅提供 13 个贷款组。P2P 网站的另一个发展趋势是越来越多地使用计算机进行贷款项目筛选。P2P 贷款出现之时，放款人多以逐一浏览的方式在贷款项目列表中找寻合意项目；而现在一些 P2P 贷款网站提供自动投标系统和贷款二级市场，放款者可以根据事先自行设定的规则，利用计算机程序挑选项目；或在网站平台上交易债权，以此增加资产的流动性、实现信用风险的分散。

P2P 与银行贷款利率对比及 Smava 借款者职业占比见图 21、图 22。

（五）众筹融资

截止到 2012 年末，欧洲众筹融资市场约占全球市场规模的三分之一。欧洲市场约 50% 的众筹活动属于报酬类，捐助类与权益类各占不足 25%，剩余的属于借贷类。捐助类平均筹资规模为 500 欧元/次，报酬类 3000 欧元/次，借

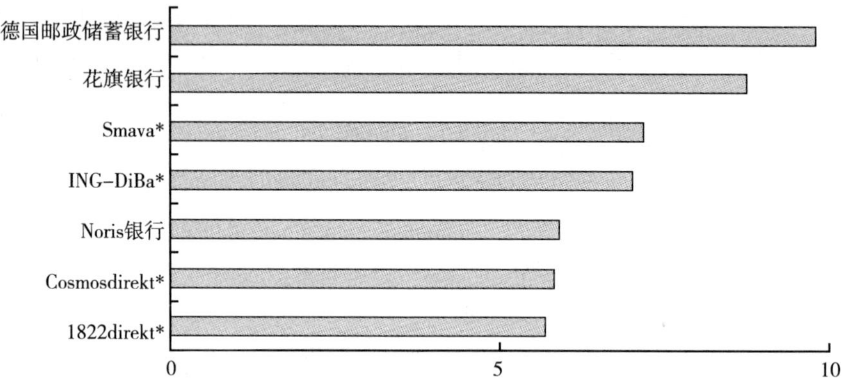

图 21　P2P 与银行贷款利率对比

数据来源：DB research。

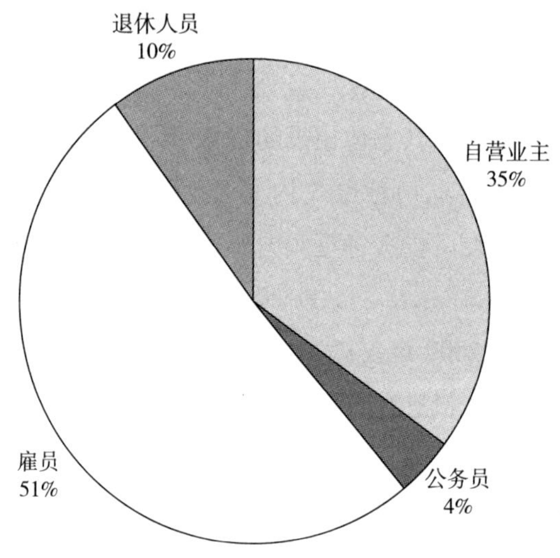

图 22　Smava 借款者职业占比

数据来源：DB research。

贷类 4500 欧元/次，权益类 50000 欧元/次。筹资速度上，约三周便可完成筹资目标的 25%。四类众筹中，借贷类众筹约需五周，权益类八周，捐助类和报酬类十周；众筹投资人通常只参与一至两个项目，仅 10% 投资人参与 10 个以上项目；约 70% 的筹款人仅进行过一至两次筹款活动。

德国众筹发展较快，其最大五家众筹平台在 2013 年前共促成融资约 200

万欧元，规模是2011年的4倍，项目平均募集2950欧元，由59位投资者提供资金，1150个申请项目中约40%成功融资。其中，融资最多的Startnext募集到197.5万欧元，规模是其2011年的7倍，而第二大平台仅募集到15万欧元（见图23、图24）。

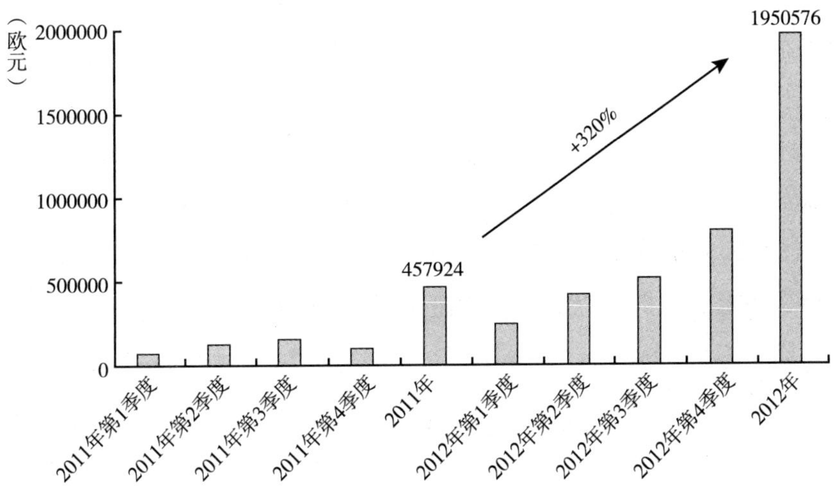

图23　德国众筹规模

数据来源：DB research。

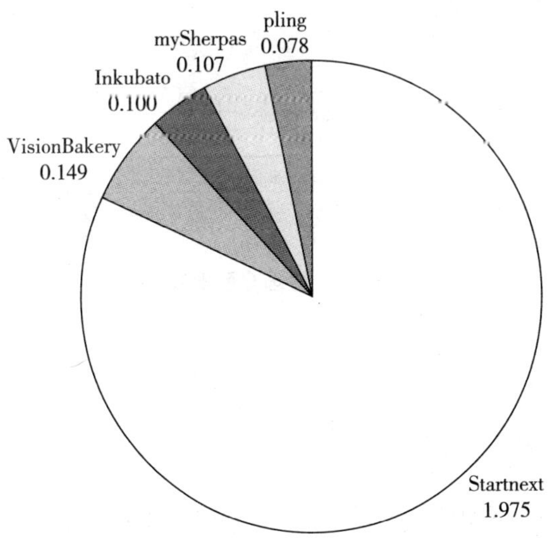

图24　德国主要众筹平台（百万欧元）

数据来源：DB research。

德国众筹市场初具规模，但业内认为平台间的合并不可避免，原因是德国众筹融资只向本土居民、企业开放，市场过窄导致平台佣金下降，同时也应看到对众筹融资需求的增加。传统渠道融资难为众筹的发展提供了广阔空间：（1）与传统银行贷款相比，虽然众筹交易量较小，但增速极快，而德国银行贷款总量近八年仅增加 10%，缺乏充足抵押物及稳定收入的自由职业者和创业者，贷款量有所下降（见图 25、图 26）；（2）自由职业者和创业者的单笔贷款需求平均不到 3 万欧元，小额贷款很难引起商业银行注意；（3）受欧元区危机影响，为创业者提供启动资金的风险投资有所下降；（4）风险投资多集中于信息和通讯项目，难以覆盖所有行业（见图 27、图 28）；（5）即使在欧元区危机发生之前，欧洲各国风险投资占其 GDP 的比例也显得微不足道，例如 2010 年该比例最高的国家为瑞典 0.06%，欧盟区平均和德国均为 0.03%。

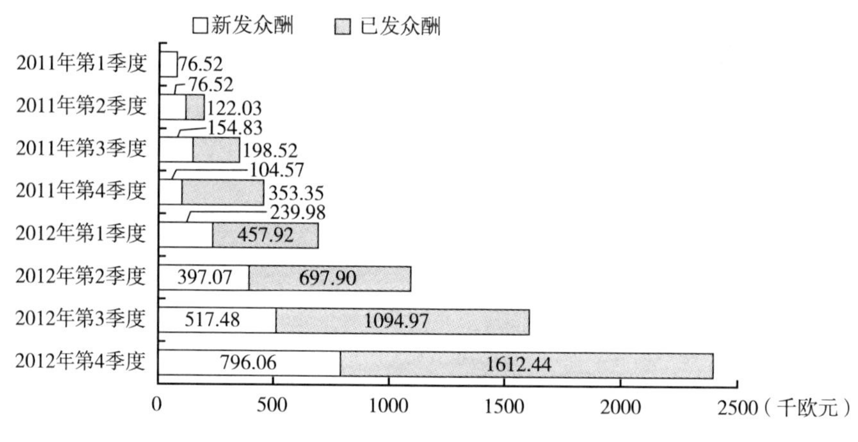

图 25　德国众酬概况

数据来源：DB research。

（六）电子货币、支付与清算

全球支付清算体系由若干国际性、地区性的支付清算网络和机构组成，包括 SWIFT、VISA 国际、MasterCard 国际、CLS、Euroclear、Clearstream 等。欧洲统一货币市场建立后，欧盟地区支付服务却未实现一体化。欧元系统仍包含

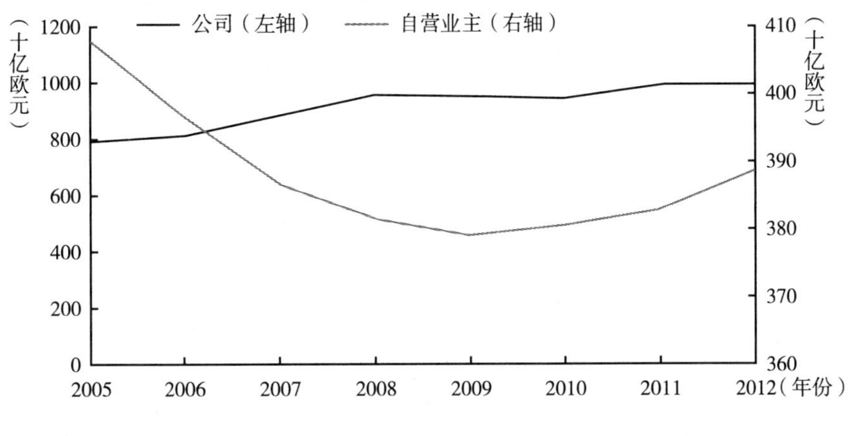

图 26　德国贷款需求

数据来源：DB research。

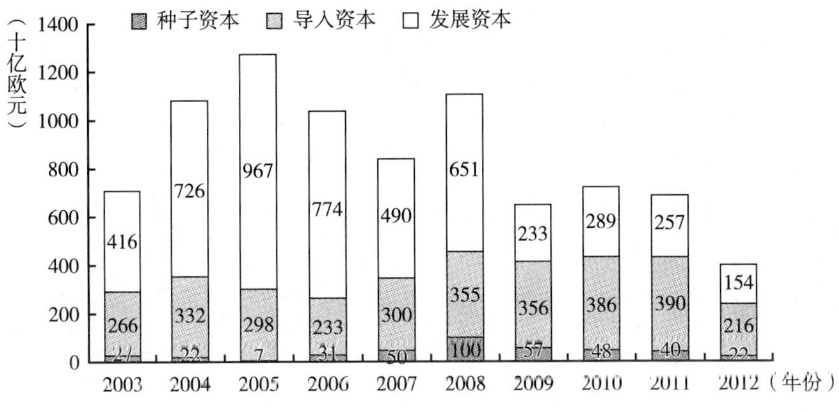

图 27　德国风险投资投资额

数据来源：DB research。

欧洲中央银行和各国中央银行，导致欧洲依然以国家为单位负责本国支付体系运转，各国央行按照欧洲央行的支付规则监测本国支付体系，最终的结算通过欧盟地区泛欧自动大额实时结算和转账体系（Trans-European Automated Real-time Gross Settlement Transfer System）进行。国际清算银行（BIS）统计了欧洲支付系统的运行状况，且单列出电子货币、电子货币机构的统计数据（见表5、表6、表7、表8、表9）。

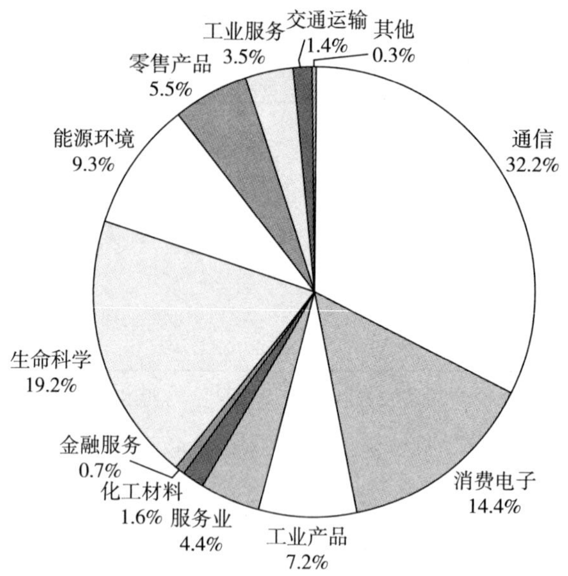

图 28　德国风险投资项目行业分布

数据来源：DB research。

表 5　非银行使用的结算中介

单位：十亿欧元

年　　份	2007	2008	2009	2010	2011
可转账存款总额	457.86	460.28	501.59	521.89	585.16
可转账外币存款	14.28	15.57	14.88	16.42	19.17
电子货币储值	0.029	0.032	0.036	0.04	0.044

数据来源：BIS。

表 6　非货币金融机构使用的结算中介

单位：十亿欧元

年　　份	2007	2008	2009	2010	2011
货币机构以外流通的货币	638.6	722.7	769.9	808.6	857.5
可转账存款总额	3433.5	3546.1	4049.8	4220.6	4271.5
狭义货币供给	3901.3	4035.7	4556.2	4751.8	4863
非货币金融机构持有的外币隔夜存款	218.8	229.4	226.9	250	274.2
电子货币储值	0.687	1.18	1.731	2.454	2.659
卡基电子货币	0.679	0.689	1.065	1.54	1.74
网基电子货币	0.008	0.491	0.666	0.941	0.919

数据来源：ECB。

表 7　主要金融机构概况

年　　份	2007	2008	2009	2010	2011
银行					
机构总数	808	728	712	686	660
账户总值(十亿欧元)	456.87	449.48	481.4	521.77	541.89
信贷机构					
机构总数	753	672	660	635	611
电子货币机构					
机构总数	2	2	2	2	4
电子货币储值价值(十亿欧元)	29	32	36	40	44

数据来源：BIS。

表 8　非银行使用的支付工具

单位：百万

年　　份	2007	2008	2009	2010	2011
支付工具的交易类型					
信贷转账	2614.12	2697.3	2789.65	2989.65	2977.54
直接借记	2909.78	3023.63	3265.48	3411.19	3533.32
电子货币卡	26.44	32.17	36.04	41.09	46.5
支票	3650.41	3487.44	3302.56	3122.8	2971.44
各类终端交易					
现金	1561.47	1624.38	1647.32	1636.98	1667.28
POS	6169.83	6538.1	6887.84	7369.82	7906.25
电子货币卡	2.88	3.69	4.47	5.01	5.56

数据来源：BIS。

表 9　支付卡概况

单位：千

年　　份	2007	2008	2009	2010	2011
本国发行卡	91754.8	93594.1	95144.7	96066	92739.4
现金卡	82432	85474.3	86954.5	84863.9	83005.3
支付卡	64392.3	65955	70771.2	71054.4	69091.4
借记卡	27556.9	27315.2	30863.5	24279.1	22300.3
延期借记卡	27556.9	27315.2	30863.5	24279.1	22300.3
电子借记卡	26729.6	30703	30745.4	37257.5	33089.4
电子货币卡终端					
电子货币卡网络终端	122.2	106	101.2	106.8	96
电子货币卡支付终端	147.6	132.8	127.8	133.7	124.7

数据来源：BIS。

三　东亚国家和地区的互联网金融发展现状

（一）互联网银行

1. 互联网银行的发展基础

作为互联网与金融结合的最常见形态，互联网银行的发展离不开互联网用户的增加。据 comScore 统计，截至 2013 年 8 月，亚太地区互联网用户达 6.4 亿，约占全球互联网用户总数的 41%。从年龄分布来看，亚太地区，特别是东南亚地区，拥有全球最年轻的互联网用户群，35 岁以下互联网用户分别达到 56% 和 63%。但人均互联网使用时间全球最短。comScore 另一项调查显示，2012 年 4 月，亚太地区互联网用户中仅有 22% 使用网上银行业务，虽然增速最快，但与全球平均及其他地区水平尚有一定差距（见图 29、图 30、图 31、图 32、图 33）。另外，亚洲地区网上银行用户对银行的选择表现出一定程度上的本土偏好特征，表 10 列出的 6 个国家和地区中，网上银行用户的第一选择都是本土银行。

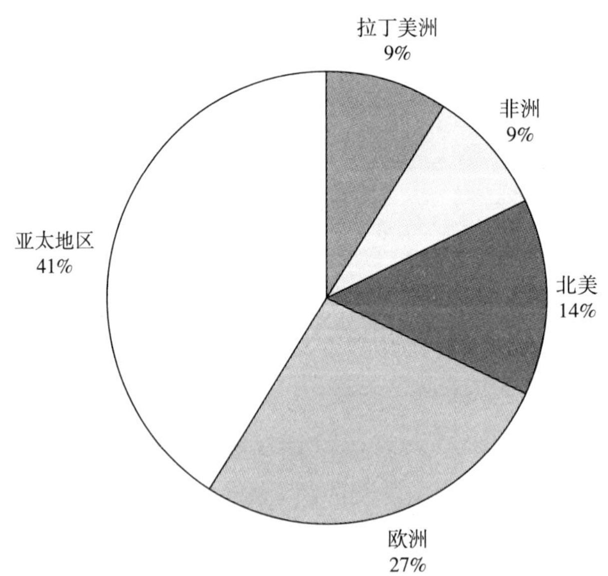

图 29　全球互联网用户占比

数据来源：comScore。

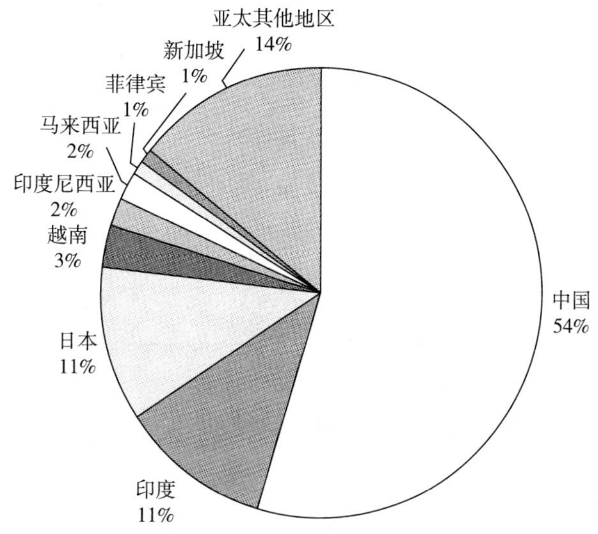

图 30　亚太地区互联网用户占比

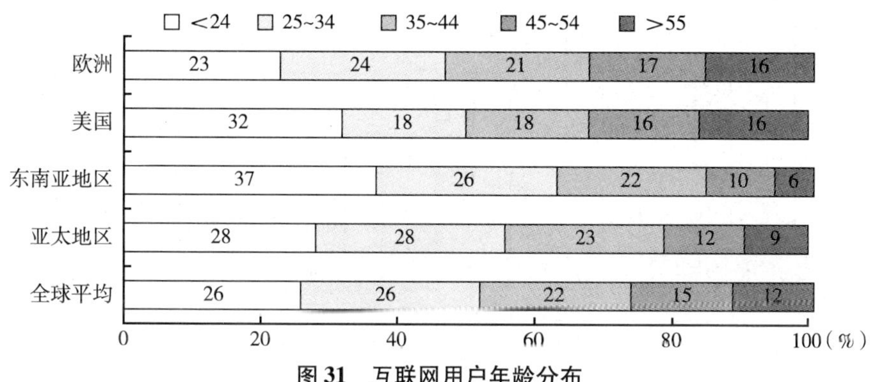

图 31　互联网用户年龄分布

数据来源：comScore。

表 10　部分亚洲国家（地区）网上银行用户对网上银行的选择

	第一选择	第二选择	第三选择
马来西亚	马来西亚银行	Climbclicks. com. my	Pbebank. com
中国香港	汇丰银行	Bochk. com	标准渣打银行
越南	Vietcombank. com. vn	Acb. com. vn	Dongabank. com. vn
新加坡	DBS. com. sg	联合海外银行	花旗银行
印度尼西亚	Bankmandiri. co. id	BNI. co. id	花旗银行
菲律宾	Bpiexpressonline. com	花旗银行	汇丰银行

数据来源：comScore。

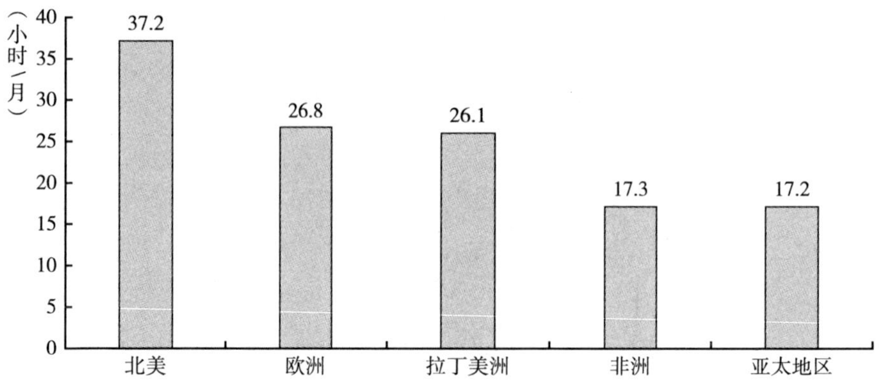

图 32　互联网人均使用时间

数据来源：comScore。

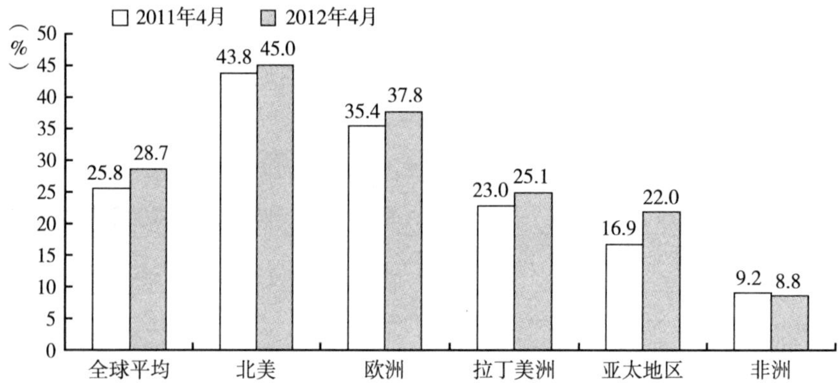

图 33　网上银行用户在互联网用户中的占比

数据来源：comScore。

总体来说，网上银行在亚太地区，特别是日本、澳大利亚、新加坡以及中国台湾、香港发展比较迅猛。

2. 网上银行

日本是亚太地区发展网上银行最早也是最为成功的国家。日本银行业于1955年引入计算机技术，但当时只是脱机操作。半个世纪以来，日本银行业经历了四次联机：（1）1965年，为节省人力、提高效率和降低成本，各银行建立内部网络；（2）1975年，银行之间、银行与大型企业之间实现网络连接；（3）1985年，增加企业银行、家庭银行、证券交易等服务，使账务处理与信息服务实现综合处理；（4）20 世纪 90 年代，逐步实现现代意义上的网上银行。最后一次联机也是日本各商业银行进一步向各项业务中渗透网络概念的过程。例如，1990 年，日本富士银行与第一劝业银行推出网上银行业务，将日本金融机构 45 个成员的金融电子化系统实现联机。1993 年，富士银行推出网上银行，向客户提供现金卡网上购物、网上转账、电子货币结算、投资咨询等服务。樱花银行、住友银行也投入巨资推出网上银行服务。2000 年，日本网络银行与富士通公司合作，提供网络结算服务。2001 年 4 月成立索尼银行有限公司，并且于 2002 年与邮政储蓄网络联网，成为日本第一家由非金融机构设立的贷款机构。

新加坡发展银行 1998 年 10 月推出网上银行服务，其后多家银行也提供网上银行服务，使用统一的基于 SET 协议的电子交易平台。

香港东亚银行是香港最大的港资银行，于 1999 年 9 月推出网上银行服务。同年，通过全资子公司——东亚证券有限公司推出网上股票买卖服务，成为香港首家提供网上买卖证券服务的银行。2002 年，东亚银行开始提供企业网上银行服务，通过互联网、手机等电子通信手段，向客户提供查询账户余额、转账、定期存款、住房按揭、个人贷款、旅游保险、外汇买卖、公积金、交费、信用卡、基金和股票买卖、对账单等全面的银行交易，几乎涵盖所有常见的银行业务。

3. 网络银行

新加坡曾一度出现独立网络银行——吉宝达利银行（Keppel Tatlee Bank）。吉宝达利银行成立于 1998 年，提供电话银行、网上银行服务，设立一个呼叫中心具有支持资金转账、余额查询等基本的银行职能，并希望通过采用一对一的个性化服务、观察客户行为等方式实现具有适应力的市场营销；通过个性化网络银行与呼叫中心结合，保证客户在使用网络银行的同时能够利用中继交谈和网络会议技术与客户服务人员联系。但银行于 2002 年被华侨银行收购，其个人业务关闭，原有的网络银行平台转而面向企业客户，提供存贷款、企业融资、现金管理、国际结算等企业网上银行服务。

2000 年 9 月，由樱花银行、住友银行、日本生命保险和富士通等 8 家公司联合出资成立的日本首家独立网络银行——“日本网络银行”（JNB）开始营业。日本网络银行通过开发新型市场、降低成本、提高银行服务安全可靠性以及提供更具竞争优势的利率等策略实现盈利，近年来成绩显著，而其仅有266名员工（见表11）。

表11　日本网络银行财务近况

单位：百万日元

	2009年3月	2010年3月	2011年3月	2012年3月	2013年3月
存款	434951	443819	458045	494419	508791
贷款和票据贴现	24766	25049	25380	26983	28912
证券	370243	386413	362787	361824	470327
经营开支	8920	8654	8620	8499	8386
净利润	759	2225	1969	1379	1516

数据来源：JNB。

专栏5　日本乐天银行

乐天银行的前身叫E-bank，成立于2001年7月，由日本伊藤忠商事和住友商事等十几家日本著名商业企业出资建立，经营网络银行业务。2009年2月，日本最大的电子商务平台乐天集团（Rakuten）成为E-bank的第一大股东，2010年9月被乐天集团全资收购，成为乐天集团旗下的一家网络银行，改名乐天银行，并在被收购后一年就扭亏为盈。截至2013年2月底乐天银行开户数达到422万，吸收存款8194亿日元，是日本最大的网络银行。目前乐天银行业务账户分为个人、个体业者、企业三类，业务涉及日元/外币存款、个人贷款、住宅贷款、银行卡、支付清算、转账、汇兑等众多领域。

乐天银行突出的特点包括：

1. 依托关联方电子商务平台

乐天银行主要为乐天集团旗下的电子商务平台服务，充分利用电子商务平台资源推出自己的特色业务。例如，对于在乐天开店的店铺来讲，在乐天银行开户最大的好处就是可以每天收到乐天的结算款项，资金周转迅速。又如，办理乐天银行的银行卡后在乐天购物网上可享受打折优惠，还可以直接用来购买彩票，企业账户免年费，从邮政银行账户转账免手续费，具体业务可在乐天银行的合作实体银行网点（如邮政银行）办理，且手续费比其他银行便宜。

乐天集团每一块业务都使用统一的ID，并且共用底层的数据库。通过使用乐天金融服务或者购物都能获得“乐天超级积分”，而积分在各种业务间流转形成良性循环，这使得乐天银行和乐天集团能够更好地协同发展。

2. 电子化操作

乐天银行是一家完全依赖于网络的银行，其战略目标是建立全自动化的业务流程。该银行不发行存折、证书、现金提取卡，所有交易记录全都通过web进行确认，也没有自己的实体银行网点ATM机（但其发行的借记卡可以在日本全国大约60000台ATM机上取款，且无手续费）。

个人业务大部分可在其网站上进行操作，包括账户的开设、信用卡申请和贷款申请；公司业务包括公司账户开设和公司卡申请。此外，设立电话银行和手机银行作为银行的补充销售渠道。

乐天银行的开户申请及其他身份验证全部使用电子化渠道：根据日本法律，申请人可以使用移动电话的照相功能把自己的驾照图片或者其他的身份证明传送给银行。银行通过光学字符识别系统来自动化识别身份证明图片上的资料，自动输入到流程系统内，流程系统再将获得的资料与其他系统中的资料对比，作交叉认证以证实身份。

3. 独立的银行网络系统

乐天银行不参加日本国内银行间的“全银网络”结算系统，因该行的结算业务只能在本行和合作银行的储户间进行，不能与其他银行直接结算。乐天银行尝试在现行银行体系之外，创建一个自己的账户/结算网。客户可以在其合作银行中汇入资金，或在乐天银行的网上银行中汇款到其合作银行。乐天银行以低廉的手续费甚至完全免费和24小时的服务来吸引客户。

（二）网上证券

亚洲的网上证券业务正快速追赶美欧。韩国网上交易额与股市交易总额占比已超越美国。亚洲各国及地区网上证券交易水平相差较大，韩国领先，日本、中国台湾、中国香港、新加坡发展较好，泰国和菲律宾等网上证券交易发展较慢。

韩国是全球网上证券交易发展最快的国家，证券网上交易量高达 85% 以上。1997 年韩国政府修订《证券交易条例》相关内容，把网上证券交易定义为通过电子通信系统，如互联网、个人电脑、自动回复系统等非证券公司职员直接参与协助的证券买卖。当年 5 月，多家韩国国内证券开始利用互联网开展网上证券交易。1999 年 4 月，三星、大宇和大信等大型证券公司大幅下调网上证券交易手续费，使得全国市场网上证券交易手续费平均下调至 0. 13% 左右，相当于现场交易手续费的 1/4，韩国的网上证券交易市场开始迅猛发展。

韩国网上证券交易快速发展的原因有四个：第一，拥有良好的市场参与者结构和基础设施条件。韩国证券投资者年轻化和高学历结构有利于网上证券业务发展。韩国个人电脑普及率非常高，1995 年，该国互联网用户数为 33. 6 万户，2001 年为 2400 万户，2011 年达到 3900 万户，约占总人口的 78% 。ADSL 等宽带技术在韩国被广泛应用，客户上网速度得到保证，2000 年高速互联网用户仅 387 万，而 2012 年则达 1825 万。第二，投资者广泛支持。网上证券交易具有便利、匿名等优点，投资者可以根据网上券商提供的金融信息做出快速投资决策。在交易手续费方面，传统证券交易佣金为证券交易总额的 0. 5% ，而网上证券交易的佣金为交易总额的 0. 025% 至 0. 1% ，相差近三倍。机构投资者逐步接受网上证券交易，韩国多数机构投资者采取网上证券交易方式；个人投资者在 KOSDAQ 股票电子交易市场上的比例已达 95% 左右，在韩国证券交易所达 70% 以上。第三，券商踊跃参与。由于国家政策的及时引导，各证券公司从发展初期就致力于抢占网上交易市场，引起激烈竞争。传统证券公司积极踊跃投入资金、技术和人员等资源拓展网上证券交易。第四，证券监管机构支持。韩国证券监管机构非常支持网上证券交易发展，批准传统证券公司开展网上证券交易业务，制定网上证券交易经济公司的设立许可制度，探索成立网上证券交易所。

日本的大和证券 1996 年 4 月开始引入并实施网上交易。1998 年 6 月，东京证券交易所推出专为在正常交易时间以外进行交易而设计的大宗交易和一揽子证券交易的电子化网络。1998 年，日本进入网上交易的证券商仅 19 家，远不及美国。1999 年以前，日本在信息技术上与美欧并无太大差距，但由于证券市场本身的成熟程度、竞争机制和相关政策等原因，网上证券交易发展程度极为落后。

1999 年股票交易手续费自由化给日本证券市场带来冲击。1999 年 4 月，东京证券交易所关闭交易大厅，全部证券交易均经电子交易系统进行。日本在实行证券商注册制和佣金制自由化改革措施以后，自由竞争机制取代政府保护措施，自由竞争市场环境很快形成，网上交易成为日本券商在二级市场战略调整的重点之一。但由于日本固定佣金交易制度持续时间较长，在放开管制初期，日本证券商之间主要是信息竞争。随着佣金自由化，在信息竞争中取胜者逐步开始价格竞争，这是日本与欧美等自由竞争环境下发展起来的网上证券业务竞争模式最大的区别。价格竞争导致网上证券交易商迅速崛起，SBI 证券、乐天证券、松井证券等新兴网上证券交易商开始与大和证券、野村证券等传统证券交易商平分市场。

（三）网络保险

1999 年 7 月，日本出现名为 Alacdirect. com 的网络保险公司，由总部设在美国的 AFLAC 公司和日本电信共同投资设立和管理，完全通过互联网推销保险业务的保险公司，主要服务于 40 岁以下客户。网站开通后，网民可直接通过互联网向网站投保或获取保险信息、利用在线计算器计算保险金。1999 年 9 月，日本索尼损害保险公司开通电话及网络销售汽车保险业务。此外，Zurich 和三井 Direct 损害保险公司也开始提供网上汽车保险服务。三家公司均未设置推销代理店，使用电话或者互联网直接向客户推销保险产品。

（四）P2P 与众筹融资

亚洲地区的 P2P 和众筹模式发展滞后。据 Businesscoot 估计，虽然亚洲拥有全球 20% 至 25% 的 P2P 平台，但 2012 年亚洲 P2P 融资 1.2 亿美元左右，仅占全球的 3% 至 5%；据 Massolution 统计，2012 年全球通过众筹平台募集资金

27 亿美元，而亚洲仅 3300 万美元，仅为全球总额的 1% 左右。2012 年末，日本最大网贷平台 Exchange 的贷款累计申请总额仅为 50 亿日元，而同期日本银行业贷款余额为 434 万亿日元。

亚洲庞大的资金需求与滞后的 P2P、众筹等模式发展之间的不协调已被广泛关注。综合多方观点，原因可归结为以下几点：第一，亚洲缺乏高知名度、高信赖度的网络融资平台。亚洲市场与欧美市场最大区别在于文化差异。欧美地区任何英文网站都可以覆盖所有英语系市场；而亚洲几乎所有的网络融资平台都采用当地语言，先天性的文化差异局限了网络融资的运作模式。第二，亚洲网络融资平台只重模仿，缺乏创新。绝大多数网络融资平台简单照办欧美成功网络融资平台，未根据地域性特征做出相应调整。多数网络融资网站只简单列出项目，没有提供可靠服务，甚至没有以往项目的统计、研究信息，投资者很难做出投资决策。第三，亚洲文化缺乏对失败的宽容。对成功的虚荣和对失败的畏忌使得多数亚洲资金需求者更倾向在现实的交际圈中融资，多数资金供给者更倾向投资其熟悉的领域或资金需求者。第四，多数亚洲国家为发展中国家，部分地区尚无法提供医疗、教育等居民基本生活保障，因此部分网络融资平台专注于低收入家庭和教育、医疗等公共事业，融资项目在一定程度上带有慈善性质，而商业用途的网络融资平台发展较慢。

上述特点阻碍了网络融资平台在亚洲的发展与流行，不仅亚洲当地平台受影响，同时制约了国际性融资网站的市场拓展。例如，在问及全球著名众筹平台 Indiegogo 是否打算进入亚洲市场时，其负责人表示，亚洲市场潜力巨大，抢占先机非常重要，但未做好充分准备只会带来惨痛的教训。

（五）清算支付

在亚洲，日韩等国银行支付系统建设起步较早、发展成熟。调查显示，日韩等国传统银行开设的网上银行兼具安全性和便捷性，以至于在这些国家没有出现本土的第三方支付平台。国际清算银行（BIS）统计了亚洲五个国家及地区支付系统的运行状况，且单列出电子货币、电子货币机构的统计数据（见表 12、表 13、表 14、表 15、表 16）。

表 12 日本清算支付表

日期	2008	2009	2010	2011	2012
突出价值电子货币存量(十亿日元)	85.70	104.00	123.60	141.50	160.90
网络银行账户数量(千)	39226.00	46999.00	51283.00	60259.00	
现金卡(百万)	472.82	346.40	349.04	351.83	
借记卡(百万)	409.00	412.00	413.00	415.00	
信用卡(百万)	317.83	322.33	328.72	321.64	
电子货币卡终端(千)	479.80	664.70	889.56	1091.60	
电子货币交易量(百万)	1116.10	1509.60	2000.37	2342.05	
国内支付总额(兆日元)	43.21	45.06			
电子货币交易总量(兆日元)	0.82	1.25	1.73		

数据来源：BIS。

表 13 韩国清算支付表

日期	2008	2009	2010	2011	2012
电子货币系统数目	3	3	3	3	3
电子货币交易量(十亿韩元)	11.2	11.8	12.7	11.9	10.9
电子货币功能的支付卡(十亿韩元)	13039.3	14467.8	16511.2	18338.6	21443.1
国内支付总额(十亿韩元)	4724.57	5784.41	7093.56	8354.4	9840.74
电子货币交易额(十亿韩元)	132.71	135.37	159.13	113.09	69.66

数据来源：BIS。

表 14 香港清算支付表

日期	2008	2009	2010	2011	2012
银行信用卡支付数目(千张)	14045	14497	15450	16484	17437
非银行支付机构					
借记卡数目(百万张)	100.31	100.69	105.37	109.72	112.23
信用卡数目(百万张)	321.26	338.07	363.94	391.54	431.62
借记卡总额(十亿港币)	166.37	167.27	187.96	207.66	221.45
信用卡总额(十亿港币)	303.06	301.96	354.63	408.31	449.26

数据来源：BIS。

表 15 新加坡清算支付表

	2008	2009	2010	2011	2012
突出价值电子货币存量(十亿新加坡元)	195.5	198.8	203	216.6	230.6
电子货币系统数目	6	8	8	5	5
电子货币交易量(十亿新币)	0.2	0.2	0.2	0.22	0.23
带电子货币交易功能的支付卡	14705.9	15329.3	18318.4	20438.5	19820.3
电子货币终端	94582	104169	134162	108265	124520
国内支付总额(十亿新币)	46.14	48.4	55.5	62.09	67.24
电子货币交易额(十亿新币)	1.91	1.93	1.97	2.2	2.35

数据来源：BIS。

表 16 印度清算支付表

日期	2008	2009	2010	2011	2012
非银行机构电子货币(十亿卢比)			9382.7	12140.6	10114.8
非银行机构现金支付卡(百万)	162.36	200.56	245.96	296.4	350.8
非银行机构借记卡(百万)	137.43	181.97	227.84	278.28	331.2
非银行机构延期借记卡(百万)	0.23	0.28	0.07	0.47	0.05
非银行机构信用卡(百万)	24.7	18.33	18.04	17.65	19.55
非银行机构电子货币卡(百万)			117.42	107.44	16.44
非银行机构以卡支付的数额(百万)	2740.7	3760.6	4748.9	4727.6	6398.3
国内银行卡支付总额(十亿卢比)	7008.4	9440.4	12076.1	12728.9	18643
ATM 现金交易(十亿卢比)	6164.56	8419.14	11153.77	11469.65	16664.49

数据来源：BIS。

四 国际互联网金融发展的特征、一般规律和趋势

（一）互联网银行

传统银行与互联网融合有助于传统银行建立和完善客户管理信息系统、实现量化管理和科学决策、提高资金使用效率、提升银行服务水平、提供全方位服务领域、拓展银行服务渠道、提高银行整体效能、降低银行运营成本。积极推进网上银行业务发展已成为各国传统银行的一致选择。

鉴于网上银行优势，互联网银行先行者们试图使用“鼠标（click）”代替传统银行的“砖块（brick）”，建立没有实体依托的直接网络银行。从技术层面上讲，随着互联网等通信技术发展，实现转变的条件已经具备，能否实现转变更多地取决于潜在使用者能否接受虚拟的、完全基于互联网的纯网络银行。从目前全球互联网银行发展状况看，建立网络银行时机尚未成熟。从美国第一网络银行（SFNB）、欧洲“Egg”和“Entrium”、新加坡吉宝达利银行等案例看，多数网络银行无法摆脱被传统银行收购成为收购主体旗下网上银行部门的命运；少数仅存的网络银行，如 ING 旗下的直接网络银行、“日本网络银行”等，都有传统金融机构的资金、客户渠道支持，或存在多种形式的实体店面依托。

虽然互联网可以替代人与人之间的语言交流，但只是信息交换的一部分，面对面交流中的动作、神态等部分同样决定着交流结果。潜在客户面临有传统银行依托的网上银行和纯网络银行时，这些差异影响不同。从银行服务发展历史看，人们需要经过相当长一段时间，才能适应从传统银行到网络银行的改变。改变传统金融习惯和管理习惯，不仅需要科技进步，也需要大量深入细致的宣传，更需要金融生态环境的优化和人们思想观念的转变，这绝非易事。因此，当前阶段网络银行的服务对象主要还是收入较为丰厚、文化程度较高的少数客户，特别是其中的年轻人。

（二）网络证券

证券交易要求速度快、信息全，互联网的技术优势契合了这些需求，因此通过互联网进行证券交易、获取金融信息是证券业发展的必然选择。历史上，证券业几乎是金融界中使用互联网等通信技术的先驱。以 Nasdaq 为代表的电子交易及电子通信网络应用，开创了即时买卖和高流动性的交易方式。20 世纪 80 年代个人电脑及专有数据库的普及，证券交易不再局限于交易大厅，证券公司营业网点分的竞争优势也逐步减弱。1996 年，证券交易商和基金公司开始提供网上交易平台，开创了现代意义上基于互联网的交易模式，交易量和交易账户激增。1998 年，纯网基证券商开启基于互联网的交易，以低佣金、大折扣吸引客户。1999 年，传统证券公司开始全面开展网上交易业

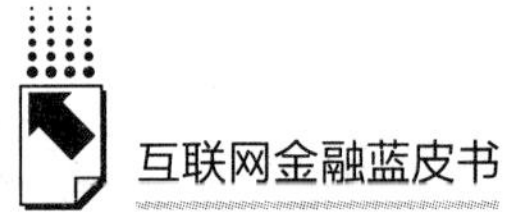

务，提供全面、个性化、一揽子的金融服务。东京证券交易所关闭交易大厅，至此，全球四大证券交易所中的两个—东证和 Nasdaq，全面启用了电子交易系统。

互联网通信技术、大数据理念和云计算技术，为网上证券交易的发展提供了技术支持。快速的证券交易过程和健全的法律法规使市场参与者较为容易地接受网上证券交易。价格与信息是证券商网上交易竞争焦点。可能阻碍网上证券交易发展的是相关政策导向。从美国和日本网上证券交易的发展历程中看，是否允许网上证券商自由竞争几乎解释了两国此项业务发展的全部差异。美国于 1975 年解除证券交易的固定佣金制度；而日本则在 20 余年后才取消此项制度，之前日本的网上证券交易几乎停滞不前，这二十年也恰是互联网飞速发展时期。可见，从促进网上证券交易发展角度，创造自由竞争的发展环境非常必要。

（三）网络保险

互联网对保险行业影响较小。网络保险只是为保险提供新的销售平台，销售产品多为标准化的汽车保险等。在互联网进入金融领域初期，人们照搬互联网在其他金融领域取得的成就，认为在统一平台上集中大量的保险信息会促使保费降低。一些客户调查和咨询公司对未来保险市场的展望支持这一观点。网络保险业务的发展前景并不乐观。互联网不能与保险有效结合的原因可归结为三个方面。第一，保险条款的异质性较强，各产品间可比性较小。这使得保险市场存在搜寻摩擦，进而导致保险产品的价格大幅高于边际成本，造成产品营销的无效率。此外，保险产品特点和人们购买习惯不合。保险是一种事件驱动型金融产品，而保险购买者在续保时几乎不会考虑初始保险条款的适用性。第二，与是否采用网上银行类似，保险产品与购买人状态之间的联系非常紧密，网上购买保险需要非常详细地提供购买人的私人信息，才可获知保险条款及保费，这无疑将大幅增加购买人的时间成本。另外，担心私人信息被盗用也会使购买人拒绝网上购买保险。第三，保险购买者并不愿意充当自己的保险代理人，当购买者面临多种选择时，选择的结果通常是不购买，或者怀疑自己是否有能力真正了解这些产品。

（四）P2P与众筹模式

P2P借贷模式于2005年起源于欧美，2009年之后得到迅猛发展。迄今为止，在欧美日等发达国家P2P借贷模式已相对完善，借贷资金总量已达到一定的规模。一方面借款人可以利用这种方便快捷方式满足自己的资金需求，另一方面出借人也实现了自身资产收益增值的愿望，这种新兴的金融模式已逐渐被互联网技术较为发达地区的大众所接受。但在日本之外的亚洲欠发达地区，P2P正处于萌生阶段，包括各种监管法规在内的很多方面都不完善。亚洲这些国家和地区正在学习和照搬欧美P2P发展的规律和趋势，P2P借贷模式未来在全球范围内仍存在较大的发展和规模提升空间。

尽管P2P借贷已成为互联网金融领域的一个亮点，但对美日韩等已完成利率市场化的发达地区的银行存款分流仍然相对有限，主要因为存款收益与其风险已达到市场均衡。在投资者风险偏好不变前提下，互联网金融所提供的如P2P等投资品只能分流与其风险收益接近的金融资产，并不会导致传统银行存款大幅流出。表面上，以P2P为代表的新兴互联网金融业务由于仅能提供小额贷款，与传统银行的客户群重合率较低，对传统银行融资业务的冲击有限。本质上，P2P借贷无法与传统银行相抗衡还因为传统银行具有更强的安全壁垒，P2P等新兴互联网金融业务的风控能力明显弱于银行，无法提供大额复杂的融资方案。美国的P2P网络贷款局限于个人贷款，其他复杂的融资方案难以提供，而美国银行贷款中个贷占比很小。同时，P2P贷款额度相对较小，无法满足大额融资需求，各P2P借贷平台所筹集的平均贷款额受各种因素制约，长期无法实现大额突破。

众筹模式的发展趋势与P2P相似，二者都在近两年内得到迅猛发展。但由于众筹运营模式无法解决股权融资受限问题，因而导致当前网络众筹模式的总体规模仍十分有限，众筹在世界各地的发展也受到很大限制。2012年美国颁布的“JOBS法案”专门针对近年来众筹蓬勃发展的态势以及发展中存在的诸多问题进行改革，以促进众筹融资模式的良性发展。可以预见，在SEC完善相关细则并正式生效后，众筹模式的弊端纳入严格监管，美国的众筹模式可能会取得更大发展空间，并成为全球各地的参照蓝本。但就当前而言，世界各地的众筹模式尽管大批涌现，但受到其自身根本弊端限制，无法影响传统金融业。

（五）支付与结算

以 PayPal 为代表的第三方支付平台对传统银行的业务产生了分流作用，使传统银行业受到一定程度的冲击。受互联网金融冲击最大的主要为银行支付结算、银行卡、代理业务、理财业务等手续费及佣金收入。但统计观测表明，互联网金融对银行营业收入的影响极为微小。事实上，支付业务冲击的小额跨行支付规模在支付体系中占比极小，并且还未考虑互联网金融会同时带来银行业务规模的扩大和贷款收益率的提高。从具体业务看，第三方支付平台的分流直接带来商业银行支付结算、银行卡、代理业务等手续费收入下降。但从产品需求角度考虑，一是在支付工具方面，互联网金融支持信用卡、借记卡和 ATM 卡，商业银行可同样提供此类服务，而在支票应用普遍的美国，互联网金融提供支付结算服务的市场空间较小，商业银行优势明显。二是支付范围，互联网仅提供在线支付，客户线下存取款、汇票、支票的支付结算仍需要依赖商业银行完成。三是对日韩等银行支付系统建设起步早、发展成熟国家的调查显示，由于这些国家传统银行开设的网络银行兼具安全性和便捷性，以至于在这些国家没有出现使用率较高的本土第三方支付平台。当客户在完成线上小额支付结算业务时，网上银行与互联网第三方支付都十分便捷，两者不分伯仲；但当客户需完成线下存取款、支票或大额支付业务时，则需依赖银行的支付结算系统以确保资金绝对安全。可见，第三方支付与电子清算对传统金融行业发展产生了一定的冲击影响，但仍达不到颠覆式巨变。海外互联网金融通道行业的占比极为有限，其规模与银行支付规模相比相去甚远。但值得注意的是，第三方支付与电子结算仍有很多方面较传统银行存在较大优势。随着受互联网金融影响最深的一代逐渐成长为社会的金融需求主体，电子支付清算在未来持续增加发展态势将会导致其未来在金融行业内的影响力增强。

B.4
中国互联网金融发展情况

一　互联网融资模式的发展情况

互联网金融实质上是将互联网技术应用到金融服务，并用互联网理念改变金融服务方式的一种变革。互联网融资首先是将互联网技术应用到融资服务中去，这主要表现为在银行体系之外利用互联网技术改进贷前审核、申贷流程、贷后监督、贷款偿还等步骤，可以称之为“非银行互联网融资”，即基于网络技术的非银行融资模式。“非银行互联网融资”在实践中表现为网络微贷、P2P 借贷和众筹模式（见图 1）。

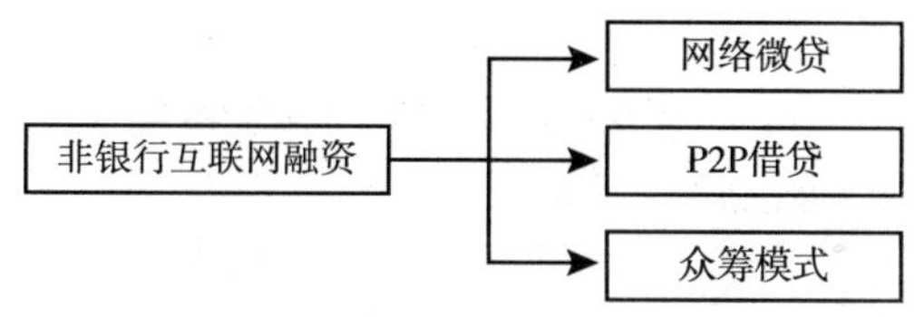

图 1　网络融资模式分类

（一）网络微贷[①]

“阿里小贷”是网络微贷的典型代表。2010 年 6 月，阿里巴巴集团联合复星集团、银泰集团、万向集团宣布成立浙江阿里巴巴小额贷款股份有限公司，截至 2013 年 4 月底，约有 24 万阿里巴巴集团旗下平台的客户接受了阿里金融的信贷服务，增长势头迅猛（见图 2）。截至 2013 年第二季度末，“阿里小贷”累计投放贷款超过 1000 亿元，户均贷款 4 万元，不良

① 沈治愚：《电子商务小额贷款模式探索》，西南财经大学硕士论文，2011 年 4 月 1 日。

贷款率为0.87%。其中，2013年上半年新增放贷量420亿元左右，而同时期全国小额贷款公司新增贷款总额为1121亿元，阿里金融新增贷款量占到全国小额贷款公司新增贷款量的37%左右，俨然已成为中国小额贷款的主力军。

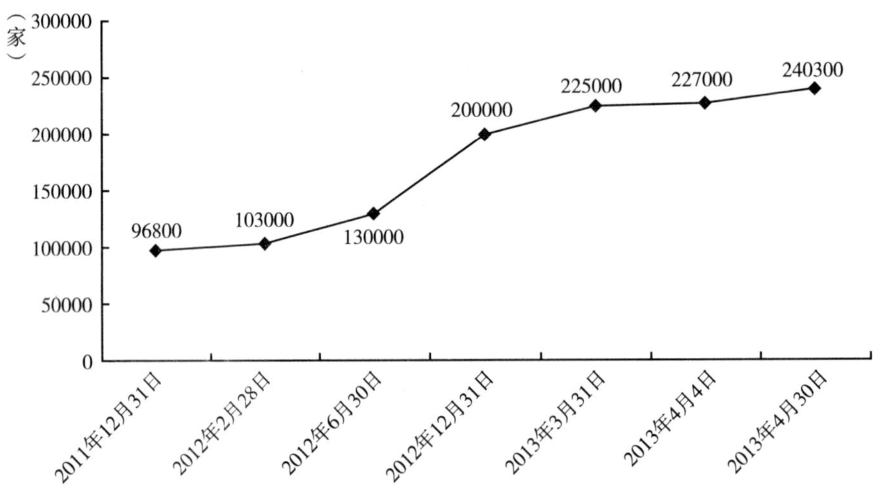

图2　阿里金融服务的小微企业数量

资料来源：中国电子商务研究中心网站。

1. 客户群体

以淘宝为例，阿里经营的网商涵盖了3C家电、服装、鞋帽、化妆品、家装、商超等各大行业。其中既有Gap、联想、优衣库、阿迪达斯、戴尔、欧莱雅、宝洁、哈根达斯等国际知名品牌，也诞生了麦包包、佐卡伊、歌瑞尔等一批淘品牌。汽车也逐步走上网购平台，“阿里小贷”的贷款服务对象的经营范围涉及生活的方方面面。

2. 信息技术的引入

阿里金融利用阿里巴巴B2B、淘宝、支付宝等电子商务平台上客户积累的信用数据及行为数据，引入网络数据模型和在线视频资信调查模式，通过交叉检验技术辅以第三方验证确认客户信息的真实性，将客户在电子商务网络平台上的行为数据映射为企业和个人的信用评价。小企业在平台上经营的信用记录、发生交易的状况、投诉纠纷情况等信息都将在评估系统中通过云计算分

析，最终成为贷款的评价标准。这是典型的将互联网技术应用在贷款前的信息收集方式，用数据的方法、模型的方法、定量分析的方法去分析小企业背后的信用，根据其信用状况为其提供服务，而不是靠人对人的服务、人对人的调查，大幅度缩减了成本。

3. 贷款流程简便

由于引入了信息技术，用户只需以视频的方式与信贷人员进行沟通，并在符合贷款资格的情况下，通过网络将自己的贷款信息填写完整就可完成整个贷款流程，相较于线下小额贷款需到现场实际审查的方式，大大地缩短了整个贷款流程的时间，并降低了贷前的审查成本。

4. 产品多样化

“阿里小贷”产品类型包括订单融资贷款、信用贷款、网络联保贷款、担保贷款以及抵押贷款等，这些产品可从贷款额度、贷款期限、贷款方式等多方面满足大多数借款者的贷款需求。

5. 独特的风险控制机制

阿里巴巴小额贷款整合电子商务公开、透明、数据可记载的特点，解决了传统金融行业针对个人及小企业贷款的信息不对称、流程难以创新、网络惩罚难等问题。

采用多层次微贷风险预警和管理体系，贷款前、中、后紧密结合，规避和防范贷款风险。

线上行为包括社区活动、在线交易、增值服务、产品发布、企业基本资料。

线下行为包括银行流水、经营模式、财务状况、家庭情况等。

贷前：根据企业电子商务经营数据和第三方认证数据，辨析企业经营状况，反映企业偿债能力。

贷中：通过支付宝及阿里云平台实时监控商户的交易状况和现金流，为风险预警提供信息输入。

贷后：通过互联网监控企业经营动态和行为，可能影响正常履约的行为将被预警。贷后监控和网络店铺（账号）关停机制，提高了客户的违约成本，有效控制了贷款风险。

专栏1　网络微贷模式——阿里金融[①]

2010年6月8日，中国最大的电子商务平台阿里巴巴正式宣布，联合复星集团、银泰集团、万向集团成立浙江阿里巴巴小额贷款股份有限公司，这是我国电子商务领域首家小额贷款公司，杭州市工商局已经向“阿里小贷”颁发了营业执照。

1. 发展历程

阿里巴巴在小额贷款领域的尝试最早可以追溯到2007年，“阿里小贷”的发展历程主要经历了三个阶段。

（1）阿里贷款诞生

2007年6月，阿里巴巴集团依托阿里巴巴电子商务平台，将网商的网络交易数据及信用评价作为信用依据，以信用信息提供者的身份与中国建设银行、中国工商银行签约，开始联保贷款模式的尝试，为中小企业提供无抵押、低门槛、快速便捷的融资服务。这标志着阿里巴巴与银行合作开始共同探索中小企业电子商务新型信贷模式。

（2）风险池启动

2009年8月3日，阿里巴巴率先与中国建设银行启动风险池，阿里巴巴集团与浙江省人民政府、杭州市人民政府和中国建设银行正式举行风险池签约仪式。2009年8月3日，阿里巴巴集团与上海市人民政府、中国建设银行上海市分行正式举行风险池签约仪式。风险池的引入为降低阿里贷款系统风险起到了非常重要的作用。

（3）“阿里小贷”成立

2010年4月9日，阿里巴巴获得小额贷款公司的经营牌照。2010年4月13日，淘宝订单贷款上线。2010年4月28日，e贷通产品在福建推出。2010年6月8日，阿里巴巴小额贷款公司成立。这是我国电子商务领域的首家小额贷款公司，标志着我国小额贷款模式的创新与突破。

2. 组织架构

从阿里巴巴发展历程可以看到，其实阿里巴巴到目前为止所提供的小额贷

---

① 沈治愚：《电子商务小额贷款模式探索》，西南财经大学硕士论文，2011年4月1日。

款服务并不单一，而是多样化的。阿里巴巴小额贷款的品种及组织结构如图3所示。

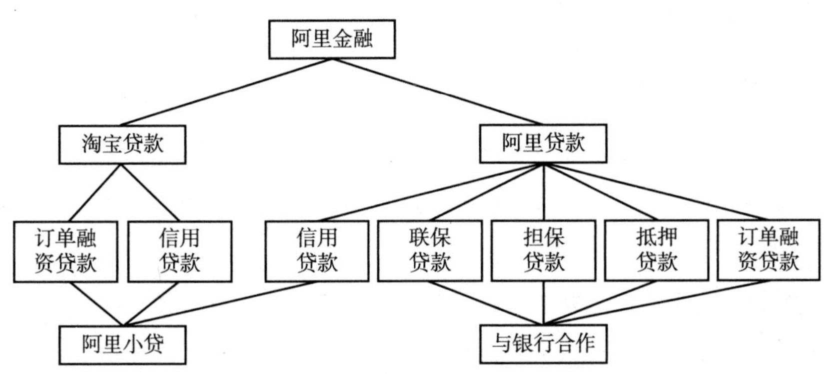

图3 “阿里小贷”的品种及组织结构

3. 贷款产品模式

“阿里小贷”贷款产品一共有5类模式，其中最重要的是订单融资贷款、信用贷款以及网络联保贷款三种模式。

（1）订单融资贷款

“阿里小贷”的订单融资贷款模式仅为淘宝卖家服务，称为淘宝订单融资贷款，即淘宝卖家以交易后的应收账款为质押，由“阿里小贷”作为贷款发放机构，可贷金额为订单金额的95%，淘宝订单融资贷款具体流程如下：买家购买商品，当卖家已发货，等待买家确认付款时，卖家以订单作为抵押向“阿里小贷”申请订单贷款，最后当买家确认付款后，“阿里小贷”将自动以订单资金还贷。

主要特点有：①申请流程简便。借款者只需通过网络填写自己的相关信息及希望借贷的金额即可，具体的订单选择将由“阿里小贷”执行，无需借款者操作。②还款方便。订单融资贷款的还款方式有两种：一种是在正常情况下，用于贷款的所有订单都被买家确认付款后，这笔贷款就算作自动还款成功；另一种是提前还贷，即如果借款人想手动提前把某笔贷款一次还清，也可以使用提前还贷功能完成还贷操作，订单融资贷款的最长还款期限为1个月。③资金周转快，利用率高。

（2）信用贷款

阿里巴巴旗下的信用贷款分为淘宝信用贷款与阿里信用贷款。在此，我们以淘宝信用贷款为例来介绍“阿里小贷”的信用贷款模式。

淘宝信用贷款模式，即在无需抵押、无需担保的情况下，淘宝店主凭借自己的信用向“阿里小贷”取得日利息率为0.055%的贷款。“阿里小贷”通过对借款者的店铺进行信用评级获得借款人的信用水平，根据信用水平的高低制定不同的信用额度上限，信用水平越高的借款者，其信用额度越大，最高可达到50万元。

经营特点：①网络视频审查。对信用贷款申请人授信的依据有两条：一是贷款申请人在淘宝电子商务平台上留下的交易与信用等一系列数据。二是人工调查。与传统银行面对面的实地调查不同，阿里巴巴的调查足不出户，完全通过视频对话来完成，这样不仅可以更加节省对借款者的审查成本，而且也极大地提高了贷款的审查效率。②贷款对象的区域限定。由于信用贷款仅依据网商经营行为数据与信用数据进行放贷，其风险相对于订单贷款与网络联保贷款风险更大，出于风险控制的考虑，信用贷款只对杭州地区信誉良好的淘宝卖家开放。③贷款的灵活使用。贷款申请人获得信用贷款后，80%的资金发放到客户的银行卡上，20%的资金发放到客户个人支付宝账户中。需要支取贷款时，客户只需在自己的授信账户输入取款金额，系统会自动把相应金额的款项打入指定的银行卡或支付宝账户，1~2个工作日即可到账。客户可在贷款期限内循环使用，随支随用。④方便的还款计划。信用贷款从取用之日开始计算利息，取用多少算多少利息，不用不算利息。一旦支用，系统会自动生成还款计划，支用的贷款须按月付息。当客户第一次支用时，系统会默认以后每个月的同一天为还款日，直到还款结束。当一个月有多笔支用时，会分别产生多个还款日。系统会在还款日自动到绑定支付宝账户扣取利息。

（3）网络联保贷款

网络联保贷款类似于之前提到的团体贷款，由3家或3家以上企业组成贷款联合体，然后以联合体的名义向银行申请贷款，联合体中成员实行连带责任制。

担保机制还可促进联合体内成员之间资源、信息的共享。同时，阿里巴巴根据自己构建的贷款风险控制模型，对联合体成员的交易和信用数据进行分析、筛选，并提交给银行，从而降低了贷款风险，使得中小企业的贷款申请更易通过银行的审查。这样的方式不仅降低了贷款的交易成本，而且提高了效率，对借款人和银行均有利。数据显示，自2007年10月至今，通过网络联保贷款这种更安全方便的方式，银行已经获得了超过50%的新增优质客户。

对于网络联保贷款，为了最大限度地降低风险，阿里巴巴与银行采取了一系列的措施，具体措施如图4所示。

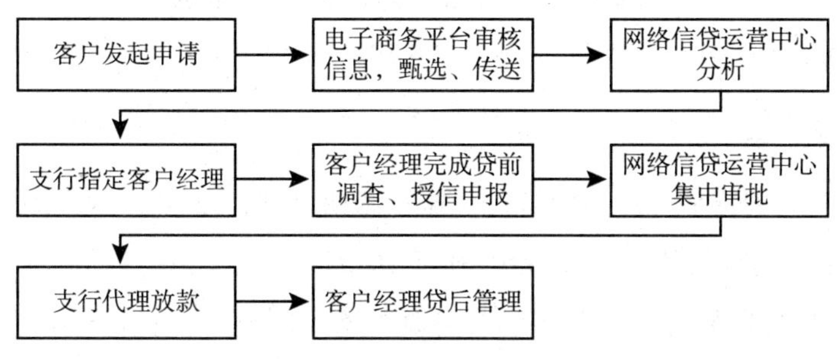

图4　网络联保贷款流程

（二）P2P借贷

国内P2P借贷平台最早出现于2006年。P2P借贷的特点一是P2P借贷双方参与的广泛性，借贷双方呈散点网络状的多对多形式，且针对非特定主体；二是交易条件具有灵活性和高效性，极大地满足了借贷双方的多样化需求。此外，P2P借贷平台省去了烦琐的层层审核模式。在信用合格的情况下，手续简单直接。

1. P2P发展现状

（1）平台数量

自2006年开始，国内P2P借贷平台陆续出现并发展。据统计，国内P2P平台从2009年的9家增长到2012年的110家，截至2013年第一季度至少有132家P2P借贷机构，其中具有较大影响力的约有20余家（见图5）。

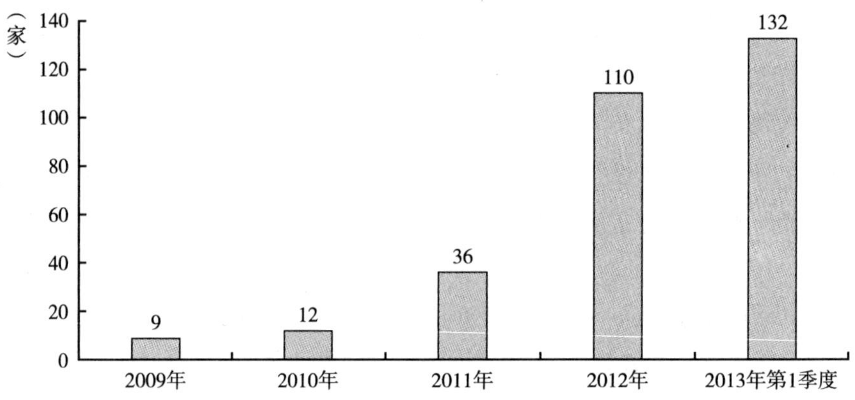

图 5 2009～2013 年第一季度 P2P 借贷机构数量

资料来源：《中国 P2P 借贷服务行业白皮书 2013》。

（2）平台交易量

国内 P2P 借贷平台成交额增长快速，2012 年 1～12 月，纳入统计的 16 家 P2P 借贷平台成交额从 1.94 亿元上升至 16.97 亿元，增长了 7.75 倍。全年累计成交额达到 98.5 亿元，与 2011 年相比约有 10 倍以上的增长。

人人贷 2012 年度贷款总申请额为 18.4 亿元，但最后真正实现的成交金额仅为 3.5 亿元，成功交易额占申请总额的 19.02%，成功交易笔数占总申请笔数的 16.54%。盛融在线虽然通过的笔数约占 56%，但这部分成功交易金额已经占到所有申请金额的 96.74%（见表 1）。贷款审核未能通过主要有以下原因：信贷资料未能通过平台的审核、投资人稀少导致流标、由于借款人自身因素撤销了借款标筹。

表 1 2012 年部分 P2P 借贷平台申请贷款金额及笔数与成功贷款金额及笔数

平台名称	申请金额（亿元）	成功金额（亿元）	比例（%）	申请笔数（笔）	成功笔数（笔）	比例（%）
人人贷	18.4	3.5	19.02	30631	5066	16.54
拍拍贷	4.9	2	40.82	99993	19729	19.73
非诚勿贷	1.9	1.5	78.95	6380	2328	36.49
盛融在线	18.4	17.8	96.74	5644	3159	55.97
365 易贷	9	6.4	71.11	37366	27135	72.62
新薪贷	0.7	0.6	85.71	1333	1009	75.69

续表

平台名称	申请金额（亿元）	成功金额（亿元）	比例（%）	申请笔数（笔）	成功笔数（笔）	比例（%）
e速贷	7.2	5.5	76.39	19775	15592	78.85
畅贷网	0.4	0.3	75.00	1203	1035	86.03
全民贷	2.4	2.2	91.67	738	670	90.79

资料来源：《中国P2P借贷服务行业白皮书2013》。

（3）借款产品构成

根据《中国P2P借贷服务行业白皮书2013》的分类方法，可将P2P借贷平台的借款产品分为三类（见图6）。

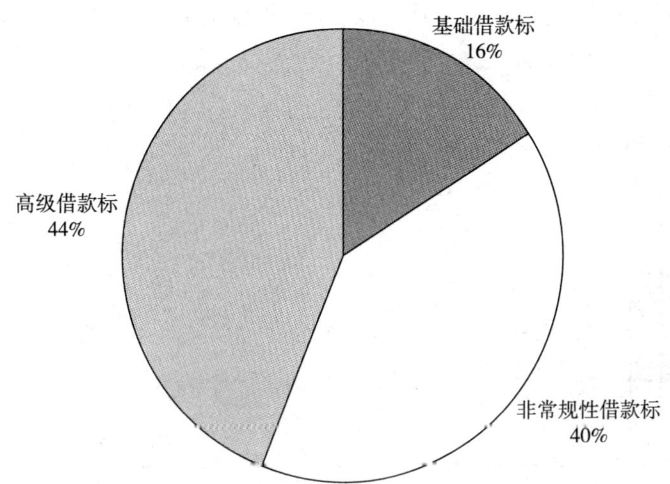

图6　2012年国内16家P2P借贷平台的借贷产品比例

资料来源：《中国P2P借贷服务行业白皮书2013》。

①基础借款标：主要是信用贷款，但需要通过相关资产证明，经一般流程的审核后获得一定的借款额度。这类借款产品一般金额较小，以工薪阶层的消费性贷款为主。

②高级借款标：相对于普通借款标，此类标一般会办理抵押、担保手续，签订反担保协议，金额较大，以中小企业或者个体工商户生产性贷款为主。

③非常规性借款标：大部分并非用于实际生产或者消费性借贷。一般目的

是活跃网站气氛、提高人气、站内资金周转、逾期重组等。

根据该分类，国内红岭创投、陆金所、拍拍贷等 16 家 P2P 借贷平台的借款产品构成中高级借款标所占份额最大。

非常规性借款标中典型的是秒标[①]，秒标是指满标后自动还款的借贷需求，因期限短、回报率高而吸引了大量投资者。由于这种借款标会造成虚增交易量和虚降坏账损失及平台的虚假繁荣，会误导消费者，因而只能作为平台宣传营销的手段，并不能大量应用。人人贷、畅贷网、陆金所等几家 P2P 平台没有非常规借款标。

（4）平均借款期限

不同的 P2P 平台借款期限存在显著差异，陆金所 2012 年度成交额为 1.5 亿元，平均贷款期限达到 33 个月，而 2012 年度拥有 21.8 亿元成交额的温州贷平台借款期限仅为 6 天（见图 7）。

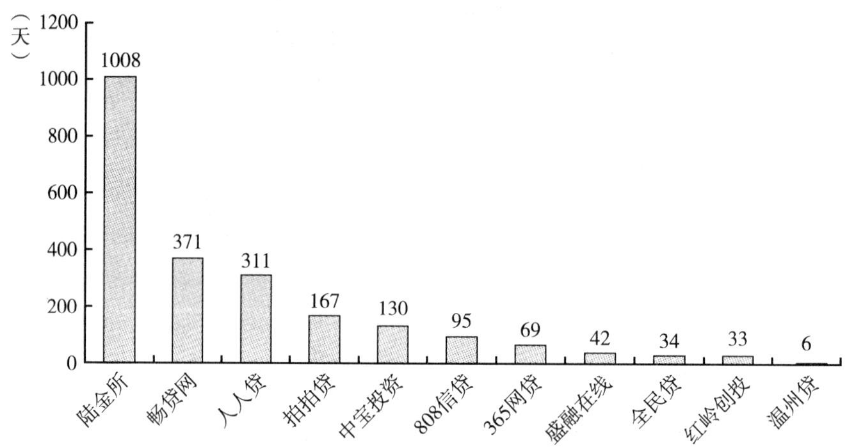

图 7　各 P2P 借贷平台 2012 年度平均借款期限

资料来源：《中国 P2P 借贷服务行业白皮书 2013》。

① “秒标”是 P2P 网贷平台为招揽人气发放的高收益、超短期限的借款标的，通常是网站虚构一笔借款，由投资者竞标并打款，网站在满标后很快就连本带息还款。互联网上由此聚集了一批专门投资秒标的投资者，号称“秒客”。某些 P2P 网贷平台的“秒标”可能就是庞氏骗局，给投资者以诱饵，利用新投资者的钱向老投资者支付利息和短期回报，制造赚钱的假象，进而骗取更多投资。有投资者认为“秒标”其实是 P2P 网站虚构的借款，根本没有真正的借款人，网站通过“秒标”送利息的方式吸引眼球、提高知名度。

小微企业通过P2P平台融资最多的分别是购买原材料、短期应付款和人员工资，用外部融资方式带动新项目开发和购买设备等长期投资用途的比例较小（见图8）。

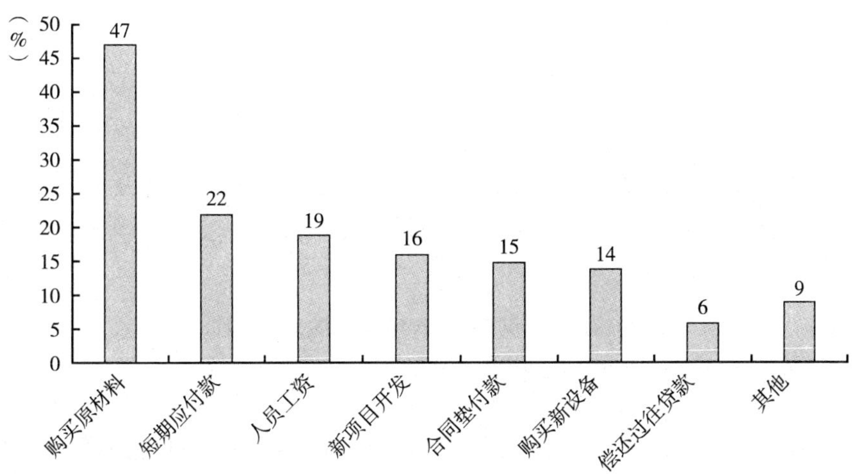

图8　小微企业经营融资用途分配

资料来源：2011年小微企业调研。

（5）借款名义利率

大部分P2P借贷平台年化利率均保持在12%～22%（见图9）。P2P借贷平台为避免高利贷嫌疑，名义利率普遍都控制在同期银行基准利率4倍以内，但部分P2P借款平台除借款人给投资人利息之外，平台的借款产品会提供变相利息以“奖励”的形式发放给投资人。

由于资金缺口量较小，周转率较高，企业有能力承受较高的融资成本。对于法定基准贷款利率4倍的融资成本，有86%的小微企业主表示可以接受。因此，P2P借贷平台的贷款利率对于小微企业具有较大的诱惑性。

（6）模式和产品创新

在旺盛需求的催生下，结合中国人对互联网的使用习惯，国内P2P行业在模式和产品方面有所延伸。在模式创新方面，大部分P2P平台拥有本金担保计划，作为保障交易者资金安全的底线。宜信通过与信托机构合作，发行了多起信托计划，利用信托资金实现P2P业务。在产品创新方面，国内P2P平

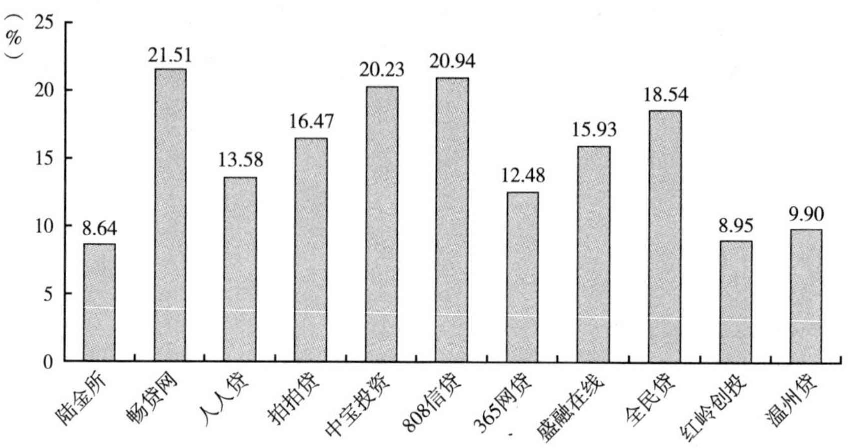

图 9　各 P2P 借贷平台 2012 年度名义利率对比

资料来源：《中国 P2P 借贷服务行业白皮书 2013》。

台除热衷于推出秒标、净值标[①]等衍生产品外，还开发了各种理财产品，如宜信的宜信宝、月息通等固定收益类理财产品。

2. P2P 主要模式

（1）按是否存在债权转让分类

按是否存在债权转让分类，实质上涉及借款人与实际出资人关系的问题。

不存在债权转让的模式是指出资人选择投资项目后，直接将款项打入借款人账户。借款人与出资人是一对多的关系。

存在债权转让的模式是指借贷双方不直接签订债权债务合同，而由第三方个人先行放款给借款人，再由第三方个人将债权转让给出资者，即借款人与出资人之间存在专业放贷人。

宜信 P2P 平台是典型的存在债权转让的模式。该平台打散组合借款需求和投资，由专业贷款人将资金出借给借款人，获取债权后进行分割，通过债权转让形式将债权转移给其他投资人，获得借贷资金。宜信也因其特殊的借贷模式，制定了“双向散打”的风险控制机制，通过个人发放贷款的形式，

① 净值标是网贷借款中的一种标的，是投资人以个人的净投资作为担保，在一定净值额度内发布的借款标。净值标是基于投资人的已投资金额产生的，最原始的目的是增加资金流动性，但是随着实践发展，逐渐演变为一种扩大投资资金和收益的杠杆工具。

获得一年期的债权。宜信将这笔债权进行金额及期限的同时拆分，利用资金和期限的交错配比，不断吸引资金，一边发放贷款获取债权，一边不断将金额与期限错配，不断进行拆分转让。该模式的特点是可复制性强、发展快。但必须注意的是平台对外放贷金额必须大于或等于转让债权，如果放贷金额实际小于转让债权，根据《关于进一步打击非法集资等活动的通知》，属于非法集资范畴。

（2）按是否存在担保分类

目前国内大部分 P2P 借贷平台为满足投资者的资金安全性要求都加入了变相“担保行”条款或进行一些含糊其词的本金保障宣传。若借贷双方直接签订借贷合同，P2P 平台承诺以自有资金为投资者提供本金（及利息）保障，可认为是小贷担保模式。但小贷担保模式涉嫌超范围经营特殊业务，融资性担保行为属于需要许可的特殊目的的经营活动，除登记注册管理外，还需要接受地方政府指定的相关部门的业务监管。

另一种担保方式是成立一个有限的风险储备池。其保障基金的来源主要有四种：①P2P 平台划拨部分收入到风险储备池用于投资者保障计划。②借款人付出“风险储备金”，但 P2P 平台并没有将这部分资金确认为收入，而是直接从借款人账户划拨到某一账户。③在借款人付出“风险储备金”或“投资者共同保护基金”之外，P2P 平台及关联方再收取类似于“保障金”性质的资金。④P2P 平台引入外在担保机构承担全部“担保”或者“保障性”服务，P2P 平台不再参与风险性服务。

若 P2P 平台承诺提供本金保障，但不明确风险储备池中的资金为全部偿付来源，并且以自身平台为风险承担主体和拥有风险收益时，平台实际上已经参与到借贷经济利益链条之中，具有融资性担保公司的实质，涉嫌超范围经营。

若 P2P 平台明确其赔付金额完全限定于风险储备池的范围内，则不能确定其违法担保。

（3）按是否在线下进行销售和风险控制分类

线上线下模式的区别主要在于销售方式和风险控制方式是否在线下完成，以及一些法务手段及借贷业务信息是否在网络上完全公开透明。

就线上模式而言，平台只负责制定交易规则和提供交易平台，有些 P2P

平台会提供逾期担保。但网站并不负责交易的成交以及贷后资金管理。这种模式可以控制网站的运营成本，确保网站不承担系统性风险。其控制风险的手段主要通过与数据中心开展合作，包括公安部的身份证信息查询中心、工商局、法院等。由借款人通过认证，核准真实姓名及身份信息。平台基于借款人的网络社交圈利用自由信用审核系统对借款人进行综合评级，然后设立安全信用额度。对于恶意欠款人，网站会将其信息暴露在网站的黑名单中。

就线下模式而言，网络更接近于一种宣传手段，吸引出借人和借款人到公司洽谈业务。一般该模式下会要求借款人提供抵押，为出借人提供担保，但该模式线下布置网点的成本较高。

目前较为普遍的做法是，P2P 平台在线上做理财服务，在线下提供审贷和放贷相关服务。

3. P2P 发展问题

对 P2P 平台发展的争议主要集中在运作模式的合法性、非法集资的边界、创新模式的定性、信贷产品的异化、关联交易的黑箱、庞氏骗局的魅影等问题上。目前我国 P2P 平台不在现行金融体系监管范围之内，监管层也未曾出台具体制度与措施，P2P 网贷的相关风险亟须高度关注。

交易机制的设计是 P2P 的核心所在，直接关系到交易的风险状况。鉴于目前国内 P2P 机构对于大数据的运用水平仍然较低，有必要完善既有的制度设计。从借款人信息真实性的鉴定、损失赔偿制度的设计到贷款周期费率的设定，需要把风控的理念融入每个环节，从源头上减少坏账率。P2P 网贷平台在初创期往往收不抵支，难以盈利，如果缺乏有效的运营计划，赔本倒闭和卷款跑路事件将层出不穷。由于投资者数量较多，所带来的社会负面影响较大，风险更值得警惕。

（1）P2P 借贷的高利贷问题①

最高人民法院《关于人民法院审理借贷案件的若干意见》第六条规定：民间借贷的利率可以适当高于银行利率，但最高不得超过银行同类贷款利率的 4 倍。超过此限度的，超出部分不予保护。《合同法》和上述司法解释基本构

① 《P2P 借贷平台：性质、风险与监管》，http：//blog. sina. com. cn/s/blog_ af74fa680101mqxj. html。

成了“高利贷”的定义，明确了自然人之间合理合法的借贷利率。在P2P借贷模式中，各方只要守住基准贷款利率4倍的边界，则其在《合同法》及相关司法解释框架下，合法性问题可得到初步解决。

在国内P2P借贷实践中，出现了名义利率不超过4倍，但加上P2P平台的服务费用则超过4倍基准贷款利率的情形，目前没有能够判断其违法的法律依据。

（2）非法集资的边界问题

目前P2P借贷主要面临的问题是平台是否先吸收资金再用于放贷。若投资人与借款人实际上并没有直接接触，P2P平台跨越中介定位，先以平台名义从投资人处获得资金（即使只是存放在中间账户），再直接决定投资行为和进行资金支配，甚至挪用或非法占有，则有非法集资的嫌疑。资金转移是否先于投资行为的发生是判断的关键。

（3）庞氏骗局问题

当投资人的回报并非来自还款人的还款收益，而是来源于虚假债权和债权重复转让形成的现金流时，即可判断该P2P平台存在庞氏骗局。

（4）欺诈问题

P2P借贷的欺诈主要体现在提供虚假标的物，用于吸引资金投标，资金到了平台后通过各种途径形成网站的资金池，网站再分别投资赚取高收益。这种方式的最终结果往往是平台关闭卷钱跑路，造成出资人的巨大损失。

（5）虚报坏账率问题

目前各网站宣称的坏账率基本小于2%，但真实情况无法保证，不排除为了吸引出资人虚报坏账率的情况出现。

专栏2　P2P模式——红岭创投[①]

红岭创投电子商务有限公司成立于2009年初，主要从事互联网P2P信贷中介服务，运行至2012年累计交易金额达13.7亿元（见表2）。

---

① 朱凯：《红岭创投：P2P网贷样本构造小微企业一站式金融服务平台》，《经理人》2012年第12期。

表2　红岭创投交易总量（2009～2012.8）

单位：亿元

年　份	2009	2010	2011	2012	合计
交易总量	0.09	0.87	3.87	8.87	13.7

红岭创投贷款流程，整个流程需3～5个工作日完成（见图10）。

图10　红岭创投贷款流程

如图11所示，红岭创投的P2P网络贷款的模式主要是：借款人以真实信息注册成为网站用户，获取网站给予的信用评级后，借款人将借款事由、借款金额、还款期限和还款方式等上传到网络上，之后等待网站其他用户来竞标此项借款。竞标借款项目的网站用户成为实际上项目的贷款人。借款人向网站所提交的借款项目需在10天内完成竞标，如果投标额满，通过工作人员审核资料，最终将所有竞标成功的贷款汇总起来，经借款人最终确认后，转到其账户。

注：①交易双方把资金充入红岭创投时，会产生第三方平台转账费用；
②红岭创投收取一定的交易中介费。

图11　红岭创投业务模式

在匹配借贷款资金的过程中，贷款人以资金来认购借款人项目，该笔资金将进入第三方支付平台（红岭创投目前与支付宝合作），等到标额满时，公司再将该笔资金确认到公司在银行开立的账户，并通过银行账户转账给借款人。

红岭创投开发了三种类型的借款标。其中，担保标、信用标主要是网络注册用户自行上传的借款项目，而快借标则是依托公司业务人员开发的借款项目（见图12）。

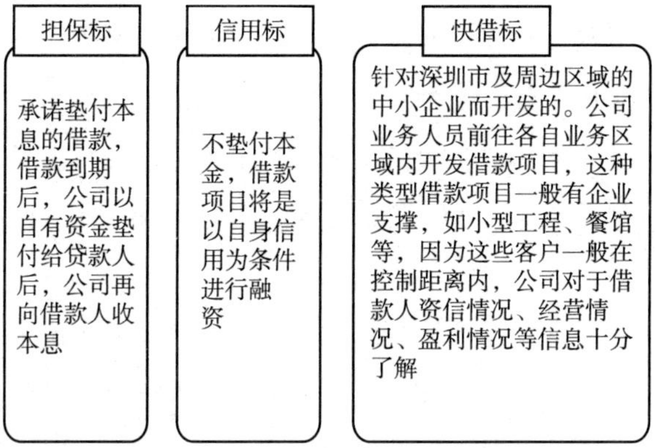

担保标	信用标	快借标
承诺垫付本息的借款，借款到期后，公司以自有资金垫付给贷款人后，公司再向借款人收本息	不垫付本金，借款项目将是以自身信用为条件进行融资	针对深圳市及周边区域的中小企业而开发的。公司业务人员前往各自业务区域内开发借款项目，这种类型借款项目一般有企业支撑，如小型工程、餐馆等，因为这些客户一般在控制距离内，公司对于借款人资信情况、经营情况、盈利情况等信息十分了解

图12　红岭创投三大借款标

红岭创投的利率由公司审核确定，一般大于15%。而红岭创投的收入由4部分组成。一是现场考察费。借款总额度达到10万元的客户，如需新增借款额度，必须对其进行现场考察，现场考察费按新增额度的1%收取。二是借款管理费。按借款期限收取，每月按借款本金的0.5%收取。三是投标管理费。投资者成功投标后，在借款人还款时，投资者利息的10%划归红岭创投网站所有，补充网站风险保证金。四是担保费用，由可信担保根据客户资信进行评级确定担保费率，借款成功后收取。

1. 风险控制成为红岭创投的核心竞争力

红岭创投的风险管理有四道防线。第一道防线是客户信息的认证，同时资金由中国工商银行监管，安全可靠。第二道防线是逾期应还款项由红岭创投网站通过短信、电话、上门等方式进行催收。第三道防线是网站有权将不良借款人的有关资料正式备案在“不良信用记录”中，列入全国个人信用评级体系的黑名单（“不良信用记录”数据将为银行、电信、担保公司、人才中心等有关机构提供个人不良信用信息）。第四道防线是风险保证金。

2. 构造小微企业一站式金融服务平台

由于红岭创投这几年的快速发展，在匹配借款人和出资人的过程中，获得了大量的线下资源，构造了线下团队，在匹配交易的后台数据中，已经可以筛选出在较长时间内具有稳定还款记录、现金流良好的客户资源。这些借款人的需要可以由红岭创投自身的小额贷款公司进行相应的配套。红岭创投也设计了相应的债权转化股权的操作方案，并有了相应的成功案例。介入初创期企业或者项目的股权投资时，红岭创投更多地从现金流的稳定性、项目的分红等财务收益角度考虑，兼带考虑项目的高成长性和上市可能性。这样的基于财务投资的稳健风格，有别于美式的VC投资风格，但是也不失为一种在国内开展早期投资的有效尝试。

除了逐步介入早期投资领域，红岭创投正在建设孵化园区，为可靠的借款人或者线下项目提供包括小额贷款、场地支持、天使/VC投资等在内的多样化孵化服务，通过“P2P信贷+孵化器+投资”的业务组合实现其打造服务小微企业金融平台的公司目标。在今后的公司发展规划中，P2P网贷业务在整体业务中的比例会降至30%以下，进一步优化业务组合。

该公司在整个业务组合的布局上，通过平台化的思路，以客户信息为主要载体，以资金为纽带，有效解决小微企业、个体工商户在融资上的困难，并提供了一整套的早期企业、项目的服务，这与红岭创投几年来在服务小微企业、个体工商户的过程中所积累的金融资源和能力是相吻合的。

专栏3　P2P模式——宜信[①]

宜信公司创建于2006年5月，总部位于北京，是集财富管理、信用风险评估与管理、信用数据整合服务、小额贷款行业投资、小微贷款咨询服务与交易促成、公益助农小额信贷平台服务等业务于一体的综合性现代服务业集团公司。

① 《赣州宜信公司小额信贷业务模式研究》，http：//blog. sina. com. cn/s/blog_ 6cd58ad00101917v. html。

1. 宜信公司的发展历程（见图13）

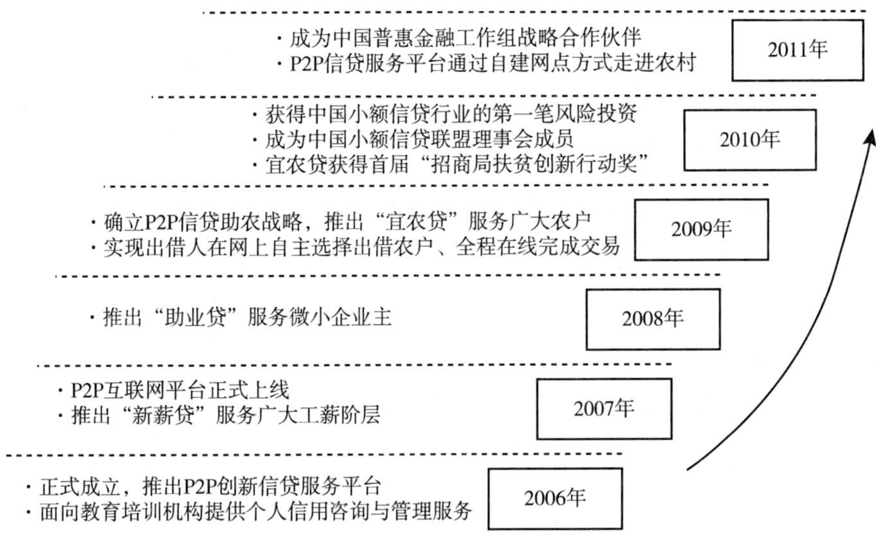

图13　宜信公司的发展历程

2. 宜信运作模式

宜信是类似于淘宝网的平台。平台一端是宜信找到的优质借款人，另一端是有闲置资金的出借人，宜信把两端客户资金需求对接起来（见图14）。通过这一平台，投资者将资金出借给信用良好但缺少资金的工薪阶层、大学生、农民和微小企业主。宜信还与众多商家紧密合作，为不同消费群体量身定制了个性化的消费信贷解决方案。

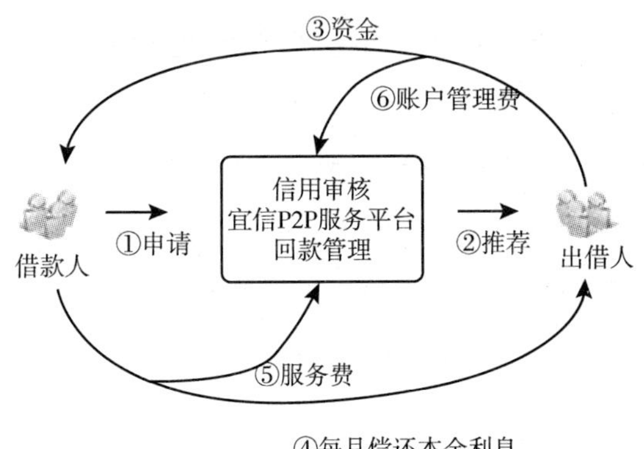

图14　宜信运作模式

宜信模式采取的是债券转让的模式。典型的借贷流程是：一个潜在的借款人通过网站或电话提交借款申请后，宜信的工作人员将与之面谈，通过综合考察其身份的真实性、收入状况、职业稳定性、居住稳定性、社交网络稳定性等，进行风险评估，并向出借人推荐符合条件的借款人。但宜信并不为借款人的还款行为提供担保，一旦借款人违约，宜信会通过后续的信用教育、电话沟通、上门沟通、律师函等方式向借款人催款，同时从“还款风险金”中提取一定额度补偿出借人。宜信网的收入由两部分组成，一是账户管理费，二是服务费。

3. 宜信产品

宜信服务于两端的客户，一端是资金出借人，一端是借款人。出借人利用闲余资金通过宜信这个平台帮助需要资金的人，且自身又能得到相应的回报。宜信就是帮客户管理资金及控制风险和负责账户催收等工作的。所以总的来说宜信贷款就是一个贷款服务平台。

（1）借款人端——信贷产品

宜信主要做的，是为之前没有被正规金融机构覆盖、没有办法获得资金的用户建立信用，并为其筹措资金。比如，大学生贷款职业培训或者深造，提高就业能力；收入稳定的工薪阶层结婚、购车等应急需要；资信好的需要小额启动资金的创业主；公益贷款给农村妇女购买鸡苗、牛羊、饲料等，帮助其脱贫致富。

宜信的收费模式，对于借款人来说有三种费用，即利息、服务费、月账户管理费。宜信称其理财产品的投资年收益率达到10%以上，而且宜信对出借人也要征收服务费，宜信的理财产品实际收益率应该大于10%，加上宜信向借款人收取的各种费用，对于借款人来说实际上至少一年要付25%～35%的利息。宜信平均借款规模在4万～5万元之间。

根据借款人群体的不同，宜信推出不同的服务与之对应。“学信通”为高等院校在校大学生提供小金额、短期限的贷款服务，“新薪贷”针对有稳定工作和收入的在职人员，“精英贷”向高端优质客户提供贷款服务，“宜农贷”为农民提供资金支持（见表3）。

表 3 宜信的贷款服务分类

按借款人群体分类				按借款用途分类	
新薪贷	精英贷	学信通	宜农贷	助学贷	助业贷
有稳定工作和收入的在职人员	高端优质客户	高等院校	贫困地区农民	针对教育培训用途	针对经营用途

根据借款用途不同，宜信设计不同的服务，包括用于教育培训用途的“助学贷”，用于经营用途的“助业贷”等。

通过“宜农贷”平台，有爱心的出借人可以直接地、一对一地将富余资金出借给那些远在贫困地区需要贷款资金支持的农村借款人。据统计，目前中国已经有300多个具有扶贫性质的小额信贷机构，但是由于没有寻找到良性的资金运作方式，这些机构普遍面临经营困境，而宜信“宜农贷”所倡导的P2P小额信用贷款恰恰解决了这方面的问题，是造血式扶贫的一种重要手段。表4为“宜农贷”平台与国外P2P模式的比较。

表 4 “宜农贷”平台与国外 P2P 模式比较

平台	Kiva	宜农贷
借款对象	有借款需求的贫困农村创业者	有借款需求的贫困农民(80%以上为贫困妇女)
借款额度	一般为几十至几百美元	1000~10000 元人民币
最小出借	25 美元	100 元人民币
出借年利率	0	2%
出借期限	根据小额贷款机构实际期限而定(一般为一年)	根据小额贷款机构实际期限而定(一般为一年)
还款方式	方式多样,既有分期还款也有整贷整还	方式多样,既有分期还款也有整贷整还
操作货币	美元	人民币
开始时间	2005 年	2009 年
累计坏账率	2.0%	0

(2) 出借人端——理财产品

宜信集团通过其子公司——宜信财富，率先在国内市场推出一种固定收益类理财解决方案。投资者作为出借人可将手中的富余资金出借给宜信平台推荐的、信用良好但缺少资金的大学生、工薪阶层、微小企业主、农民，帮助他们实现教育培训、电脑或家电购买、装修、兼职创业、脱贫致富等理想，通过利息收益获得较高、稳定的投资回报。

图 15 为出借人端的理财产品。

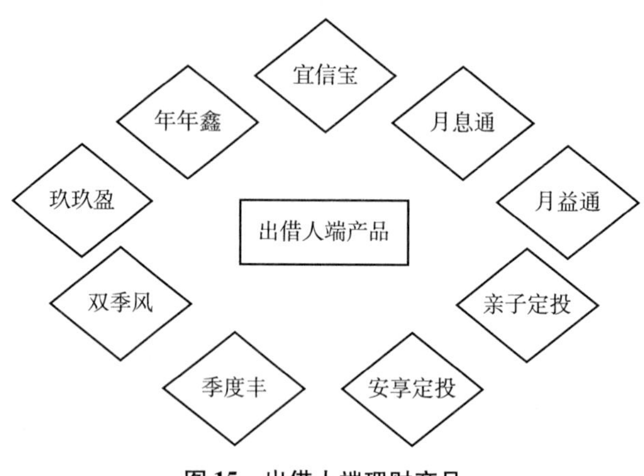

图 15 出借人端理财产品

4. 宜信的风险控制模式

在风险管理方面，宜信采取 4 个主要措施：一是客户信息认证。宜信从还款能力、信用历史、还款意愿和借款用途等多个方面对借款人进行严格审核和评估。二是提倡小额出借、风险分散。三是设立独立的还款风险金账户。宜信根据借款人整体违约情况确定风险还款金提取比例，借款人若逾期还款或者违约，还款风险金将对出借人作出相应的补偿。四是宜信公司每个月都会给客户寄送账单，了解资金去向、回款和收益情况（见图 16）。

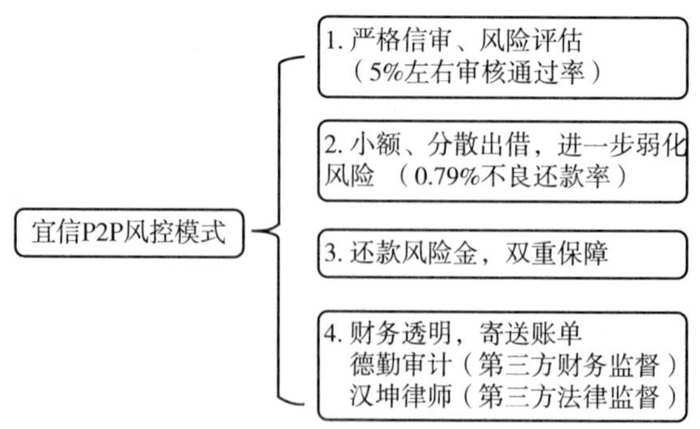

图 16 宜信的风险控制模式

5. 宜信模式主要特点

一是宜信的保障金制度。从宜信的运作模式看，宜信对借款人的掌控力度更强，出借人一般不参与审核，并且与借款人之间没有合同，而只有与宜信第三方的债权转让合同。这样，出借人就会有极大的风险。为保护出借人的借款安全，宜信在总服务费中提取相当于总贷款金额2%的风险补偿基金，发生违约时，用这部分基金进行赔付。

二是风险控制的两个关键点。作为还款的有力保障，宜信采取的分散贷款和每月还款制度，较大限度地保障了有效还款。除此之外，值得一提的是，宜信对借款人审核时都要求面见。所以，宜信在40多个城市设点，其目的之一就是方便面见。面见由本人亲自出示各种证件原件并当面询问使用用途等情况，较好地保证了借款人的真实性。

（三）众筹模式

众筹模式的特点在于使社交网络与“多数人资助少数人”的募资方式相互交叉，并带有利用互联网资助圆梦的色彩。在中国，由于众筹的回报方式可以是实物，也可以是非实物，但不能涉及资金或股权，所以其融资规模和发展方式仍受制约。对国内四家众筹网站（点名时间、追梦网、淘梦网、觉 jue. so）募集资金的统计显示，截至2013年10月，4个众筹网站累计募集资金11629704元。

1. 众筹发展状况

由于较低的准入门槛和广泛的融资渠道，众筹模式在我国深受青睐，主要以“点名时间”“淘梦网”“乐童音乐”“3W咖啡”“大家投”等众筹平台为代表。国内众筹平台大致分为凭证式、会籍式、天使式三类（见表5）。

天使式众筹平台属于中国股权融资版的Kickstarter，又称股权众筹(Equity Crowd Funding)，是在传统众筹模式基础上发展起来的一种纯商业投资模式，为投资者和创业项目提供对接的平台，并收取一定的手续费。股权众筹网站的投资方一般被限定为有资质的风险投资人。以天使汇为例，要成为其网站的投资人，必须经过网站的投资资格认定。从公布的投资人资料来看，其申请成功的投资人都是具有相关投资资质的PE或VC机构。

表 5　国内众筹平台的类型

众筹平台	典型代表
凭证式众筹平台	美微传媒。在电商网站上公开售卖会员卡,消费者可购买一定金额的会员卡,得到会员卡后,除了享有“订阅电子杂志”的权益外,还可拥有美微传媒的原始股份100股。后因有非法集资的嫌疑而被证监会叫停
会籍式众筹平台	3W 咖啡。面向社会公众进行资金募集,每个人可认购10股,每股6000元,总计6万元。与凭证式众筹平台不同的是,3W 咖啡的投资者必须符合一定条件,因此,除了少量股份分红,其给股东的回报主要是加入这一创业投资圈所带来的价值
天使式众筹平台	大家投。由一名领投人发现项目后,先行按一定比例投入资金,然后再通过互联网平台发布信息,引领其他投资者跟投,凑满融资额度后,投资人按照各自出资比例成立有限合伙企业(领投人任普通合伙人,跟投人任有限合伙人),再以该有限合伙企业身份入股被投项目公司。融资成功后,作为中介平台的大家投则从中抽取2%的融资顾问费
天使式众筹平台	天使汇。自2011年末正式上线运营以来,共促成科技型中小企业融资项目60多个,融资规模达2亿元,其中逾八成项目的融资额在100万~500万元之间。截至目前,通过该平台审核的项目已有700多个,通过认证的天使投资人达700余人。它推出了“快速合投”——快速团购创业公司股权的活动,平台上每个项目都有30天的投资周期。代表性的融资项目是 Lava Radio,上线第5天就超过了目标数额,一周内有20多位投资人约见创业公司代表,第14天融资额达335万元,比预定融资目标多34%,成为国内第一个成功的股权众筹项目

然而，中国的众筹模式远未成熟，和国外的发展水平相差较大，主要是因为缺乏支持这种融资模式的制度环境。这种弱关系下的融资活动在信任机制、权利保障和退出机制上存在着许多现实问题。投资主体的多元化、零散化可能导致众多投资者之间的利益无法协调一致，影响到筹资者项目的运营进程。需要对众筹参与者实行资格限定，确保只有满足一定要求的投资者才能对具体运营项目进行投资。此外，还要强化众筹参与群体之间的信任关系，如果价值观比较相近，将有利于固化利益纽带，实现众筹目的。由于知识产权缺乏制度保障，一旦进入众筹平台，项目创意可能被竞争对手抄袭，优质项目大多不愿选择众筹模式筹资，众筹网站只能吸引一些刚刚起步的创业者，项目的质量较低。投资周期也不固定，相对而言是个较为漫长的过程，退出机制更是没有固定范式。基于种种原因，我国众筹平台上的项目在数量、质量、筹资金额、用

户规模方面还处于较低水平，无法形成规模效应，在金融市场上的影响力有待进一步提高。

2. 众筹主要模式

众筹在中国有两种发展模式，第一类是发起人通过社交网络推销自己的项目，筹集资金；第二类是发起人通过专业的众筹平台介绍项目，筹集资金。

（1）社交网络众筹

社交网络众筹分为两种情况：①对出资人有严格的条件限制，如专业领域、财富背景等，并不是任意个人付出足够的成本就可加入出资者队伍。社交网络众筹的特点在于其目的并不仅仅是为项目筹资，更是通过该项目为特定社交群体提供一个交流的平台和差别化服务。②发起者由于项目风险过大，认可程度低，不被风投机构及天使投资人看好，无法筹到资金，于是在社交网站进行宣传，寻找志同道合、甘冒风险的“铁杆粉丝”。社交媒体的出现，使普通人的个人感召力可以通过社交媒体传递到除朋友之外的陌生人，从而可能获得更多资源和资金的支持。

（2）专业平台众筹

专业平台众筹是指项目发起人在专业的网络平台上宣传项目，进而获得支持的筹资方式。专业的网络平台相当于一种融资中介，发起人在平台上介绍、推销项目，投资者在平台上寻找感兴趣的投资机会。项目筹资成功后从所筹金额中抽取一定百分比作为佣金。目前经营较有特点的有点名时间、追梦网、淘梦网、亿觅网、觉 jue. so 等。

专业平台众筹的规则：①所有项目发起人都是实名认证。项目上线前会通过平台工作人员的审核、沟通、包装和指导。每个项目必须设定筹资目标和筹资天数。②在设定天数内，达到或者超过目标金额，项目即成功。在项目成功后，国外网站通常会将支持金额一次性汇到项目发起人的账户，发起人可以通过取现的方式提取现金。中国的专业众筹网站在风险控制方面做了部分调整。项目成功后只会先付 50% 的款项给项目发起人，发起人要对所有支持者给予回报，待所有出资者确认收到回报后，网站才会把余下的款项交给发起人。如果项目筹资失败，已获资金全部退还支持者。③项目成功后，通常众筹网站的工作人员将监督项目发起人执行项目，确保支持者的权益。

④众筹不是捐款，支持者要有相应的回报。公众基于对项目、发起人和回报的认同，通过资助的方式参与和支持创新。项目发起人在接受支持的同时给予支持者一定的回报（可以是实物，也可以是非实物，但不能涉及资金或股权）作为感谢。

专业平台筹资情况：以点名时间网站为例，2011 年 7 月上线，截至 2013 年 9 月 20 日已完成筹资项目 717 件，筹资成功项目为 305 件，筹资成功率为 42.54%。其中项目成功率最高的种类为音乐类，成功率最低的种类为游戏类（见表 6）。中国众筹模式较适合小众群体爱好者和传播性强、感染力高的项目。

表 6　点名时间截至 2013 年 9 月 20 日的筹资项目统计

单位：件，%

项目	筹资成功	筹资失败	合计	项目成功比例
设计	81	127	208	38.94
科技	30	51	81	37.04
音乐	23	17	40	57.50
影视	28	47	75	37.33
漫画	6	7	13	46.15
出版	20	29	49	40.82
游戏	3	12	15	20.00
食品	6	8	14	42.86
摄影	20	16	36	55.56
其他	88	98	186	47.31
总计	305	412	717	42.54

资料来源：点名时间网站。

与美国最大众筹网站 Kickstarter 相比，我国众筹网站的发展规模很小。Kickstarter 于 2009 年 4 月上线，经历 4 年多的发展，仅 2012 年度就完成筹资项目 41765 件，筹资成功项目 18109 件，成功率达 43.36%（见表 7），该成功率与点名时间的项目筹资成功率几乎相等，可见中国较成熟的众筹网站在项目可行性审批与管理水平与美国成熟的众筹网站相当。

表 7　Kickstarter 网站 2012 年度筹资项目统计

单位：件，%

项目	筹资成功	筹资失败	合计	项目成功比率
艺术	1837	1946	3783	48.56
动漫	542	628	1170	46.32
舞蹈	381	131	512	74.41
设计	759	1123	1882	40.33
时尚	434	1225	1659	26.16
影视	3891	5709	9600	40.53
食品	688	1140	1828	37.64
游戏	911	1885	2796	32.58
音乐	5067	4019	9086	55.77
摄影	427	770	1197	35.67
出版	1666	3968	5634	29.57
技术	312	519	831	37.55
戏剧	1194	593	1787	66.82
总计	18109	23656	41765	43.36

资料来源：Kickstarter 网站。

从筹资金额的角度看，点名时间截至 2013 年 9 月 20 日所展示项目共筹资 8883287 元，平均每件项目筹资 59291 元（见表 8）。而 Kickstarter 所展示项目仅 2012 年度就成功筹资 319786629 美元，平均每件项目筹资 10354 美元（见表 9）。由此可以看出，中国众筹网站筹资能力较弱。

表 8　截至 2013 年 9 月 20 日网站点名时间各项目筹资金额统计

单位：元

项目	筹资最高额	筹资最低额	平均筹资额	筹资总额
设计	85620	200	9691	784992
科技	101092	2098	17718	531540
音乐	1295	242240	37267	857142
影视	1582650	2050	6782	2149897
动漫	1373526	2220	292030	1752177
出版	51850	530	49750	994998
游戏	11670	3205	6673	20019
摄影	332972	1203	27486	49715
食品	65091	1450	16224	97342
其他	—	—	—	1145465
总计	—	—	59291	8883287

资料来源：点名时间网站。

表 9 Kickstarter2012 年度各项目筹资金额统计

单位：美元

项目	筹资总额	平均筹资金额	项目	筹资总额	平均筹资金额
艺术	10477939	2770	游戏	83144565	29737
漫画	9242233	7899	音乐	34953600	3847
舞蹈	1773304	3463	摄影	3283635	2743
设计	50124041	26633	出版	15311251	2718
时尚	6317799	3808	技术	29003932	34902
影视	57951876	6037	戏剧	7084968	3965
食品	11117486	6082	总计	319786629	10354

资料来源：Kickstarter 网站。

点名时间所有可被分类的项目中，筹资金额较高的两个项目分属于影视和动漫，其中影视项目是为动画电影《大鱼 海棠》筹资，共筹集 1582650 元。动漫项目是为动漫《十万个冷笑话》的剧场版制作筹资，共筹资 1373526 元。两个项目本质上都属于动漫产业，在众筹之前就通过社交平台进行了充分的宣传，有非常庞大的群众基础。

3. 众筹发展问题

（1）信用问题

信用问题在专业众筹平台有严格要求。当投资者由于某个项目破产而受到损失时，往往不再信任该众筹网站。过去的投资者不会重复投资，又无法吸引新的投资者，网站自然就不可能持续经营下去。

国内的众筹网站大多只是一个中介平台，筹资完成后对资金使用者无法进行有效监管，同时我国的信用体系仍有待于进一步完善。在这种背景下，我国的众筹网站进行了风险控制方面的尝试，如设定项目评判标准，不允许以股份、债权、利息、红利的形式作为回报，降低通过筛选率，引入投资担保机制等。

（2）知识产权问题

当一个项目发起者有一个好的产品创意，为更有效地获得资金支持，需要把产品的外观图片、设计思路、使用详解等内容都贴到网上以吸引网友的支持，但与此同时会有一些人借此剽窃该产品创意，并通过率先生产方式在市面上销

售，导致发起人在筹资过程中丧失创意时机。问题的解决方法是发起人先申请专利并建立防御门槛，再到众筹网站上进行筹资。但由于我国知识产权保护力度不够、立法还不够完善，因此知识产权问题成为众筹网站发展的一大障碍。

（3）专业众筹平台盈利模式问题

众筹平台的盈利模式通常是从成功筹资项目所筹集到的资金中提取一定比例作为佣金。小项目小投资佣金较少；大项目筹集资金多，佣金多，但周期更长，出资者面临的风险也更大，同时会让众筹平台面临与集资相关的法律风险。对于筹资平台盈利模式的探讨目前延伸到两个方面：一是众筹平台可尝试聚焦到企业客户上，用项目发起者的创意产品补充企业研发能力的不足；二是众筹平台加入筹资队伍，直接转型为创业孵化器。

二　互联网金融服务方式发展情况

互联网金融服务涉及基于互联网的第三方支付、移动支付、移动理财终端等。近年来，互联网金融服务取得了爆炸式的增长，尤其是第三方支付，已经成为支撑电子商务发展的重要基础，移动支付与移动理财终端也有巨大的发展潜力。

（一）第三方支付

根据中国人民银行《非金融机构支付服务管理办法》，将第三方支付机构定义为：依据该《办法》相关规定取得“支付业务许可证”，并基于互联网提供支付服务的非金融法人企业。从价值链角度看，第三方支付前端是在线商户和网络消费者（统称为第三方支付服务的消费者），中间为第三方支付平台，而后端是以银行为代表的金融机构。第三方支付平台具有较强的银行接口技术，在基础支付层提供统一平台和接口的基础上进行集成、封装等二次开发，可以承载很大的数据量，具有极高的支付成功率，银行和网上用户通过中间支付平台实现二次结算。

1. 行业发展概况

自2005年网络支付在我国正式起步以来，第三方支付已取得了长足的发展。截至2013年6月底，我国网民规模达5.91亿，互联网普及率为44.1%。

网络购物、网上支付和网上银行的互联网用户分别达到2.71亿户、2.44亿户和2.41亿户，占用户总数的45.9%、41.3%和40.8%。2012年交易总额突破8万亿元，达到80163亿元，同比增长31.7%。其中网络零售额超过1.3万亿元，同比增长67.5%，占2012年社会消费品零售总额的6.3%。《中国支付清算行业运行报告（2013）》的数据显示，2012年我国第三方支付市场规模超过10万亿元。其中，支付机构互联网支付业务快速增长，共处理互联网支付业务104.56亿笔，金额达6.89万亿元；移动支付业务处于蓄力发展阶段，处理移动支付业务21.13亿笔，金额达1811.94亿元。2012年银行共处理网上支付业务192亿笔，金额达823万亿元。截至2013年1月6日全国非金融机构支付业务许可证共发放223张。从地区分布上来看，第三方支付企业已覆盖28个省市，其中上海市53家，北京市47家，广东省21家，江苏省15家，浙江省14家，这5个省市第三方支付企业数量占总数的2/3。

2012年1月，中国人民银行发布了《关于中国支付体系发展（2011～2015年）的指导意见》，指出我国支付体系发展前景广阔，要抓住第三方支付建设面临的历史机遇；同年3月，工业和信息化部发布了《电子商务“十二五”发展规划》，规划提出到2015年，电子商务交易额实现翻两番，突破18万亿元，企业间电子商务交易规模超过15万亿元，网络零售交易额突破3万亿元。第三方支付既是电子商务发展的重要基础，也是互联网金融服务的主要模式之一，需要在支付技术和业务模式创新、支付业务规则和风险控制措施、电子支付标准建设、产业发展规划、市场有序竞争以及支付机构规范运作和行业自律、保护客户资金安全和合法权益等方面不断改进。总而言之，第三方支付产业的发展速度远超经济发展速度，而且第三方支付产业仍处于市场扩张期。不过，随着金融机构加入行业竞争，第三方支付产业已经从迅速发展阶段进入规范发展阶段。

2. 主要模式

我国第三方支付运营模式的发展经历了三个阶段：从支付网关模式起家，在此基础上发展出第三方担保模式，之后随着3G网络的普及，便捷支付工具模式逐渐兴起。

（1）支付网关主要解决电子商务企业与商业银行之间收款或付款的网络

连接问题。在该模式下，第三方支付机构是连接各家商户与银行的“中转站”，能够有效地提高电子支付连接的效率，同时降低搭建支付系统的成本。

（2）第三方担保模式除支付网关的基本功能之外，还增加了第三方担保功能。支付网关并不立即将款项支付给卖方，而是等买方确认收到货物或享受服务后，再将款项支付给卖方。该模式的主要贡献在于通过第三方介入解决了网上交易的信用问题。

（3）便捷支付工具的创新主要在于支付工具，如支付账户或电子钱包等。这种模式主要体现在两个方面：一是互联网支付账户集成多种缴费功能，二是基于手机客户端的移动支付业务。

从第三方支付的运营主体来划分，主要存在两大模式：一是互联网企业主导的支付账户模式，以支付宝、财付通、盛付通为代表；二是金融企业主导的银行账户模式，以银联电子支付、快钱、汇付天下为代表。

支付账户模式：指付款人直接向支付机构提交支付指令，将支付账户内的货币资金转入收款人指定账户的支付方式。这要求买家和卖家在同一个支付平台上开设账户。根据是否具有交易平台，支付账户模式又可以分为交易平台型（直接支付）账户支付模式和无交易平台型（间接支付）账户支付模式。

支付宝是支付账户模式的典型代表，属于无交易平台型账户支付模式。其支付平台是由电子商务平台开发而成，同各大银行建立合作关系，凭借公司的实力和信誉承担买卖双方中间担保的第三方支付平台，它利用自身的电子商务平台和中介担保支付平台吸引商家开展经营业务。买方选购商品后，使用平台提供的账户进行货款支付，并由第三方通知卖家货款到达、进行发货；买方检验商品后，通知第三方支付平台付款给卖家。

支付宝成立于2004年12月，最初只是淘宝网为了解决网络交易安全而设置的一个“第三方担保交易模式”功能。然而在不到10年的时间里，支付宝已经成为威胁银行业的“重磅炸弹”。到2012年，支付宝注册账户已突破8亿户，日交易额达到60亿元。除淘宝（超700万家）和阿里巴巴（超6万家）外，支付宝覆盖的商家总数已经超过46万家。支付宝在高速增长的中国第三方支付市场继续保持绝对领先地位。

银行账户模式：指付款人通过支付机构向开户银行提交支付指令，直接将银行账户内的货币资金转入收款人指定账户的支付方式。

这种模式最典型的是银联电子支付。银联电子支付有限公司（ChinaPay）是中国银联的网络分支机构，其支付系统建立在中国银联的统一支付网关基础上，通过 OneLinkPay 解决网上银行卡的支付结算问题。基本操作流程如下：①消费者在网上选购商品，放入购物车后，进入结算界面；②网上商户根据购物车内容生成付款单，并调用 ChinaPay 支付网关商户端接口插件对付款单进行数字签名；③网上商户将付款单和商户对该付款单的数字签名一起交给消费者确认；④消费者确认支付，则该付款单和商户对该付款单的数字签名将自动转发至 ChinaPay 支付网关；⑤支付网关验证该付款单的商户身份及数据一致性，生成支付页面显示给消费者，同时在消费者浏览器与支付网关之间建立 SSL 连接；⑥消费者填写银行卡卡号、密码和有效期，通过支付页面将支付信息加密后提交至支付网关；⑦支付网关验证交易数据后，按照银行卡交换中心的要求组装消费交易，并通过硬件加密机加密后提交银行卡网络中心；⑧银行卡交换中心根据支付银行卡信息将交易请求路由到消费者发卡银行，银行系统进行交易处理后将交易结果返回到银行卡交换中心；⑨银行卡交换中心将支付结果回传到 ChinaPay 支付网关；⑩支付网关验证交易应答，并进行数字签名后，发送给商户，同时向消费者显示支付结果；⑪商户接收交易应答报文，并根据交易状态码进行后续处理[①]。

银联电子支付有三个特征：一是可以一次性连接多家商业银行和金融机构，支持我国主要商业银行发行的各类银行卡，为各种银行卡用户提供便捷服务；二是针对不同业务模式，可量身设计支付结算方案，适用于电子商务支付业务，可以与多家电子商务公司合作，推动我国电子商务发展；三是支持交易加密验证、转发、对账、查询等功能，方便商户快速入网、交易监控及事后处理，并为用户提供安全高效的支付服务。

随着业务覆盖范围、应用领域的不断扩大，银联电子支付正受到越来越多发卡银行、收单机构、网上商户和持卡用户的欢迎。目前已有 700 多家企业通过 China Pay 支付平台来进行网上支付、跨行转账、网上代付、电话支付等业

① 《支付与安全之支付模式简介》，http://blog.sina.com.cn/s/blog_7008eed901010k77.html。

务，以完成其电子资金的清算，其中包括10家航空公司、40家基金公司、15家其他第三方支付公司。2012年中国银联银行卡跨行交易总额21.8万亿元，累计实现成功交易笔数125亿笔。

专栏4　第三方支付——易宝支付[①]

易宝支付（YeePay.com）是中国领先的独立第三方支付平台，2003年8月由中国通融通信息技术有限公司创建。在立足于网上支付的同时，易宝支付不断创新，首家推出电话支付，将互联网、手机和固定电话整合在一个平台上，使得电子支付实现了“网上线下”全覆盖，并陆续推出了网上购物、数字娱乐与游戏、航空旅游、教育考试等行业的专用支付解决方案。目前签约的合作商家包括百度、搜狐、易趣、当当、慧聪、九城、盛大、完美时空、迅雷、南方航空、海南航空、深圳航空、四川航空、中国航信、中国联通、中国电信等知名企业。

1. 易宝支付的发展（见表10）

表10　易宝支付大事记

时　间	事　　件
2003年8月	北京通融通信息技术有限公司成立于北京
2005年12月	联手IBM推出电话支付
2006年4月	并购西部支付网，大力发展游戏支付
2006年6月	工行、易宝联手，为联通用户提供全新充值模式
2006年	与四川人事合作推行教育缴费
2006年9月	易宝完成第二轮战略融资
2006年10月	与九网合作打造旅游行业产品
2007年9月	深航携手易宝在深圳机场推出网上充值机服务展厅
2007年12月	易宝支付加入红十字奥运服务公益圈
2008年4月	易宝支付携手天下网，手机支付试水SNS
2009年5月	中国南方航空公司与易宝支付在机票直销上达成合作
2010年7月	易宝支付发起成立“中国金融电子支付发展研究中心”，同期推出车险行业创新支付服务——易宝理赔通

① 《电子商务案例分析——易宝支付》，http://wenku.baidu.com/view/cef3a5cada38376baf1fae9f.html。

续表

时　间	事　　件
2011 年 3 月	外卡产品二期、物流 POS 产品上线
2011 年 4 月	快捷支付、预付费卡产品上线
2011 年 5 月	易宝支付获得央行颁发的首批支付牌照
2011 年 9 月	招财宝产品上线
2011 年 11 月	开放支付产品上线

2. 电子商务的应用

易宝支付利用其 IT 技术方面的强大优势，深入分析交易的每一个环节，设计与创造推进交易发生的多元化支付机制，消除交易环节中的支付障碍，促进大量交易顺利发生。从前台网站到后台数据库，从大型硬件设备到各种软件，易宝支付的支付平台基于 IBM 先进的技术环境，安全而高效地运转。同时得到了各大商业银行的全力支持，无论是电话支付、在线支付还是短信支付，通过易宝支付，银行可以与更多的消费者和广大商家在不同的支付终端相遇，为更多的需求提供有针对性的金融服务。

易宝支付有三大特点，即易扩展的支付、易保障的支付、易接入的支付。由于用户的重要数据只存储在用户开户银行的后台系统中，任何第三方无法窃取，因此为用户提供了充分保障。从接入易宝支付到使用商家管理系统，无需商家任何开发，零门槛自助式接入，流程简单易学、即接即用。凡是易宝支付的客户，都可以自动成为易宝支付财富俱乐部的会员，享受易宝支付提供的各种增值服务、互动营销推广以及丰富多彩的线下活动，以此拓展商务合作关系，发展商业合作伙伴，达到多赢的目的。

3. 业务规模

（1）签约大中型商家：17000 个（平均每周签 100 个左右）；

（2）交易额：40 亿～50 亿元/月；

（3）交易笔数：60 万笔/日；

（4）购物交易类网站排名：第 16 位；

（5）中国网站排名：第 400 位；

（6）Alexa 世界网站排名：第 4672 位，日均独立 IP 访问量：16 万～20 万/日；

（7）注册会员数：2600万人；

（8）活跃会员数：10%左右。易宝支付目前主要服务对象为商家，针对个人的应用还未大幅度开发，因此会员活跃度偏低。

4. 行业影响力

（1）电信行业：易宝支付已与中国联通全国、中国电信总部及8家省公司建立了合作关系。

（2）航旅行业：易宝支付已与南方航空、海南航空、深圳航空、四川航空等10家全国大型航空公司，以及近1000家机票代理人、旅行社达成战略合作关系。

（3）无线行业：易宝支付占有90%的市场份额。代表商家有空中网、天下、3G门户网等。

（4）SNS行业：易宝支付占有80%的市场份额。代表商家有开心网、人人网、MySpace等。

（5）WebGame行业：易宝支付占有85%的市场份额，代表商家有九维互动、昆仑万维、热血三国等。

（6）行政教育行业：易宝支付市场占有率为第三方支付公司之首。已与江苏人事、江苏建设、江苏卫生、四川人事、内蒙人事、西安自考、深圳交通罚款、北医大网院、新东方、东大正保等100多个政府考务机构及200多个社会培训机构达成合作。

5. 金融危机下的高速增长

（1）从行业角度看，电子支付加快了传统产业电子化进程，推动了绿色、创新型经济的发展。

（2）支付增量市场和行业解决方案创新是快速增长的源动力。如航空行业授信业务和网络游戏行业非银行支付方式。

6. 盈利模式有待创新

（1）支付行业的盈利模式很清晰，其核心只有一条——交易手续费，也就是向交易链中的收款方（商家）收取一定的手续费，道理类似于消费者去商店刷信用卡商家也要支付给银联一定交易手续费。

（2）作为独立的第三方支付企业，相对于依靠淘宝网而崛起的支付宝，考虑到行业发展，易宝支付是绝不能走寻常路的，所以创新和转型是其必然选择。

(3) 目前的突破口正是前景光明的无线支付领域，尽管国内无线支付的市场远未成熟，但这是电子支付领域的下一个决战之地。谁能够占领先机，谁又能在最后脱颖而出，都还未知。

7. 电子支付解决方案

行业定位、增值服务（见图17）、整体解决方案是易宝支付的最大创新之处与核心竞争力之所在。易宝支付的特点正是在于一直面向不同的行业需求，为不同垂直行业提供量身定制的支付解决方案及金融增值服务，把行业支付做深做透。

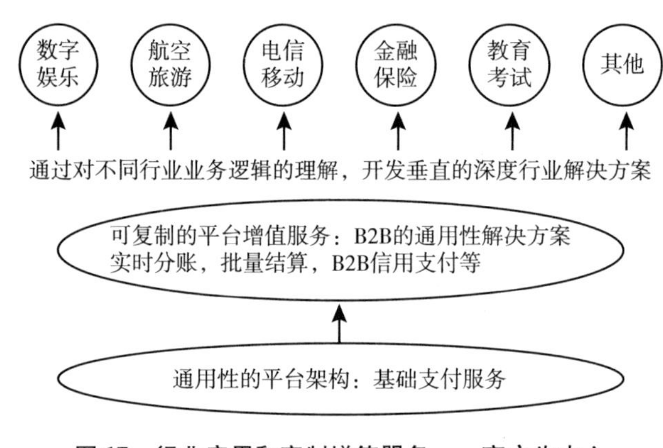

图17　行业应用和定制增值服务——商户为中心

通过战略布局与实施，面向行业做支付的整体解决方案，易宝支付已经转型成为以电子支付为中心的一站式综合型支付平台（见图18）。

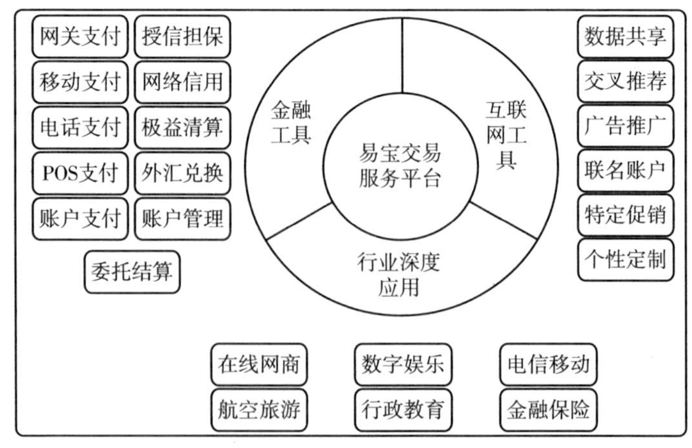

图18　一站式完整解决方案

（二）移动支付

移动支付也可以称为手机支付。按用户使用场景分类，移动支付产品大致分为近场支付与远程支付两大类。近场支付是指手机通过近场通信技术（如NFC、2.4G 等），与近场金融机具（如 POS 机、自动售货机等）进行交互，从而完成支付的商业行为。典型的产品如小额电子钱包、公交一卡通等。远程支付是指手机通过远程网络（如 3G 网络、短信等），与远程服务器交互，从而完成支付的商业行为。典型的产品如转账、还款、网上支付等。移动运营商给客户发放的 SIM 或者 UIM 卡本身就是一张智能 IC 卡，这使得运营商在移动支付领域有得天独厚的优势。随着技术的发展以及用户需求的不断提高，各种支付方式开始交叉融合，近场支付和远程支付之间的界限变得越来越模糊，创新产品往往包含了多种支付技术。

1. 行业发展概况

目前，中国三大移动运营商都已经成立了移动支付公司，并获得了中国人民银行颁发的第三方支付牌照。移动运营商逐渐由外围进入移动支付产业的核心，从通信管道逐步转变为支付终端提供者、资源整合者，甚至是发卡机构、资金清算机构等角色。

移动支付是伴随着智能手机的普及而增长的。2012 年，中国移动电话用户已经突破 10 亿户大关，并继续保持增长趋势。随着智能手机的普及和 3G 移动互联网技术的迅猛发展，手机的功能已经不再局限于通信工具。低功耗智能卡芯片的技术成熟和成本下降，使移动支付的临界点提前到来。2011 年，中国智能手机出货量为 7210 万部，增长率为 103%；2012 年，中国智能手机出货量达到 2.13 亿部，增长率达到 195%①。智能手机的爆炸式增长为移动支付提供了巨大的市场空间。

2012 年 6 月 21 日，中国移动与中国银联在上海签署移动支付业务合作协议，双方决定在近场支付技术标准、NFC 手机产品检测、可信服务管理平台（TSM）互联互通等方面展开深度合作，共同推进移动支付产业的发展。2012

① 艾瑞咨询：《2011～2012 年中国移动互联网行业年度报告》。

年 11 月 26 日，中国银联与招商银行宣布联手推出 NFC 移动支付，用户通过中国联通指定营业厅将招商银行账号加载到专用手机 USIM 卡上，即可在中国银联 POS 机终端上（具有中国银联闪付 Quickpass 标志）直接刷卡消费。在 2012 年底的中国移动支付产业年会上，中国电信也表示将在近期推出相应的 NFC 产品。移动运营商的支付产品路线图开始趋同，即开放代表运营商核心利益的卡空间，通过引入拥有成熟金融应用的银行机构，共同做大移动支付产业。

根据市场研究公司 Gartner 的报告，2012 年，全球移动支付额已经超过 1715 亿美元，同比增长 61.9%，移动支付市场在 2016 年将增长至 6170 亿美元。在这个融合了金融、电信、软件公司等多方势力的产业中，未来局面当然不只一个答案，至少从技术角度来划分，目前的移动支付可以分为运营商计费、刷卡支付、应用支付和以 NFC 为代表的近场通讯支付 4 个主要方向。目前，对我国而言，国内位置服务（LBS）用户群对移动支付的需求量非常大。如国内最大的 LBS 用户群大众点评网，手机客户端用户已经超过 600 万，而且都是活跃用户。截至 2011 年，赶集网的手机客户端用户也累计超过 2000 万。

2. 运营模式

完成移动支付的要素包括支付信息的获取、传输和处理。按信息获取方式、传输方式和处理方式的不同，我国现有的移动支付模式可分为 4 大类。

（1）基于 NFC 的移动支付

NFC 是目前最热门的移动支付技术。在所有的移动支付方案中，NFC 无论从技术、安全性和便捷性上，都是最为成熟的解决方案，但是由于它涉及制定支付标准、硬件设备的普遍支持以及运营商 SIM 卡层面的兼容，因此普及难度最大。其推广速度取决于智能手机和支持 NFC 终端的普及。目前，在 iOS、Andriod 和 WP 三大智能手机平台上，除了苹果外，其他平台都早已引入 NFC 技术，并将该技术作为其产品的一个重要卖点。根据 Forrester 的数据，2011 年智能 NFC 技术的手机出货量达到 4000 万 ~ 5000 万部；2012 年末，全球已有 3 亿部手机具备 NFC 功能，占据智能手机市场总量的 20%。2012 年 6 月，中国移动与中国银联签约将移动支付标准统一为银联主导的 13.56MHz，结束了双方之前的标准之争。此举为 NFC 支付在国内大规模普及扫除了最大

的障碍。

（2）运营商计费模式

这种模式是运营商移动支付业务的传统模式，大体有三种实现方式。

第一，WAP 方式。从移动 WAP 网络登录网上银行，由银行进行交易处理，运营商仅作为信息传输通道。这种方式用户体验不好，随着智能终端的推广，运营商基本已经放弃。

第二，短信方式。用户通过用户识别应用工具（STK）菜单发送短信，通过手机话费进行支付，比较适合远程交易。例如网游用户用神州行充值卡支付，在中低端手机用户中很流行。但由于费率太高，适用面并不广泛，而且存在行业政策问题，只能进行小额支付，同时因为滥用而产生过信誉危机，发展空间有限。

第三，无线射频识别（RFID）方式。手机终端与 POS 机终端之间采用短程通信方式进行现场支付，可通过手机话费支付交易金额，也可以通过绑定银行账户的形式，由银行处理交易，这是一种近场交易方式。但由于产业链太复杂，赢利模式上不清晰，目前仅开展小规模的尝试。

（3）二维码支付模式

在这种模式下，用户可以将他们的信用卡与应用相关联，消费时只需要扫描相应的二维码即可完成交易。目前，国内的二维码支付手段刚刚起步，支付宝的二维码支付普及率最高，2012 年推出至今每天交易数已经超过 50 万次。国内其他电子商务公司，如 1 号店等，也在各大城市的地铁广告窗开设二维码虚拟商店。2012 年底，以二维码支付为基础的支付宝车队亮相，为的士司机做了专属的收款二维码，每位司机都将拥有一个与自己支付宝账号绑定的二维码，乘客只需要打开支付宝手机客户端，把手机摄像头对准二维码进行扫码，手机就会自动出现司机的账户信息，乘客只需要输入车款金额，利用和账户绑定的快捷支付银行卡，就能立即完成支付。

二维码是 20 世纪 90 年代就已成熟的技术，将其用于移动支付并取得成功，不仅因为其具有成本低的特点，还因为其促使传统第三方线上支付企业发掘了线下收单的巨大市场。POS 机签约商户的线下收单模式，一方面成本高昂，另一方面竞争已经十分激烈，利润空间小。二维码使得用户可以通过线上账户，在线下场景给商户付款，对第三方支付公司来说，这也许是一条可实现“弯道超车”的近路。

（4）贴膜卡模式

2012 年《中国人民银行关于农村地区手机支付试点工作的指导意见》出台后，中国农业银行、农信银支付清算系统、邮储银行等大力发展农村金融下乡。由于农村地区金融基础薄弱，对产品价格敏感，基于贴膜卡的手机支付产品再次焕发活力，成为农村金融下乡的主力产品。贴膜卡成功的原因在于，用户无需更换手机，无需手机上网，只需要在手机上贴一张内置金融芯片的薄膜，就能进行各类金融交易。对银行来说，贴膜卡的成本可以接受，能够在投入产出之间找到一个很好的平衡。

（三）移动理财终端

移动理财终端主要是指移动记账理财软件和网站，以及移动基金理财软件。

1. 行业发展概况

目前我国的移动理财软件数量众多，水平良莠不齐。国内第三方理财总体上还不够完善，经营资质一直存在障碍，产品及服务种类不够丰富。普遍而言，由于规模小，技术开发水平低，因此竞争力不强。由于移动理财网站门槛较低，具有简单记账功能的软件与网站纷纷涌现。据不完全统计，国内可查的记账软件或网站多达几百家，其中的典型代表为挖财。挖财主要为用户提供基于移动平台的财务管理服务，通过挖财记账、信用卡管家、差旅报销等应用积累了超过 4000 万客户，也构成其基金销售的用户基础。

专业金融机构的进入对移动理财终端的发展起到了一定的推动作用。在个人记账方面，专业金融机构具有不可替代的优势，金蝶等传统财务软件企业在整合专业资源方面的能力极其强大，平安一账通这类模式也不容小觑。记账软件的基本功能已经从最初的单笔记账和统计报表这些最简单的功能，发展到包括周期记账、定时提醒、数据备份录入、收支预算、社区交流等多方位、全面性的功能。专业金融机构的产品定位和设计与一般的记账网站有很大的区别。然而，专业金融机构在这方面也存在一些劣势：首先，其主业会限制第三方理

财服务功能的发挥；其次，缺乏第三方中立立场，限制客户扩展；最后，由于其隶属于金融集团，会限制其对外的B2B和B2C服务。

2012年2月28日，中国证监会颁发首批“基金第三方销售”牌照。获得基金代销牌照后，好买基金同时推进线上线下业务，东方财富依靠网站推出“基金超市”概念，众禄推出“基金超市+专业顾问”模式，诺亚更注重线下的投资者教育与客户体验。根据艾瑞咨询的报告，东方财富网每月独立访问用户超过1亿户，下属的天天基金网访问用户也超过2500万。天天基金网在基金购买费率方面，较银行销售更具竞争力。诺亚财富为销售基金专门成立新公司，目前已有14家分公司。诺亚财富销售的专户产品超过2亿份，货币市场基金超过2亿份。

随着中国经济发展，投资者的投资需求旺盛，移动基金理财市场有着巨大的空间。在美国，第三方理财机构占据理财市场60%～70%的份额，香港的第三方理财机构约占30%的份额，而国内第三方理财占据的份额只有7%。中国第三方理财机构有几千家，大部分都刚起步，未来发展空间巨大。许多移动基金理财终端开发了针对细分市场投资者的产品方案，提供个性化的财富资讯、财富体检、资产状况评估、配置理财方案等全方位理财服务，为客户量身定做包括保险、固定收益等在内的个性化财富管理方案。

2. 主要模式

移动记账理财软件和网站的运营者一般为记账软件开发公司，通过记账软件了解用户需求，帮助用户优化开支，进而推荐合适的理财规划和理财产品。绝大多数记账软件功能都比较类似，主要是记录总账及明细科目，为家庭成员分别建立资产账户，更新联网数据，进行全面的统计分析，财务诊断预警某项投资或收支异常，进行手机版的快捷记账，个性化界面设置，同步电脑、网站、手机客户端。移动理财软件和网站主要有以下3类。

（1）门户网站应用。如百度应用、谷歌应用、新浪记账理财、和讯理财、UChome插件等。

（2）独立个人网站与应用。网站类如钱包网、蘑菇网、财族、爱记账、银冬瓜等，移动应用如挖财等。

（3）具有传统财务软件背景或电子商务背景。如金蝶推出的随手记、用友资助的财智、早期与阿里软件合作的财客等。

挖财是这种商业模式的典型代表。在成立之初，挖财抓住苹果应用商店的机遇，成为国内唯一一家全平台手机记账理财服务提供商。随着 iPhone 火热，挖财成为 iTunes 应用里记账软件的翘楚。之后，挖财推出不同手机平台应用和网站应用，实现手机客户端与 PC 客户端数据交互备份。目前，挖财已拥有4000 多万用户。在广大的用户基础上，2013 年 7 月，挖财推出货币基金功能，依托于第三方基金销售机构数米基金网，提供 5 只基金供用户选择。此外还推出在线购买彩票、车险（与平安保险合作）等功能，未来还将推出手机充值和水电煤气缴费的一站式服务。记账用户的流量导入、用户较强的财务管理意愿是这一模式的主要特点。2013 年 6 月，挖财获得千万元人民币的天使投资，最近又获得 IDG 的千万美元投资。

与移动记账理财终端相比，移动基金理财终端还处于起步阶段。在互联网应用方面，第三方理财机构主要是将互联网作为品牌宣传窗口和销售入口，但销售规模并不大，远少于 P2P 信贷平台，第三方理财机构还未成为真正的技术驱动型互联网金融企业。以诺亚财富为例，其开发了在线风险测试、在线资产配置等，但核心仍然是吸引投资者，通过导入理财师进行产品推介，这是目前绝大多数第三方理财机构开展互联网业务的基本模式。不同机构之间的差异在于，客户细分、客户需求分析、推介业务流程是否以客户需求为导向，以及线下的业务能力。

移动基金理财终端的发展途径可能包括以下几种：①低成本模式，使之相对于直销渠道具有一定的吸引力。②提供创新性“产品”和全产业链、丰富的产品库、低廉的信息服务，以便捷性吸引客户。③将互联网作为品牌宣传和销售的入口，并与线下流程统一整合，提升成交率。④相对稳健的策略，使其可以提高客户黏性，避免客户流失。⑤持续的投资者教育，依靠理念巩固客户。⑥淡化产品销售，突出方案销售，提供专业化资产配置服务。

三　传统金融网络化发展情况

互联网给传统金融机构造成了新的冲击，传统金融机构纷纷设立电商部门，建设电商网站来销售金融产品：银行广泛通过互联网开展品牌宣传、产品推广、客户服务；保险公司进行网络直销；证券公司推广网上营业厅；基金公司进行网上直销。目前，网络营销已经成为金融机构必不可少的营销方式，从早期的初级应用发展到全面利用互联网技术，通过优化整合内部业务流程及网络销售渠道，建立基于互联网技术的核心竞争优势。

（一）商业银行网络化

1. 银行互联网创新

我国银行业的互联网金融创新已有不短的历史。股份制商业银行率先敏锐地认识到互联网带来的发展机会和拓展空间。早在 1997 年，招商银行率先推出中国第一家网上银行，目前已经拥有包括网上企业银行、网上个人银行、网上支付系统、网上证券系统等系列网站在内的网上银行产品。作为国内首家经批准开展个人网上银行业务的商业银行，招商银行在互联网领域的战略定位、营销手段、产品创新和服务等方面都进行了效果显著的创新。

尽管大型商业银行凭借其客户规模优势保持着市场份额领先的地位，但在应对互联网的冲击时，它们行动相对迟缓，其互联网业务增速要低于创新型中小银行。从实践中来看，中小银行在产品与服务创新方面速度更快，反应更加灵敏，市场份额不断提高，一方面蚕食大银行传统客户市场，另一方面又不断扩大新增客户市场。

整体上，银行业的互联网业务规模仍远大于支付宝等非银行机构。2011 年，中国网上银行市场交易额超过 800 万亿元，接近支付宝交易额的 1 万倍。但从细分领域看，在新兴的互联网金融领域，如个人电子商务支付领域，网上银行的发展速度要慢于第三方支付，客户占有率也要低于支付宝。

2. 主要互联网业务

目前我国银行业的互联网金融业务主要是将传统银行业务全面互联网化，体现为大力发展网上银行和手机银行。在与互联网企业竞争的过程中，银行也通过多种手段开展业务，目前主要的业务类型有以下 5 种。

（1）互联网营销[1]

依托电子渠道，银行在产品方面开始提供个性化服务。2011 年，民生银行专门针对网银设计了收益率高于柜台销售的理财产品，获得了可观的收益。网银已成为其一、二级低风险理财产品的主要销售渠道。

作为传统渠道的辅助手段，金融机构大量开展各类互联网营销活动。银行的推广手段已经从电话和短信转向社交网络的社交化营销工具，并积极利用微博、开心网等开展“社会化营销”，如发布最新产品咨讯、宣传企业品牌、开展调研、组织线上线下活动等。

招商银行直接在网银交易平台上开发了具有客户服务和产品营销功能的综合社区网站，涵盖圈子、社交网站、博客、理财经理线上交流等多种 Web2.0 元素，为传统的交易型网上银行植入了开心网式的交流模式和淘宝网式的购物方式。在这个社区中，招商银行不仅可以单向发布包括财经、银行产品和各种促销活动在内的信息，而且将在线客服、论坛、留言板、在线聊天等网络社区功能整合在一起，为客户提供了双向互动服务功能。

农业银行也在开心网热门组件开心餐厅中尝试植入式营销，经营虚拟餐厅的开心网用户，有随机领取到建造“农行金 e 顺体验馆”的机会。游戏期间，用户还可以通过答题赢取额外奖励，题目内容则是农行电子银行业务和产品的各种信息。此外，游戏还包含类似汇款、缴费、转账等业务环节的内容，在品牌推广的同时，传递广告所无法容纳的大量产品和业务信息。

建设银行则在网络游戏中植入网银业务，在开心网组件开心富翁中以冠名身份出现。随着微博的普及，建设银行调动分支机构集体开设微博，并在官方网站上设立微博链接。

（2）财富管理

2011 年，民生银行推出的财富管家专业理财软件，为个人客户提供全方位的家庭资产管理工具。该理财软件的功能有联网创建账户、联网下载信息、全方位记录、图形显示资产、金融计算器和提醒服务等。

① 《电子银行竞技电子银行可以做什么?》，http://www.cb.com.cn/1634427/20110416/200212_2.html。

（3）支付业务

电子银行的出现，使银行不再受营业地点和时间的限制，企业或个人足不出户，就可以通过网络查询信息，实现在线交易支付。手机银行客户端的发展，实现了把银行“带”在身上的愿望，用户可以随时随地支付转账和理财。不少银行还特别推出了 iPhone 客户端，比如工商银行电子银行推出的 iPhone 客户端结合多点触控、重力感应、地图定位等终端特性，提供网店查询、基金动态走势查询等多种实用功能。

（4）建立金融信息门户网站

工商银行官方网站上方设置了醒目的导航栏，提供的财经信息覆盖理财、保险、股票、期货、基金、贵金融、外汇等市场。在工商银行股票频道页面上，不仅可以查询股票实时行情并进行股票交易，还可以进行股市要闻以及权威报纸电子版免费在线阅读，架构上更像是一家可以完成在线金融交易的财经门户网站。

（5）建立电子商务平台

这是银行积极介入互联网业务，应对大型电子商务平台企业挑战的一种最为激进的战略。2012 年 6 月，建设银行同时上线了两大电子商务平台，其中“善融商务个人商城”定位为 B2C 平台，面向个人消费者；“善融商务企业商城”定位为 B2B 平台，面向企业用户。“善融商城”建立 1 年来交易额达 60 亿元，入驻企业达 1.8 万家。

民生网银也开通了网上商城，但目的在于服务用户，提高网银黏性。部分银行甚至在网银上开办房地产信息平台，但由于缺乏准确的定位，这些商城并不太成功。在网上商城方面，由于传统金融机构未能发挥禀赋优势，不具备相应特色，目前还缺乏吸引力和竞争力。

（二）证券业网络化

由于券商不同业务的门槛不一，对应的监管要求也不一样，互联网金融对证券业的影响程度及时间先后有所不同。同质化、低技术含量、低利润率、监管者有意放开的业务会率先受到冲击，而对知识、技术、资本及风控要求高的业务则可能在互联网金融向更高层次发展之后受到影响。经纪业务和资产管理

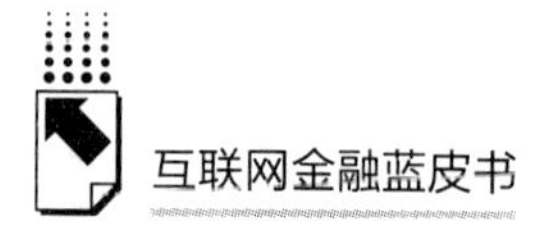

大众市场首当其冲，股权众筹也可能演进成网络 IPO。

大型券商业务结构更多元化，对传统业务依赖度更低，即使一些通道类业务受到冲击，对整体的影响也并不大。大型券商拥有雄厚的资本实力、强大的人才储备和较高的品牌美誉度，是参与互联网金融创新的坚实基础。大券商在争取互联网合作资源、引入第三方产品等方面也比小券商更具优势。少数中型券商借助互联网金融实现“弯道超车”也不无机会。

1. 证券公司具有适应互联网金融的天然品质

（1）网络交易

国内互联网的普及，给易于电子化的证券经纪业务带来了一场巨大的革命。1998 年国内网上证券交易开始起步，2000 年 4 月证监会颁布《网上证券委托暂行管理办法》，规范了网上证券委托业务。投资者使用证券公司提供的交易终端软件，通过计算机和互联网，足不出户就可以非常快速有效地实现证券买卖。与此同时新兴的网络媒体也彻底颠覆了投资者获取信息的方式。从此，证券交易完成了从实体场所到虚拟网络的转移，互联网以其方便快捷、高效安全等特点逐步取代了券商交易大厅，成为投资者进行投资活动的主要阵地。

（2）大数据

与其他传统产业相比，金融服务业是电子化、网络化和数据化程度最高的产业之一，也许仅次于网络业和电信业。证券公司所提供的产品在今天主要以数据交换的形式存在于数据后台系统中，与实体经济相比，也并不存在物流运输、货物配送等环节，其业务属性使其天生就具有便于电子化、虚拟化和远程化的特征。与其他产业相比，证券业的产品、服务与流程都能体现出充分的虚拟化特征，这一点与互联网的基因完全适应。此外，多年来券商积累了大量投资者真实的第一手买卖金融产品的数据，形成丰厚的数据资产，这些基于真实行为产生的庞大数据资产是金融行业电子化的一个重要资源，在后期的数据挖掘和客户服务中都起到重要作用。

2012 年，海通证券自主开发“基于数据挖掘算法的证券客户行为特征分析技术”，采用聚类算法根据客户交易数据进行动态分析。通过对海通 100 多万样本客户半年交易记录的海量信息分析，建立了客户分类、客户偏好、客户

流失概率的模型。在模型验证结果的基础上，为海通400多万位客户贴上了行为偏好的标签。同年，国泰君安也推出“个人投资者投资景气指数”（简称3I指数），数据样本来自券商真实客户的真实交易行为数据。

（3）数据标准化

企业信息化是“三分技术、七分管理、十二分数据”，对互联网金融时代的券商来说亦是如此。2004年2月由证标委会送审报批，经全国金融标准化技术委员会审查，国家标准化管理委员会批准，8项证券期货行业标准由证监会正式颁布实施。这8项证券期货行业标准的推出为证券公司、交易所、登记结算公司、商业银行之间统一数据交换模式、统一编码模式、统一接口提供了可能，为证券市场的纵深发展扫清了障碍。

2. 证券公司布局互联网金融持续升温

目前证券公司发展互联网的金融的模式大致分为两类：一是将传统业务的运营嫁接到互联网、移动互联网上。互联网固有的低廉运作成本可以提高服务效率、降低单客户服务成本，让同样的业务盈利更多。二是基于互联网、移动互联网本身的特质，创新设计新的金融服务功能和业务种类。证券公司探索互联网金融的初期工作主要放在网上开户、证券交易通道、资讯及金融产品网上销售等专属化服务提供方面①。

券商开设网上商城：国泰君安、华泰证券、华创证券、方正证券等通过开设网上商城或入驻天猫商城，将金融与互联网融合起来。

移动终端：中投证券、国信证券、国泰君安证券、华泰证券、中信证券、光大证券等券商先后发布了新一代手机证券软件。手机炒股应用软件系统除行情揭示、股票委托功能外，还加入开放式基金委托、专有手机资信公告、优理宝特色资信等功能。当前券商在手机等终端上的创新多限于资讯服务和交易服务。未来，移动终端将会承载更多的交互性服务。

网上开户：网上开户助推了经纪业务转型。证监会为非现场开户松绑之后，国泰君安、中信建投、华泰证券等券商纷纷开启网上开户模式。经纪业务收入排名前30位的券商中超过80%已和淘宝、百度以及京东等大型电商接触

① 《券商布局互联网金融持续升温》，《上海证券报》2013年8月6日。

和沟通，探索通过电商平台实现网上开户等业务的可能。

成立电子商务分公司：继国泰君安、华泰证券等券商先后成立网络金融部以来，齐鲁证券也在着手调整公司组织架构，新设电子商务分公司。华安证券、财通证券等多家证券公司在 2013 年 5 月分别申报了电子券商经营模式、券商与电商合作路径等课题。分公司是一个经营单位，具有经营职能。相对于部门而言，分公司的业务范围可以更广，有利于公司整合资源形成合力以备战互联网金融。

在证券投资理财方面，证券网上交易占比已超过九成，客户交易习惯已经养成，非现场开户政策已经颁布。互联网公司正在争取证券牌照，证券公司逐步开始探讨与互联网平台加强合作，围绕目标客户群打造服务体系，建立竞争壁垒。

（三）保险业网络化

1. 保险互联网创新

近年来，保险企业在渠道发展方面面临严峻挑战。经纪公司、银行、4S店等专业和兼业代理存在的成本较高、营销员增长乏力、代理人产能受限、过度营销广受诟病等问题促使保险企业加大互联网、电话等新渠道的开发力度。2009 年至今，保险业电子商务年均复合增长率超过 100%。人保、国寿、平安、太保等保险公司均已开展互联网业务。据统计，截至 2012 年底，60 家财产险公司及超过 50 家寿险公司中，16 家财险公司、23 家寿险公司已开设互联网销售业务，分别占总数的 33.82% 和 26.67%。

早在 2002 年 10 月，中国人保电子商务平台（e-PICC）就正式上线。用户不仅可以通过 e-PICC 投保中国人保的车险、家财险、货运险等保险产品，还可以享受保单验真、保费试算、理赔状态查询、咨询投诉报案、风险评估、保单批改、保险箱等一系列实时服务。e-PICC 还提供网上支付和保单速递功能，为保险代理人和外勤人员提供车险网上录单、客户信息管理箱等销售支持工具。公司业务管理人员可以通过电子商务系统后台，进行投保单初审、核保、业务处理以及受理咨询投诉报案等操作。经过不断完善，人保电子商务平台功能进一步完善，产品更为齐全。2012 年，增加包括电销、网销等在内的新渠

道业务，保费收入超过300亿元。

中国人寿于2012年6月推出新版互联网电子平台，服务范围涵盖寿险、财险、企业年金等综合业务。平安直销车险的官网日均访问量超过20万人次，日均保费收入超过千万元。平安网销平台创新实践移动客户端平台，首家推出车险iPhone客户端投保应用。平安网销支付平台已建立快速与外部合作直通的标准接口及模式，与淘宝、拍拍、网易、汽车之家、苏宁易购等电子商务网站开展合作，推出纯数据接口的简易报价及获取客户功能。

中国太平洋保险于2012年1月成立了全资子公司——太平洋保险在线服务科技有限公司。同年电网销业务同比增长128.4%，上半年太保的产险新渠道实现业务收入57.56亿元，同比增长94.5%；新渠道业务收入在产险业务收入中占比为16.3%，同比提高7.1%，其中电网销业务收入为44.92亿元。

2013年9月，国华人寿“国华二号增强版”参与“聚划算”活动，3天累计交易达1.06亿元。2013年11月，由几家主流互联网公司合资的众安在线财产保险公司正式开业，注册资本金为10亿元人民币，阿里巴巴、平安控股、腾讯和携程分别占股19.9%、15%、15%和5%。众安在线财险最大的特点是，全国不设任何分支机构，完全通过互联网进行销售和理赔服务。产品主要包含基于互联网的产品和基于物联网的产品，比如虚拟货币失盗险、互联网支付安全保障责任险，甚至还有基于语音技术的保险保障服务。

2. 保险业网络化难题①

（1）渠道掣肘

由网销逐步进入互联网保险已成为行业共识，但综合考虑成本、控制权及相关影响等因素，大型险企倾向于自建网销渠道或依托官网，而中小型险企则选择先“借力”第三方。通过自建网站销售，保险公司可以对营销方式、产品设计、价格等有完全控制权。缺点是需要保险公司采用有效的营销战略并且配合大量的营销投入，从而达到把消费者眼球和访问流量吸引到自家网站的目的。与第三方平台合作是一种较快捷的获取目标客户群的方式，缺点是会损失

① 《互联网+移动终端保险电商多模式备战》，http://blog.sina.com.cn/s/blog_50860daa0101jx7u.html。

一定的销售控制权。

自建网站销售保险产品有利于更好地维护形象、贴近消费者，但网站建设、维护、营销、客户培育等都需要企业付出较大资金和精力。第三方网络平台直销可借助对方的平台优势，利用平台的聚客能力和流量快速实现营销。

（2）风控、盈利、理赔较难

对于一些理财类保险产品的“低门槛、高收益”，市场对其风险控制的质疑较大。网销产品除了车险，主要是一些简单的意外险、健康险、小额保险理财产品，复杂寿险、健康险、医疗险等产品仅在小范围试点中。从平台来看，天猫商城的理财类保险产品较多，以短期化为主，有的产品投资门槛仅为500元、1000元；京东商城的保险产品则以汽车保险、意外险、健康险为主，除了旅游险较短期之外，其余险种期限均在1年左右。

目前通过网上直销的寿险产品占比很小，主要是因为卖给客户寿险产品时还需有安全告知等环节，现在仍以上门服务为主。保险电子商务还处于“赚吆喝”阶段，赢利前景难以确定。保险通过电子商务平台销售的产品以简单产品为主，利润率较低。保险电子商务风险方面，一是保险公司存在安全隐患，如客户有可能提供一些虚假的健康证明等，会与保险公司产生纠纷；二是个人客户购买网上保险产品后，一旦退保需要花费较多时间和精力。

总而言之，除互联网保险的区域监管这一主要问题外，保险机构通过网络进行异地销售以及之后的理赔等问题均是难点。

B.5
互联网金融发展的风险分析

互联网金融在便利群众日常生活、给各国经济活动带来巨大推动力的同时，也加剧了金融市场的不稳定。互联网金融拥有与传统金融领域一样的风险种类，如市场风险、操作风险、信息不对称风险、声誉风险、政策风险等，但这些风险因掺入了互联网金融的特性而在具体的诱发原因、表现形式、危害程度等方面有所不同。此外，互联网金融也带来新的风险种类，如技术风险、特有的法律与制度风险、信息安全风险等。

一　法律与制度风险

法律风险主要体现为互联网金融法律性文件的缺乏与空白。我国有关金融的法律法规的规制对象主要是传统金融领域，由于无法涵盖互联网金融的众多方面，更无法贴合互联网金融的独有特性，势必会造成一定的法律冲突。专业性的法律文件仍是一片空白，如有关互联网金融市场的企业准入标准、运作方式的合法性、交易者的身份认证、电子合同和电子签名的有效性确认等方面，尚无详细明确的法律规范。网民在借助互联网提供或享受金融服务的过程中，将面临法律缺失和法律冲突的风险，容易陷入法律盲区的纠纷之中，不仅增加了交易费用，还影响互联网金融的健康发展。

在管理制度方面，监管当局尚未出台明确的互联网金融的监管文件。我国的互联网金融企业极易游走于法律盲区和监管漏洞之中，进行非法经营，甚至出现非法吸收公众存款、非法集资等现象，累积了不少风险。

（一）触及“非法集资”红线

根据人民银行 2011 年 4 月发布的《关于取缔非法金融机构和非法金融业

务活动中有关问题的通知》定义：非法集资是指单位或者个人未依照法定程序经有关部门批准，以发行股票、债券、彩票、投资基金证券或者其他债权凭证的方式向社会公众筹集资金，并承诺在一定期限内以货币、实物以及其他方式向出资人还本付息或给予回报的行为。根据《最高人民法院关于审理非法集资刑事案件具体应用法律若干问题的解释》（2010 年），非法集资有非法性、公开性、利诱性、社会性的四个基本特征。非法集资包括集资诈骗和非法吸收公众存款（集资诈骗是带有诈骗意图的金融犯罪行为，此处主要讨论非法吸收公众存款的行为）。

目前应当引起关注的互联网金融涉嫌非法吸收公众存款的行为主要是 P2P 平台的债权转让模式和优选理财计划模式。债权转让模式是指，借贷双方不直接签订债权债务合同，而对期限和金额进行双重分割，由第三方个人（专业放贷人）先行放款给资金需求者，再由该第三方个人将债权转让给投资者，此时 P2P 平台成为资金往来的枢纽，不再是独立于借贷双方的纯粹中介，与非法吸收公众存款有一定的相似性。依照上文最高法设定的标准，是否认定为非法吸收公众存款的行为，核心问题在于资金流转行为是否形成了新的存款、债务或股权关系，专业放贷人是否有先获取资金放贷再转让债权的行为[①]。是否将向社会公众吸收的存款划归自有账户名下，是判断是否触及法律底线的标准。由于目前尚未有法规出台，P2P 非法集资的边界并未明确。

（二）主体地位和经营范围尚不明确

在监管法律体系中，不同的法律定位决定了监管的范围措施和力度。互联网金融长期处于互联网运营与金融业务的交叉地带，互联网金融机构的法律地位是其监管体系中的核心问题。对于互联网微贷，目前只有小额贷款公司性质的机构出现。2011 年，第三方支付牌照开始颁发，第三方支付机构的法律地位基本得到了认可，可以从事互联网支付、移动电话支付、银行卡收单、预付卡发行与受理、货币汇兑等众多支付业务。

当前，我国法律对于包括 P2P 在内的部分互联网金融机构的法律地位、

① 引自《中国 P2P 借贷服务行业白皮书 2013》，中国经济出版社，2013，第 18 页。

经营范围一直没有做出明确的规定，因此监管政策也处于灰色地带，较易出现模糊业务边界、逃避监督管理的现象。在中国，有些 P2P 平台同时承担了担保职能，融入担保元素后，风险无法实现分散和转移，尤其是当担保实质与杠杆率不匹配时，可能引发杠杆风险。《中小企业融资担保机构风险管理暂行办法》规定，担保机构担保责任余额一般不超过担保机构实收资本的 5 倍，最高不超过 10 倍。较多 P2P 网贷公司担保倍额则经常突破这一警戒线，有的甚至达到 20 倍。一旦发生系统性风险，大面积的违约将会给行业带来巨大打击。多家 P2P 平台还提供信用评价服务，其资质、经验、技术、数据“四重缺失”，均可能导致信用评价的失实。近年来，还出现少数具备支付功能的 P2P 平台，资金支付服务与商业银行类似，却没有经过任何监管机构批准。

（三）监管体系尚不健全

传统的监管因互联网的无边界性、虚拟性、高科技化而难度加大。P2P 互联网借贷模式、众筹等模式仍游离于监管之外，众多的 P2P 和众筹公司只能通过行业自律进行约束，致使行业素质参差不齐，存在较大风险隐忧。

国内 P2P 行业出现了实际利率不超过 4 倍，但加上服务费用等超过 4 倍贷款基准利率的情形，具有被用于从事高利贷的风险。P2P 平台缺乏对资金来源审查的手段，容易造成洗钱犯罪的监管漏洞。多家 P2P 平台为招揽客户，推出了许多异化产品，运作后证明存在缺陷或风险，但却处于监管空白之下。例如 P2P 网贷平台为招揽人气发放的高收益、超短期限的秒标，通过网站虚构一笔借款，由投资者竞标并打款，网站在满标后很快连本带息还款。这种方式将虚增交易量和虚降坏账风险，误导投资人，并且在短期内吸收大量资金，却不进行冻结，存在金融诈骗风险。由于秒标的标的不产生实际价值，容易被用来堆砌“庞氏骗局”。

（四）交易主体权益保护机制缺失

1994 年颁布实施的《消费者权益保护法》中缺乏对金融消费者权利保护的规定，也未明确规定互联网金融机构在业务流程中对交易主体承担的义务种类（如信息披露义务、保护隐私义务）以及适用范围，各方在网上金融交易中所应承担的法律责任不清晰，极易发生纠纷。由于缺乏有关此类纠纷诉讼程序的法律规定，纠纷也因无法可依而不易及时解决，如盗用密码攫取银行卡资金等互联网金融诈骗引起的客户起诉银行等纠纷，常常因举证责任不明而不能得到及时、公平的解决。

互联网金融中，交易主体权益保护存在两类较为突出的具体缺陷。一是消费者售后服务不完善。在互联网金融交易模式下，电子商务平台上活跃的卖方大量为中小企业主及个体工商户。根据民法规定，个体工商户必须在国家工商行政登记机构登记注册并取得营业资格才能营业。但目前此类个体工商户在网上进行资金借贷还没有经过任何行政审批，只需向平台备案，从而产生商家信用和交易安全的问题。卖方在提供交易后的信息和服务方面也存在困难。一方面由于互联网不征税可以逃避税款征收，另一方面也使得消费者享受不到应有的售后服务。二是平台退出时的消费者资金处理制度缺位。互联网金融平台在经营过程中，可能因为经营失败、政策变动或者战略原因发生破产、兼并、重组等。在此情况下，由于无合理的担保商，国家也没有明确规定，用户的资金保全将是一个重大问题。平台账户资料的保存问题也必须小心处理，以免被不法分子利用。但目前相关立法及行业规则对这两个问题均没有相应的规定。

（五）电子书证制度尚不完善

2012 年 3 月新《刑事诉讼法》明确了电子证据的独立法律地位。电子证据如何保存，真实性如何判断，在立法上已经基本得到解决。《电子签名法》第 6 条规定了对数据电文的保存要求，即满足：①有效表达所载融资行为要素信息并通过相应设备、软件随时获得；②信息完整、准确，未被更改；③可识别收/发件人、收/发时间，满足以上条件可以将留存于互联网系统中的书证视为原件。第 8 条规定，凭借：①生成、存储、传递方法；②保持内容完整性方法；③鉴别发件人方法的可靠性检验，判断电子书证的真实性。但在司法实践中，由于电子证据的生成、传递、存储、再现等运行的各个环节容易对他人合法权益造成侵犯，同时所依赖的计算机系统易受攻击、窜改且难被发现，对电子证据的真实性判断仍比较困难。此外，对电子证据的界定、定位、取证、举证、质证和认证方面仍存在不小难度，尤其是对于电子证据可采性的标准，尚

未给出明确的规定，对电子证据合法性与真实性的认定是司法实践亟待解决的关键问题。如何将以数据电文形式存储的电子书证提取出来，在我国现有的诉讼法律制度中也无规定。

专栏1　众筹概念的异化："美微传媒"互联网卖股遭证监会叫停

美微传媒是一家制作、发行商业财经电视节目的跨媒体传播机构。创始人朱某系资深媒体人，其创办企业的理念是让社会上更多的人参与节目制作，积累更多的社会资源，并将企业创造的利润回馈社会。为筹措制作电视节目的高昂费用，美微传媒没有采取常规的银行贷款、发行债券的方式，而采取的是社会化营销集资方式。2012年10月初，朱某通过新浪微博发布了互联网私募为公司筹资的消息，并在淘宝上开设网店，以公司一年的预期估值为标准，以每股1.2元的价格来出售公司股份。2013年3月，当美微传媒募集到300余万元资金之后，证监会叫停了其行为，并令其退回所筹资金。

美微传媒意图通过互联网叫卖股份的方式，打破传统的融资模式，获得所需要的资金这种做法是国外流行的众筹模式在国内的一次全新尝试。根据证券法规定，向不特定对象发行证券或者向特定对象发行证券累计超过200人的，都属于公开发行，需要经过证券监管部门核准才可进行。美微传媒利用公开渠道"广而告之"，宣传资金的社会化募集，显然属于"未经有关部门依法批准"，"向不特定对象发行证券的行为"；在出售股份时，明确提出了一定额度、某种形式的回报，已经带有"非法集资"色彩，引起了社会的广泛争议。此外，按照公司法规定，有限责任公司的股东人数不能超过50人，若超过这一人数限制则只能通过股份代持的方法解决，在被证监会叫停之前，美微传媒的"股东"远远超过了50人，具有明显的法律缺陷。

众筹模式作为一种新的互联网金融模式，为当今的互联网世界创造了一种新的融资途径。但是，在中国不成熟的金融市场上，众筹模式很容易被异化，甚至有些别有用心者，会利用这一互联网金融新模式的正当外表，遮掩私底下骗钱敛财的非法目的，最终导致民众财产损失和互联网生态环境的恶化。

然而2012年10月美微传媒在淘宝平台销售会员卡的行为就涉嫌非法集资，因为消费者在淘宝店拍下相应金额会员卡后除了能够享有"订阅电子杂志”的权益，还可以拥有美微传媒的100股原始股份。从本质上讲，美微在线销售会员卡也是一种众筹，它通过卖凭证和股权捆绑的形式来进行募资，凭证是以会员卡等形式出现的。出资者通过在网络平台上购买会员卡后享有一定股权，在这种情况下，会员卡相当于公司股票。这种筹资模式在发行证券的针对对象达到一定数量时就会成为公开发行证券，与传统公开发行模式相比，凭证式众筹具有极大风险：传统公开发行股票需要的条件包括上市公司组织机构健全、运行良好；上市公司的盈利能力具有可持续性；上市公司的财务状况良好；上市公司至今连续36个月内财务会计文件无虚假记载、不存在重大违法行为；上市公司募集资金的数额和使用符合规定；上市公司不存在严重损害投资者的合法权益和社会公共利益的违规行为等一系列严格规定及制度安排。而凭证式众筹截至目前对于企业信用、信息真实性、投资者收益保护都没有切实保证，同时投资者多为普通大众，完全不掌握企业信息，对于企业经营情况盲目乐观，自身风险意识淡薄。

二　模式风险

近年来，国内外互联网金融模式层出不穷，大部分因为与金融市场环境不相适应，与客户具体需求不相契合而遭遇失败。国内一些互联网金融企业在模仿国外互联网金融业务模式时，由于主观或客观原因，发生扭曲和异化，无法取得如国外同类企业一样的商业成就。互联网金融的模式风险主要包括模式创新风险和模式扭曲风险两大类。

（一）模式创新风险

模式创新风险是指互联网金融某种原创的发展模式过于创新或创新不足，脱离现实社会经济状况，最终因发展瓶颈导致失败的风险。

模式创新风险的典型代表是“在线贷款超市”——数银在线，由数字金融服务（杭州）有限公司运营的数字金融服务中心于2009年7月成立，为契合金融危机后浙江地区中小企业融资难问题而产生。作为全国首家

B2C 模式贷款平台，数银在线致力于为企业和个人量身打造全方位的贷款解决方案。从 2008 年开始进入研发阶段，共拥有 49 项专利技术，美国 Forbes 评估其为未来 3 年最具爆发性成长潜力的互联网企业。数银在线享受多款政策支持，不仅集成政府公共信息平台为融资机构提供信用辅证，还是首家获得银监会核发牌照的互联网金融企业，国内唯一一家引入人民银行个人身份认证系统的互联网金融企业。但在 2013 年，因模式过度创新和管理营运问题导致流动性危机，在创办四年后破产。此前，由于长期找不到稳定的盈利点，数银在线不断调整业务方向，如游戏开发、广告开发等，但收效甚微。

数银在线的核心模式是整合中小企业融资政策和融资渠道，集成银行、担保、小额贷款、典当、股权投资、风险投资等正规金融机构，集约化受理中小企业融资请求，通过“融资体检”通道对客户基本信息做出初步的判断和把脉，然后通过自主研发的融资引擎对称系统搜索、比较，匹配相应的金融机构“消化集群”进行比较和撮合，最终由金融机构决定是否发放贷款。数银在线为客户提供“1 +3 +3”的一站式服务，即为 1 个客户配备 3 个终身制经理（客户经理、贷审经理、跟单经理），并为客户推荐 3 家以上的银行，为客户提供一站式、多层次的融资服务，转变了中小企业由原来的“求金融机构”到“金融机构抢客户”的融资理念，促进原来的“卖方市场”向“买方市场”转变。

这种模式理论上可行，但在现实运营过程中却发生各种弊端，最大的缺陷是持续盈利模式模糊，过度依赖银行等外部金融机构。数银在线采取向银行收取佣金的方式来获利，相当于把对利润来源的控制权直接交给银行；贷款审批和发放的流程是由银行来完成的，主动权掌握在银行手中，难以获得较大话语权；而正规金融机构对互联网借贷行业采取的是压制策略，导致数银在线盈利明显不足。此外，下游的用户规模增长有限，成功贷款的客户，下次申贷时很可能直接和银行对接，使数银在线失去了业务支撑。可见，互联网金融机构面临的不确定性因素很大，如果某种原创模式过于创新或创新不足，不切合经济实际、不符合客户需求，将无法实现持续盈利，即使条件再好，也将因为模式创新风险而走向失败。

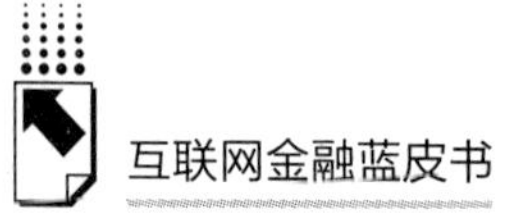

（二）模式扭曲风险

模式扭曲风险是指仿造的互联网金融模式发生扭曲，脱离了互联网金融的真正内涵和实践基础，衍生出许多新的变体，原模式的安全边界被突破，风险不断积累，最终引发危机。例如，由于我国社会信用体系处于初步建立阶段，缺乏完善的个人信用档案，P2P 平台无法从人民银行征信管理系统调取征信信息，自身的大数据积累不足，大数据挖掘、处理水平也不高，因而没有真正完全基于大数据资源和现代信息处理技术开展业务的互联网借贷撮合平台。一些 P2P 公司突破国外 P2P 模式中单纯的信息中介角色，逐渐包揽担保机构、信用评价机构、理财顾问等角色，由于较少受到政府层面的监管，在利益驱动下，有些 P2P 平台甚至成为放贷者，带来了许多风险。几乎所有 P2P 平台均向投资者提供本金保障，承诺在贷款发生逾期之后先行垫付投资人的本金。本金保障制度的本质是将违约风险均摊到每一笔贷款上，使得投资者投资每一笔特定贷款的风险相同。纯 P2P 形式下的大规模分散投资方式和大数据资源对风险最小化的保证，对投资人而言失去了意义。在这一制度下，平台参与到经济利益链条之中，面临违约概率难以测算、流动性风险、恶意误导投资者等问题。

债权转让形式、优选计划形式①、实地认证标形式等创新业务不断问世，这些完全脱离大数据资源和大数据技术的借贷形式，与欧美等国 P2P 平台相差甚远。以“实地认证标”为例，其具体操作过程是：借款人先向与其有某种密切关系的实体中介提交申请材料，中介对借款项目和资料进行实地考察和审核，最后再通过 P2P 平台审核复查后，借款人即可在平台上发布实地认证标。成功借款后，借款人要同时向中介和 P2P 平台交纳一定的费用。因为“实地标”借款人往往是发标前几天才注册的用户，此前没有借款记录，也没

① “优选理财计划”由人人贷公司最先推出，随后也有不少 P2P 平台推出类似产品。投资人加入该计划后，将优先于平台普通用户的资金进行优先投资。锁定期内，投资标的所产生的利息在每月指定日期自动提取，同时投资标的每月回款的本金部分将继续用于投资，其预期年收益率为 12% ~14%，有本金保障。实际上，这种理财产品的目的是“吸储”，资金就是进入 P2P 的资金池，再由 P2P 进行分配借出给同一网站的借款人，通过期限上的错配套取利差。发售越紧密，说明 P2P 平台越需要大量的资金，帮助前一位借款人的本金和收益的回笼。用户投标的资金可能进入平台账户，被平台挪用进行其他投资。

有个人具体信息，名字统一以拼音简写和数字组成，借款金额高度重复，期限较长，因此被猜测可能是线下高息贷款“改头换面”的另一种形式，即利用法律风险低的中介机构外表，来掩盖高风险、高利贷放贷者的实质。

专栏2　非法集资的边缘：“宜信（重庆）”打包债权出售理财产品

宜信公司成立于2006年，在欧美国家已经成熟的互联网贷款模式及先进的信用管理理念的基础上，结合中国实际的社会信用状况，推出了“线上+线下”P2P借款服务平台，宜信公司作为平台管理者为平台两端的资金需求方和资金充裕方提供全程的信用管理和资金配对服务。宜信模式的特点是将贷款人债权拆细并转让，实现了债权的资产证券化，促进了资金流通，在形式上已和正规银行机构类似。

目前，监管层对P2P行业所要求的经营底线是不能涉及非法吸收公众存款和非法集资。但在2013年7月25日，包括宜信公司重庆分公司（以下简称“宜信重庆”）在内的重庆5家P2P公司遭遇了重庆市金融办的“不合规经营”专项整改检查，原因是涉嫌非法集资及非法从事资金活动。“宜信重庆”的具体做法是，借款人将资产抵押给“宜信重庆”，其先行给借款人高息放款，然后将抵押资产设计和包装成不同期限、不同回报率的“信贷理财产品”，通过互联网直接向社会公众销售，并为这些产品提供担保；为利于出售产品，其还向出资方承诺固定收益率。销售理财产品所得资金则直接进入公司或法定代表人的个人账户。“宜信重庆”的利益来源就是借贷利差。这一业务模式显然已经脱离了P2P行业正常的纯中介、纯平台业务范围，触碰了非法集资的红线：“宜信重庆”未依照法定程序经有关部门批准，向不特定对象发行债权凭证，实现资产证券化以筹集资金，受众面很广，而且公司不仅直接占用客户资金，还承诺高额固定回报，来吸引客户不断购买该产品，从而得到循环发展。

根据规定，P2P平台作为一家没有正规金融机构牌照的公司，不能从事吸储、清算和自主决定放贷等业务。“宜信重庆”过度“打包债权”的行为已经越过了行业监管的红线，因而受到了监管当局的严厉处罚。此案例说明P2P公司在经营时必须合规、合法操作，不能触碰法律红线。此外，宜信公司在债权资产证券化活动中不断积累资产池，易产生系统性风险。因此，众多P2P

公司在从事互联网借贷业务时，绝对不能因获益丰厚而铤而走险，要从公司内部进行自查，同时自觉接受社会监督，坚决遏制触犯法律红线的违法行为，真正使 P2P 平台发挥其应有的资金调配功能，确保公司正规、合法运营和资金合理、顺畅流通。

三　安全风险

（一）技术安全风险

1. 技术应用风险

技术应用风险是指在技术的应用阶段，由于互联网金融虚拟化的服务方式、模糊化的业务边界、开放的经营环境，技术安全风险呈开放性、扩散性、动态性等特点而引发的风险；或由于设计时构思的片面性或兼容性不足导致互联网金融技术系统存在先天性缺陷。主要包括以下三种。

一是计算机病毒可通过互联网快速扩散与传染。一旦某个程序被病毒感染，则整台计算机甚至整个交易互联网都会受到该病毒的威胁，破坏力极大。在传统金融业务中，电脑技术风险只会带来局部的影响和损失，在互联网金融业务中，技术风险可能导致整个金融系统出现系统性风险，进而导致体系的崩溃。二是密钥管理不完善。在密钥管理体制、管理协议以及密钥的产生、分配、更换、注销等环节，都可能存在技术漏洞，这些纰漏极易受到黑客攻击，毁坏交易数据和模型。三是某些互联网金融机构技术兼容性差导致风险爆发。互联网金融机构选择的技术系统与平台客户终端软件的兼容性差，在与客户传输信息过程中可能面临速度降低或中断传输等问题，延误交易时机，造成巨大经济损失。

2. 技术能力风险

技术能力风险是指互联网金融平台因技术缺陷，在某些特殊时刻无法及时应对短时间内突发的大规模交易并产生不良后果的风险。该风险主要存在于“七夕”“双十一”“圣诞节”等传统电商打折促销日。由于巨量网上交易集中在一天甚至某个时点，数据量远超于日常基准数量，极易出现系统不稳定、服务器故障等问题。淘宝、天猫、聚划算以及京东、当当等都是直接参与一日促销的主力电商，在过往几年的大促销活动中均不同程度地出现了页面崩溃、下单系统无法打开、银行支付系统拥堵等情况。由于金融活动瞬息万变，除特定时间的巨量交易之外，互联网金融的突发性资金交易和挤兑危机发生的可能性也较大，网络技术若不能较好地应对该问题就可能出现交易系统、支付系统的崩溃后果，就会给交易带来经济损失。

余额宝充分利用淘宝的交易大数据和云计算系统，及时掌握申购赎回信息，合理安排流动性。支付宝在每天 6 个时点，将余额宝的赎回、消费、转账、提现等数据传送给天弘基金，由基金公司数据分析师对这些数据进行监控和分析，并把结果及时交给基金经理作为参考，基金经理据此预估次日淘宝、天猫的总消费量，进而安排次日在余额宝上的资金投资量。该方法能极大地降低余额宝在未来几日内的资金规模的预测误差，并将误差牢牢控制在 5% 以内。在大促销前期，将以往大促销时期的消费数据及本次大促销的相关信息提供给基金公司，基金公司利用内部的交易控制系统和计量模型，提前测算大促销期间的赎回规模，以应对短期大规模赎回危机，规避资金链断裂风险。

（二）数据安全风险

1. 数据管理风险

随着数据的爆炸式增长，海量数据集中存储，能够方便数据的分析、处理，但安全管理不当，易造成信息的泄露、丢失、损坏。互联网和信息技术日益发达，对信息的窃取已不再需要物理地、强制性地侵入系统，因此对大数据的安全管理能力也提出了更高的要求。2005 年 6 月 18 日，美国万事达、VISA 和运通公司主要服务商的数据处理中心网络被黑客程序侵入，导致 4000 万个账户信息被黑客截获，使客户资金处于十分危险的状态。2012 年，我国最大的程序员网站 CSDN 的 600 万个个人信息和邮箱密码被黑客公开，引发连锁泄密事件；2013 年，中国人寿 80 万名客户的个人保单信息被泄露。这些事件都凸显出大数据时代，互联网金融领域数据管理安全面临着前所未有的挑战。

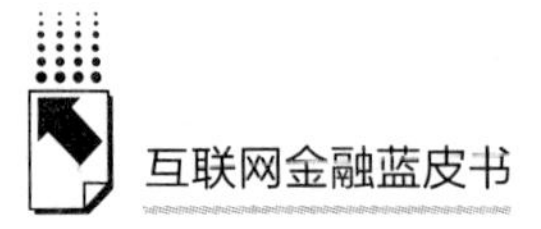

随着云服务的推出，大多数互联网金融企业把一些重要数据存放在互联网的云端。一旦云端数据中心发生灾难，将造成客户重要数据丢失，使所有机构业务陷入停顿。当前我国对大数据的保护能力十分有限，对于数据资源的保护意识和防护措施比较薄弱，个人或企业信息暴露的现象十分普遍，大数据被恶意获取、使用的现象也难以掌控，给互联网金融安全带来巨大挑战。

2. 数据传输风险

互联网金融时代，交易数据在交易双方和交易平台之间高速流通，为金融经济活动带来便利的同时也带来数据安全传输风险。包括云计算系统、社交媒体和高性能移动设备等在内的大量新技术能为企业个人的金融数据流通提供便捷性，但金融数据传输的安全性依然无法得到足够保障。主要原因有以下几点。一是互联网金融的数据交换依赖 FTP 传输服务甚至数据库数据共享。二是大量网络协议和软件系统的交叉应用在一定程度上影响到文件传输处理的速度。三是包括数据安全加密软件、安全传输软件等在内的加密产品数量不足。这些原因使在不同系统程序之间传输的敏感数据处在被泄露与被窃取的威胁中，产生安全风险。目前在互联网金融领域，还缺乏有效的方法来测量和控制数据传输的安全风险，传输中数据被盗和泄露，会对下一阶段的数据分析加工造成严重影响，给基于大数据的整个互联网金融行业都可能带来毁灭性的破坏。面对规模日益扩大的关键数据，互联网金融机构需要对这些数据的传输过程进行安全有效的控制和管理，在机构内部和第三方机构中分别建立一个数据传输流程的记录列表，并使用配有监控功能的数据管理软件，防止关键数据丢失，将数据传输风险尽可能降到最低。

3. 数据加工风险

我国互联网金融机构大数据分析能力较弱，数据库、数据仓储、数据挖掘以及云计算等领域的技术均落后于国外先进水平。我国很少有能够全面具备先进的大数据处理能力的互联网金融机构。对数据的处理集中于数据准备和原料搜索阶段，在数据工厂和数据产品环节比较欠缺，数据挖掘和分析工作不够完善。我国必须通过建立高级大数据的分析模型，逐渐培养快速抽取大数据的核心数据、高效分析加工核心数据并发现价值的能力。

4. 数据安全风险对国家安全的挑战

互联网已成为国家的重要基础设施，现代社会各个领域对数据的依赖程度越来越高，互联网逐渐成为主导性数据传播方式。互联网的安全运行成为维系社会秩序的先决条件。如黑客攻击英国政府机构网站而导致该国信息泄露，以及美国“棱镜”斯诺登事件等案例，显示出国家信息安全的高度重要性。互联网金融涉及国家金融体系的重要内容，大量的互联网金融数据既能反映一个国家的政治、经济等方面的状态，还可能被利用以直接影响公众的日常生活和民众意识。该系统一旦出现漏洞，国家金融经济体系都将陷入瘫痪状态，国家安全也将因此受到损害。同时，我国互联网金融业作为一个新兴产业，海量大数据关乎国家利益，应更加重视互联网金融的信息安全问题。

四　市场风险

市场风险是传统金融体系固有的风险。作为互联网技术与金融领域结合的产物，互联网金融的市场风险有其独特的一面。

（一）利率风险

利率水平的变动会影响金融产品的定价。由于便捷性和优惠性，互联网金融可以吸收更多的存款，发放更多的贷款，与更多的客户进行交易，面临着更大的利率风险。

互联网金融产品定价的基本方法主要有基于现金流贴现的估值方法、基于风险/收益的定价方法、基于不存在无风险收益的无套利定价方法等。使用现金流贴现的估值方法对互联网金融机构推出的产品进行收益率定价时，产品预期收益率是根据市场利率水平决定的，市场利率水平的变化通过这一渠道影响互联网金融产品的市场收益率，因市场利率波动对互联网金融产品定价产生的波动损失即利率风险。

由于产品收益率和利率具有明显的刚性关系，互联网金融机构在面对一些信用状况不佳的客户时，可能因不能自主提高收益率来降低其信用风险而只能拒绝对该客户放款；在面对信用情况较好的客户时可能因收益率过低而使客户拒绝投资互联网金融产品。利率风险导致互联网金融机构的业务规模具有一定的限制性。由于我国互联网金融机构还未发展成熟，目前还缺乏有效的措施来管理控制利率风险。

（二）流动性风险

流动性风险是指互联网金融机构在某个时点没有足够的资金量来满足客户提现需求的风险。互联网金融机构往往发挥资金周转的作用，沉淀资金可能在第三方中介处滞留两天至数周不等，由于缺乏有效的担保和监管，容易造成资金挪用，如果缺乏流动性管理，一旦资金链条断裂，将引发支付危机①。

以 P2P 行业为例，P2P 平台通常利用借贷资金来组成大部分运营资金，自有资本比率很低。随着资金规模的不断扩大，资金使用不受监管，P2P 平台可能挪用客户资金投资高风险、高收益项目。若出现呆账导致大量资金被困，则会使流动性风险不断积累。2011 年下半年以来，P2P 行业成为“跑路”的高危地带。贝尔创投、天使计划、蚂蚁贷、淘金贷、安泰卓越、优易贷等多家互联网借贷平台因流动性问题“跑路”或倒闭。“非诚勿贷”为维持流动性，不断以高收益率来吸引新的投资者；在还款付息高峰期，平台需提出银行账户内几乎全部资金，以应付上一批投资者的本息需要。

（三）信用风险

信用风险是指互联网金融交易者在合约到期日不完全履行其义务的风险。网络交易由于交易信息的传递、支付结算等业务活动在虚拟世界进行，交易双方互不见面，只通过互联网联系，交易者之间在身份确认、信用评价方面就会存在严重的信息不对称问题，信用风险极大。当互联网金融拥有大数据资源和数据处理技术，信息不对称和信用问题就能有效解决，信用风险因而较低。

我国的互联网金融发展程度不高，大数据资源和大数据技术都没有跟上模

① 流动性风险也可能由系统的技术因素引起，这种类型已在上文详述。主要指当计算机系统及互联网通信发生故障或病毒破坏造成支付系统不能正常运转时，会影响正常的支付行为，降低货币的流动性，从而引发流动性风险。

式创新与仿照，现有多种模式偏离“互联网金融”核心。社会信用体系还处于完善阶段，较难依靠外界第三方力量对交易双方的信用状况进行准确评价。以 P2P 为例，P2P 平台一般强制要求借款人提供基础资料，自愿提供财产证明、学历证明等详细信息。一方面，此类信息极易造假，给信用评价提供错误依据，交易者也可能故意隐瞒不利己的信息，导致 P2P 平台在选择客户时处于不利地位。另一方面，P2P 平台所获取的资料存在滞后性、片面性，不构成“大数据资源”。美国有完备而透明的个人信用认证体系，个人信用记录、社会保障号、个人税号、银行账号等材料可以充分验证借款人的信用水平；有多家独立、权威的信评公司通过高科技技术手段，提供信用评分和信用管理服务，广泛地服务个人贷款客户、小贷公司、银行等金融机构。因而美国的 P2P 平台真正属于互联网金融模式，极具发展优势。

我国金融业要真正迈入互联网金融时代，必须依赖数据的大量积累和大数据处理能力的不断提升，解决信息不对称和信用问题，实现交易成本的大幅下降和风险的分散，提供更有针对性的特色服务和更多样化的产品，提高金融服务覆盖面，尤其是使小微企业、个体创业者和居民等群体受益。此外，信用体系建设是互联网金融机制体制创新的重要配套措施和组成部分，应完善社会信用体系，弥补互联网金融现有大数据资源的不足。同时，互联网信用体系是我国社会信用体系的有机组成部分，也应当成为社会信用体系建设的一个不可缺少的环节。

专栏 3 “庞氏骗局”的覆灭：“非诚勿贷”因内幕曝光而引发挤兑

“非诚勿贷”是绍兴一家 P2P 互联网借贷平台公司。创始人蔡某为应付以往的 P2P 巨额负债而建立该平台，偿还欠款之后，他继续运营该平台，通过高息吸引新的一批投资人借入资金，用以偿还前一批投资人的本息。“非诚勿贷”为吸引人气放出高息“秒标”，为解决短借长贷期限错位进行“拆标”。同时，平台上借贷双方财务记账非常混乱，也缺乏历史操作记录，这严重增加了操作风险。平台为维持流动性，只有不断以高收益率来吸引新的投资者。随着时间的推移和资金规模的不断扩大，市场风险和操作风险逐渐积累。2013 年 5 月 9 日，网上一名自称曾任某 P2P 平台客服人员的网友发帖，曝光了其所任职 P2P 平台的多项内幕，其中涉及网贷工作流程和高息拉款的实质。网友根据其 IP 地址将这一 P2P 平台锁定为“非诚勿贷”。事件曝光后，投资人纷纷从平台中抽离资金，引发了挤兑狂潮。

从表面上看，这是因一个未经证实的网帖而遭到挤兑的偶然性事件，但事实上，这一案例很清楚地说明，P2P 行业经营很不规范，由于缺乏监管和制度约束，加之信息透明程度较低，投资者无法对其出资的使用做出约束，使 P2P 平台的控制人可以轻而易举地制造“庞氏陷阱”，从而带来极大的流动性风险，甚至造成系统性风险；平台控制人也可能挪动借款去从事风险系数很大的投资，从而引发道德风险。因此，监管当局要高度重视对 P2P 行业的庞氏骗局，尽快立法规范、覆盖监管，着重加强对平台资金使用的监管，防止资金被非法占用。

五　其他风险

（一）操作风险

操作风险是指由系统可靠性、稳定性和安全性的重大缺陷导致的潜在损失的可能性，主要源于工作人员的操作失误。例如，互联网金融改变了传统银行以图章为支付指令的结算手段，而采用数字签名方式对支付指令的有效性进行确认。由于互联网的“虚拟性”，数字签名的可靠性完全取决于互联网金融平台控制系统的严密。如果交易主体不了解互联网金融业务的操作规范和要求，有可能发生操作不当，甚至在交易过程中出现流动性不足、支付结算中断等问题，引起不必要的资金损失。

由于互联网金融服务方式的虚拟性，互联网金融的经营活动打破了传统金融业务的网点限制，具有明显的地域开放性。在互联网金融业务中，交易过程中的操作失误，可能被迅速传递到所有环节，会构成整个互联网金融体系的风险累积，甚至从单纯的操作风险演变成一种系统性风险，对全国金融互联网整体的正常运行和支付结算产生影响。

（二）声誉风险

声誉风险是指负面的大众舆论环境使得互联网金融机构声誉受损，继而导致客户严重流失，从而对其收益和资本造成不利影响的风险。互联网金融建立在互联网基础上，虚拟性和传播性较强，任何有关事件的动态变化都能引发舆论较大幅度的波动。一旦出现某种差错，互联网金融机构名誉所受的损害，将在互联网效应下被成倍地放大。当发生声誉风险，借贷平台自身将无法维系正常的客户资源，不能继续为现有和潜在客户提供产品和服务，严重时甚至无法从事资金借贷业务。声誉风险将给互联网金融机构带来诉讼、金融损失或客户流失等不利局面，极易对行业内其他无关机构产生同等程度影响，在极端情况下可能导致互联网金融体系的瘫痪。

在我国互联网金融企业中，高级管理者的声誉风险意识普遍淡薄，塑造良好公共形象的意识不强、重视程度不够，导致企业内部缺乏与声誉风险管理相匹配的资源和机制。内部工作人员则缺乏公共关系管理的相关知识以及声誉风险管理的意识与能力，对客户的信访、投诉处理效果不妥善，对新闻媒体反映的负面情况处理不及时，导致声誉损害事件不断发生，最终演化成为风险事件，甚至诱发更大范围的风险发生。

（三）政策风险

政策风险指因国家宏观经济政策、行业政策以及监管政策、税收政策等政策环境的波动而给互联网金融带来的风险。互联网金融的政策监管、行业定性尚无明确规范，未来的政策力度和监管深度存在较大不确定性。

在我国，互联网金融是新兴事物，其对政策变化的敏感度很强，政策风险对于其他风险都有直接的导向作用。互联网金融机构一般同质性强，某一政策波动可能会引起各家机构同一方向的操作选择，引起的“共振效应”可能将对互联网金融系统造成冲击。因此，一个稳定持久的政策预期是互联网金融机构成功经营和互联网金融行业有序发展的关键因素。

（四）新型犯罪风险

利用计算机互联网从事金融业互联网经济犯罪的案件逐年增多，作案手法呈现更趋复杂的态势。互联网金融犯罪主要有几个特点：手段多样化；方式智能化、专业化；互动性、隐蔽性高；犯罪主体多元化、年轻化；犯罪成本低。涉及互联网金融犯罪的违法犯罪案件主要有以下几种类型：一是建立假冒的金融机构网站进行“互联网钓鱼”，诱使客户登陆，要求客户填写个人账号、密码等银行资料信息，再伺机进行不法活动；二是假冒知名度较高的网上购物商城骗取客户信息，或在规范的网上商城散布虚假商品信息，诱使客户购买支付，事后不按约定付货；三是利用木马、病毒等黑客程序植入银行客户电脑，攻击网上信息系统，自动获取用户资料盗取客户资金；四是直接使用黑客技术攻击互联网站的犯罪活动，如“微贷”“丰达”“银通”等平台都曾遭黑客光顾；五是不法分子利用互联网电子商务平台进行在线赌博，从事洗钱等违法犯罪活动。

在我国，互联网赌博发展势头也很迅猛。近年来，此类案件以每年30%的速度递增，其犯罪数额趋大、危害性增大，严重扰乱了正常的金融秩序。据统计，金融领域的计算机犯罪数量占整体计算机犯罪数量的61%，平均每起金额都在几十万元以上，最大的涉案金额高达1400余万元，每年造成的直接经济损失近亿元。

专栏4　支付安全的隐忧：“支付宝”滞留资金遭到恶意挤兑

支付宝是由阿里巴巴集团创办的、国内领先的独立第三方支付平台，致力于为中国电子商务提供“简单、安全、快速”的在线支付解决方案，目前已经得到了合作伙伴、用户的广泛认可。但支付宝也曾出现资金流动安全问题。2011年10月10日，淘宝商城出台了《2012年度淘宝商城招商续签及规则调整公告》，由于淘宝注册资金门槛大幅提高，引起了很多中小卖家的不满。不久，部分小卖家转而攻击支付宝，通过制造“支付宝将用户资金挪用、资金链断裂”等舆论，呼吁以从支付宝大量提现的方式对淘宝商城施压。尽管支付宝声明其执行自有资金与客户资金账户分离措施，并且保证客户资金安全及用户提现等操作一切正常，但10月22～23日11时左右，支付宝页面间断性地无法正常操作，显示出“此程序无法显示网页”或“系统异常”的提示，后于24日恢复了正常。支付宝的提现异常行为引发了社会的广泛关注，其在

应对挤兑上的不力暴露出了平台资金安全和流动性不足的问题。

根据人民银行《非金融机构支付服务管理办法》（2010），第三方支付机构接受的客户备付金（滞留金）不属于支付机构的自有资金，但该办法并未对每日沉淀在机构账户里的资金如何处置做出规定。据统计，全国第三方支付平台每日滞留资金已近300亿元，大规模资金滞留会带来各类风险。由于缺乏相应的法律法规，对滞留资金应用的监管也存在局限性。第三方支付机构作为款项占有人、保管者，不具备对资金的所有权，但如果缺乏相应的内控制度和技术管理手段，就可能为私利而运用这部分滞留资金进行投资，从而影响资金的安全性和流动性。

随着互联网金融的发展，支付宝等第三方支付平台的发展已经越来越迅速，受其影响的企业和个人越来越多。第三方支付平台应做到专款专放，杜绝随意使用平台里的滞留资金的行为，且应保证滞留资金的流动性和安全性。监管层有必要进一步加强监管、完善立法，对滞留资金的使用做明确规定，防止监管灰色地带的出现，将潜在的安全隐患降到最低，确保互联网支付体系的安全运营。

专栏5　高息为饵的钓鱼：互联网理财承诺高额收益以掩藏风险

近年来，互联网理财的兴起和发展，为居民扩大投资渠道、提高投资收益带来了福音。高息推销理财产品的网站纷纷开张，如“金山投资理财”“诺诺镑客”“天津国际投资有限公司”等。从支付宝推出余额宝以来，“活期宝”“收益宝”等一大批互联网金融理财产品层出不穷。低额的投资门槛、看似安全的保本承诺以及高涨的预期收益不断吸引着投资者将大量资金投资其中。此类理财产品一般100元起售，年收益率大多接近甚至超过5%，对普通投资者吸引力较大。有的理财网站公开承诺，只要在网上签订协议完成认购，就保证能在约定的时间里获得约定的高收益分红，且投资的资金随用随取。

高回报的互联网理财的背后掩藏着巨大的风险。资金可能被用于从事高风险项目的投资，甚至也可能演变出“庞氏骗局”。投资者往往缺乏对于理财网站及资金投向的了解，只是盲目地追求高收益，理财网站正是利用这种心态，制作精美的宣传网页引人眼球，以高收益低风险甚至是零风险的噱头吸收资

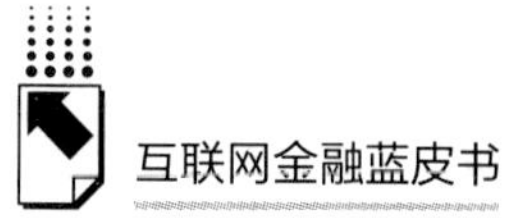

金，从而进行钓鱼行为。同时，互联网理财也容易涉嫌集资，存在很大的法律风险。此外，由于我国目前在互联网金融方面立法和监管的滞后性，许多互联网理财纠纷发生后，难以实现对投资者利益最大限度的保护。

投资者应具备一定的风险意识，不能因高收益而忽视潜在风险，尽量在正规理财机构购买理财产品。监管当局应该对互联网理财的乱象进行集中整治，查清公司资质，保证互联网理财的合法交易秩序，尽最大可能维护好投资者的合法权益。

B.6
互联网金融信息安全

互联网金融借助互联网技术进步推动金融创新，对我国金融体制改革影响巨大。近年来，互联网金融行业在我国得到了飞速的发展，现阶段支撑互联网金融发展的云计算、大数据、移动互联网、物联网、搜索引擎、社交平台等技术体系也处于快速发展过程中，新的技术不断涌现并得到了快速广泛的应用，而与之对应的信息安全防护机制尚不完善，互联网金融安全保障体系的建设速度远远落后于互联网金融的发展速度。随着互联网金融的影响和规模逐渐扩大，目前逐渐暴露出越来越多的安全问题，互联网金融正面临着日益严峻的信息安全风险挑战。

一　互联网金融信息安全问题

（一）互联网金融信息安全的特点

互联网金融是把互联网作为资源，以大数据、云计算为基础的新金融模式。大数据是互联网金融的核心资源，云计算是互联网金融的核心技术。由于互联网金融具有虚拟化的服务方式、模糊化的业务边界、开放的经营环境、透明化的市场运行等特点，因此，互联网金融信息安全，除了具备传统金融信息安全特点之外，还有明显的互联网信息安全特征，即开放性、扩散性、综合性、动态性。其中大数据安全和云计算安全是互联网金融信息安全的重点。

1. 互联网金融信息安全的内容

互联网金融信息安全虽然具备明显的互联网特点，但是本质上依然没有超出传统信息安全定义的范畴。互联网金融信息安全需要满足我国金融系统的信息安全相关法律法规和信息安全基本要求，主要包括如下内容①。

（1）互联网金融实体安全。

围绕互联网金融的网络与信息系统的物理装备及有关信息的安全，主要涉及网络与信息系统的保密性、可用性、完整性、生存性、稳定性、可靠性等基本属性，以及信息和信息系统的电磁辐射、抗恶劣工作环境等问题，面对的威胁主要包括自然灾害、电磁泄漏、通信干扰等，主要保护方式有数据和系统备份、电磁屏蔽、抗干扰、容错等。

（2）互联网金融运行安全。

围绕互联网金融的网络与信息系统运行过程和运行状态的安全，主要涉及网络与信息系统的完整性、可控性、可管性、可用性、合法性、唯一性、可追溯性、占有性、生存性、稳定性、可靠性等，以及信息系统正常运行与有效访问控制等问题，面对的威胁包括网络攻击、网络病毒、网络阻塞、系统安全漏洞利用等，主要保护方式有访问控制、病毒防治、应急响应、风险分析、漏洞扫描、入侵检测、系统加固、安全审计等。

（3）互联网金融数据安全。

围绕着数据（信息）的生产、处理、传输、存储等环节中的安全，主要涉及数据（信息）的泄密、破坏、伪造、否认等问题，面对的威胁主要包括数据信息的窃取、窜改、冒充、抵赖、破译、越权访问等，主要保护方式有加密、认证访问、控制、鉴别、数字签名、秘密共享等。

（4）互联网金融系统安全。

核心特点是系统自身所存在的隐患可能在某个特定条件下被激活，导致系统出现不可预计的崩溃现象。要避免这一风险，就要加强 IT 产品的安全测评，发展自主 IT 产业，开发可控的 IT 产品。

2. 第三方支付系统安全要求

为加强非金融机构支付服务业务的信息安全管理与技术风险防范，中国人民银行发布实施《非金融机构支付服务业务系统检测认证管理规定》（中国人

① 王娜、方滨兴、罗建中、刘勇：《“5432 战略”：国家信息安全保障体系框架研究》，《通信学报》2004 年第 25 期。

民银行令〔2010〕第2号）（以下简称为《管理规定》）。

《管理规定》对第三方支付系统安全性检测的目的和内容作如下说明："评估业务系统在网络安全、主机安全、应用安全、数据安全、运行维护安全、电子认证安全、业务连续性等方面的能力及管理措施，评价其业务系统的安全防控和安全管理水平。"其中第十条明确说明"检测应严格遵守中国人民银行制定的技术标准和检测规范，真实反映非金融机构或支付机构业务系统技术标准符合性和安全性状况，保证非金融机构或支付机构业务系统符合国家信息系统安全等级保护第三级的基本要求"。表1是第三方支付机构安全要求概况。

表1　第三方支付机构安全要求

网络安全性要求	(1)结构安全:核心网络设备、认证设备、可能影响业务的安全设备必须满足冗余部署要求;不同安全等级要求的服务器域必须按照不同子网划分,主要数据通道具备QOS保障。 (2)网络访问控制:任何服务器不得直接暴露给远程客户,网络和系统边界具备相应的安全控制设备和机制,确保访问来源合法。 (3)网络安全审计:对主要网络、安全控制设备的管理用户实时分级,并至少进行系统级操作审计;具备独立的设备及工具对网络进行故障分析、预警。 (4)边界完整性检查:完整的网络边界、无计划外的本地终端或主机;远程的终端或主机必须通过网络边界的隔离安全设备控制渠道访问。 (5)网络入侵防范:独立的网络入侵防范措施;日常工作流程及落实程度。 (6)恶意代码防范。 (7)网络设备防护;网络设备管理账户分级;登录审计;管理操作来源限制;安全隐患服务端口关闭;管理措施及落实程度。 (8)网络安全管理:管理措施及落实程度。 (9)网络相关人员:安全管理、管理措施及落实程度。
主机安全性要求	(1)身份鉴别:服务器管理账户分级;管理操作来源限制及认证。 (2)访问控制:对非本安全域(同一功能子系统)之间的主机访问来源限制及认证。 (3)安全审计:统一、完整的日志管理;管理用户系统级操作审计。 (4)系统保护:定期的系统配置、日志备份管理及落实程度;系统基本资源监控及预警;主机系统配置定制标准及其优化落实。 (5)剩余信息保护:日志备份管理及删除机制。 (6)入侵防范:系统优化。 (7)恶意代码防范:反病毒软件部署。 (8)资源控制。 (9)主机安全管理、管理制度及落实程度。 (10)主机相关人员安全管理:管理制度及落实程度。

续表

应用安全性要求	(1)身份鉴别:管理账户分级;访问来源控制;强用户认证机制。 (2)WEB 页面安全:图片验证码、安全控件、使用数字证书、独立的支付密码、网站页面 SQL 注入防范、网站页面跨站脚本攻击防范、网站页面源代码暴露防范、网站页面黑客挂马防范、网站页面防篡改措施、网站页面防钓鱼、工商局 ICP 备案。 (3)访问控制:非本安全域内的访问必须通过相应的安全控制设备进行管理;完备的系统及日志记录。 (4)安全审计:管理账户的登入登出需要进行统一的日志记录和分级权限审计;日志信息、日志权限和保护、系统信息查询与分析、对象操作审计、审计工具、事件报警。 (5)剩余信息保护:日志备份及删除机制;过期信息、文档处理。 (6)资源控制:连接控制、会话控制、进程资源分配、资源检测预警。 (7)应用容错:正确的错误信息提示及流程;数据有效性校验、容错机制、故障机制、回退机制。 (8)报文完整性:通信报文有效性。 (9)报文保密性:报文或会话加密。 (10)抗抵赖:原发和接收证据。 (11)编码安全:源代码审查、插件安全性审查、编码规范约束、源代码管理、版本管理。 (12)电子认证应用:系统与用户端的交易数据传输必须具备专门的认证手段(PSAM 卡物理认证、第三方证书、密码机、动态口令卡等);第三方电子认证机构、关键业务电子认证技术应用、电子签名有效性、服务器证书私钥保护。 (13)脱机数据认证:密钥和证书、静态数据认证、动态数据认证。 (14)应用密文和发卡机构认证:应用密文产生、发卡机构认证、密钥管理。 (15)安全报文:报文格式、报文完整性验证、报文私密性、密钥管理。 (16)卡片安全:共存应用、密钥的独立性、卡片内部安全体系、卡片中密钥的种类。 (17)终端安全:终端数据安全性要求、终端设备安全性要求、终端密钥管理要求。 (18)密钥管理体系:认证中心公钥管理、发卡机构公钥管理、发卡机构对称密钥管理。 (19)安全机制:对称加密机制、非对称加密机制。 (20)认可的算法:对称加密算法、非对称加密算法、哈希算法。
数据安全性要求	(1)数据保护:客户身份信息保护、支付业务信息保护、会计档案信息保护。 (2)数据完整性:重要数据更改机制、数据备份记录、保障传输过程中的数据完整性、备份数据定期恢复。 (3)交易数据以及客户数据的安全性:数据物理存储安全、客户身份认证信息存储安全、终端信息采集设备硬加密措施或其他防伪手段、同一安全级别和可信赖的系统之间信息传输、加密传输、加密存储、数据访问控制、在线的存储备份、数据备份机制、本地备份、异地备份、备份数据的恢复、数据销毁制度和记录、关键链路冗余设计。
运维安全性要求	(1)环境管理:机房基础设施定期维护、机房的出入管理制度化和文档化、办公环境的保密性措施、机房安全管理制度、机房进出登记表。 (2)介质管理:介质的存放环境保护措施、介质的使用管理文档化、维修或销毁介质之前清除敏感数据、介质管理记录、介质的分类与标识。 (3)设备管理:设备管理的责任人员或部门、设施\设备定期维护、设备选型\采购\发放等的审批控制、设备配置标准化、设备的操作规程、设备的操作日志、设备使用管理文档、设备标识。

续表

运维安全性要求	(4)人员管理:人员录用、人员转岗/离岗、人员考核、安全意识教育和培训、外部人员访问管理、职责分离。 (5)监控管理:主要网络设备的各项指标监控情况、主要服务器的各项指标监控情况、应用运行各项指标监控情况、异常处理机制。 (6)变更管理:变更方案、变更制度化管理、重要系统变更的批准、重要系统变更的通知。 (7)安全事件处置:安全事件报告和处置、安全事件的分类和分级、安全事件记录和采取的措施。 (8)应急预案管理:制订不同事件的应急预案、相关人员应急预案培训、定期演练。
业务连续性要求	(1)业务连续性需求分析:业务中断影响分析、灾难恢复时间目标和恢复点目标。 (2)业务连续性技术环境:备份机房、网络双链路、网络设备和服务器备份、高可靠的磁盘阵列、远程数据库备份。 (3)业务连续性管理:业务连续性管理制度、应急响应流程、恢复预案、数据备份和恢复制度。 (4)备份与恢复管理:备份数据范围和备份频率、数据备份和恢复手册、备份记录和定期恢复测试记录、定期数据备份恢复性测试。 (5)日常维护:每年业务连续性演练、定期业务连续性培训。

中国支付清算协会发布的《支付机构互联网支付业务风险防范指引》（中支协网络支付发〔2013〕2 号），在“第六部分系统信息安全管理”中从组织机构及管理制度、网络安全管理、系统运维管理、物理环境管理、设备管理、数据安全及备份恢复等方面进行了信息安全详细规定，为第三方支付机构系统平台安全保障提供了具体操作实施的指导。

（二）互联网信息安全现状

我国互联网信息安全形势严峻，互联网金融业务面临安全挑战。国家互联网应急中心（CNCERT）发布的《2012 年我国互联网网络安全态势综述》报告显示，2012 年，国家信息安全漏洞共享平台（CNVD）发现的电信运营商所属信息系统或设备安全漏洞 339 个，这些漏洞持续被攻击者利用来实施探测、渗透和攻击，同时，漏洞的修复周期长、进程缓慢，安全隐患突出；植入网站后门、钓鱼网站是在线金融服务和电子商务最大的信息安全威胁，基本占到了该机构接受安全事件数量的 50%；国内分布式拒绝服务攻击（DDoS）频繁发生，日均超过 1G 攻击流量的 DDoS 达到 1022 起；利用“火焰”病毒、“高斯”病毒、“红色十月”病毒等实施的高级可持续攻击（APT 攻击）活动频现，我国境内至少 4.1 万余台主机感染了具有 APT 特征的木马程序。

2013 年 7 月 12 日国家信息中心信息安全研究与服务中心联合瑞星公司发布的《2013 年上半年中国信息安全综合报告》显示，2013 年 1 ~ 6 月瑞星“云安全”系统共截获新增病毒样本约 1633 万个，比 2012 年下半年增长 93.01%，呈现出爆发式增长；截获钓鱼网站共计 399 万个，比 2012 年下半年增长 41%。此外，“棱镜门”事件为国家、企业和个人敲响安全警钟，暴露出国内企业在安全方面存在诸多盲区和隐患。由此可见，无论是个人隐私、企业机密，还是国家机要，都面临着泄密的风险。

（三）互联网金融信息安全现状

互联网金融业务开展应当注意信息安全风险控制，互联网金融业务平台安全内容应当包括数据安全、账号安全、资金安全、投资人个人隐私信息保密等内容。数据安全方面，平台应加强数据备份力度，实现高频度或实时的异地数据备份；账号安全方面，平台应对密码进行高强度加密处理，杜绝明文存储密码，使用加密网络传输方式；资金安全方面，对投资人银行账号修改行为进行严格确认；隐私保护方面，对投资人姓名、身份证号等关键信息做部分隐藏处理，避免全文展示信息。同时，主管人员也应高度重视信息安全，并对发现的平台漏洞及时修补。

第三方支付系统信息安全管理正逐步规范。中国人民银行发布了《非金融机构支付服务业务系统检测认证管理规定》《支付机构互联网支付业务风险防范指引》等一系列安全管理制度，并要求第三方支付机构定期接受测评认证机构的安全评估。

P2P 平台、众筹等互联网金融新业态还处于粗放竞争发展阶段，缺乏制度层面监管，目前尚未按照金融业务要求建立信息安全风险控制机制。业内投资人对 150 多家网贷平台研究后发现，50% 都是使用淘宝类型模板，甚至未作修改，可以随意注册。在淘宝输入“网贷平台”或“P2P”作为关键词搜索，页面充斥从几十元到几百元不等的“最新仿 P2P 借贷平台”“P2P 借贷平台源码”等商品，且已有不少交易笔数。总之，互联网金融在我国刚起步，信息安全风险控制机制尚未成熟，存在大量信息泄露、病毒木马攻击、钓鱼网站等安全挑战。

专栏 1　互联网金融风险案例

1. 支付宝支付信息和用户敏感信息被搜索

2013 年 3 月 27 日，谷歌抓取到支付宝转账信息及交易个人敏感信息，并开始在网上大量传播，让人不得不担忧个人信息安全和支付宝资金安全。消息显示，仅在谷歌中搜索“site：shenghuo. alipay. com 转账付款”就能得到大量转账信息结果，且信息极为详细。编者发现，包括付款账户、收款账户、付款金额、收款人姓名、地址、电话等个人隐私一目了然。

转账付款– 付款结果 - 应用中心- 支付宝
https://shenghuo.alipay.com/send/result.htm?outBizNo... - 网页快照
2013年1月24日 – 转账成功，对方已收到您的96.00元款项。 ... 付款金额：，96.00元 ...
航空工业机关服务中心人力资源部姓名：鲍焰电话：13520092197 邮编：100009 ...

转账付款– 付款结果 - 应用中心- 支付宝
https://shenghuo.alipay.com/send/result.htm?outBizNo... - 网页快照
2013年2月24日 – 付款金额：，1.50元. 付款说明：，转账. 备注：，地址湖南省长沙市岳麓区麓山南路中南大学甘棠村20栋405邮编410012姓名周希乐. 付款时间 ...

转账付款– 付款结果 - 应用中心- 支付宝
https://shenghuo.alipay.com/send/result.htm?outBizNo... - 网页快照
2013年1月8日 – 付款金额：，180.00元. 付款说明：，转账. 备注：，妈网ID、快乐妈咪开心果真实姓名、邓丽艳花车数量、1 报名区：服装区联系电话，156-5324-2381 ...

转账付款– 付款结果 - 应用中心- 支付宝
https://shenghuo.alipay.com/send/result.htm?... - 网页快照
2012年6月7日 – 转账成功，对方已收到您的4.50元款项。 ... 付款金额：，4.50元 ... 备注：，花吧昵称chanalhf 姓名：刘宏飞地址：重庆市渝北区紫福路黄泥磅金玉 ...

首页 - 我要付款 - 支付宝转账
https://shenghuo.alipay.com/payment.htm - 网页快照
快速到账；支持百余家银行2小时到账，24小时服务. 省钱；跨行转账更省钱，转1000最低1.75元查看费率；最高1000元内，每天免手续费1次. 现在使用. 支持手机转账 ...

图 1　Google 所抓取的支付宝支付详细记录

尽管事后支付宝发表声明称，确实存在类似漏洞，但被泄露信息不含真实姓名、密码等重要隐私。互联网环境中的支付业务信息安全挑战不得不让我们认真面对，谨慎处理。

2. 丰达财富 P2P 网贷平台被攻击遭勒索①

2013 年 4 月 8 日早上，黑客通过丰达财富的官方群，要求“让你们老板

① http：//sec. chinabyte. com/387/12601387. shtml.

联系我”，提出了“20万元，便可将网站恢复正常”的要求，随即“丰达财富”网站遭受DDOS攻击，攻击流量从单线攻击到多线攻击，从6G到20G不间断的攻击，导致网站5分钟后彻底瘫痪。同时，谣言四起，一些“丰达财富卷款跑路”的说法也开始在网上流传，再加上当时发生的众贷网破产事件，严重影响了投资人对其的信任。通过70个小时的紧急修复后，“丰达财富”才完全恢复运营。该事件对成立仅仅三个月的“丰达财富”带来了巨大的损失和严重的负面影响。

据网上公开的消息，丰达财富遭遇的黑客事件并不是个案。温州的几家P2P网站也都受到了不同程度的黑客攻击。开心贷在2013年4月17日也受到了黑客攻击，连首页都遭到了修改。对方随后发帖声称：“你的服务器对我来说真没难度。”

3. “弼马温”病毒疯狂盗取用户网银①

2013年9月18日凌晨，腾讯安全团队截获一个网银大盗木马最新变种“弼马温”，该木马通过色情网站、视频站点进行广泛传播，伪装在播放器中，当用户下载安装播放器之后病毒也随之启动并在用户电脑上常驻，并通过云端数据自动更新配置获取账号，可以在用户毫无感知的情况下对用户网银支付或充值行为进行劫持。

腾讯电脑管家安全实验室反病毒工程师朱科锭介绍，“弼马温”木马能够毫无痕迹地修改支付界面，使用户根本无法察觉。据统计，截至事发时间，已感染“弼马温”病毒的网民预计50万人，是历史上感染量最大的网银木马，其中广东省中招的用户将近4万人，如果按照2%的感染用户且使用网银来计算的话，每感染100个用户木马作者就至少有1800元的收入，按照全国50万的感染人数进行统计则预计最低收入接近千万元。

一些网友公开反映，其通过余额宝理财的资金莫名其妙地“不翼而飞”，事后专业安全人员分析发现是遭受了“弼马温”病毒攻击。

“弼马温”病毒黑色产业链中木马的制作团队和木马的买家是核心角色，制作团队负责木马的持续更新和与安全软件的对抗，并根据买家需求进行功能

① http://news.k618.cn/special_37073/201310/t20131002_3969016.html.

调整。买家购买木马之后找到有传播渠道的人付费进行木马的推广，并按照推广量计费。被盗取的钱会被直接冲到木马买家指定的充值平台上，盛大、银联、安付宝、支付宝等网银平台均在木马攻击范围。

木马还可以通过云端控制，直接指定自己的获利账号及对应平台。盗取成功之后木马买家会收到通知并登陆相应账号对盗取的钱进行消费，他们会选择游戏点卡平台进行消费，因为这是一个洗钱的好渠道，盗取的钱可以在这类平台中快速地完成“钱—点卡—钱”的转换，当然点卡购买平台会在这个过程中收取手续费，最终这笔钱回到了木马买家的银行卡上，并且因为中间有游戏点卡作为中转中介，使得监管机构对这笔钱的追查非常困难，点卡平台也就在客观上被充当洗钱工具。

4. 比特币价格高企引发黑客盗币潮①

比特币是一种利用开源 P2P 软件“挖掘”的网络虚拟货币，通过特定算法的大量计算产生，不依靠任何货币机构发行，由于计算方法特殊，比特币无法被人为复制。同时，比特币的总数量有限，导致价值急速攀升。据瑞星安全专家介绍，因为其具有高度匿名性，因此一旦出现被盗问题将很难追查，倍受黑客关注。

据瑞星“云安全”系统监测，仅 2013 年上半年，瑞星就截获 2204 个与比特币相关的病毒样本，而瑞星反病毒实验室出具的报告显示，一种名为“Kelihos”的比特币病毒，不仅会查找用户电脑上关于比特币钱包的信息，还会盗取比特币。用户一旦感染这些病毒，账号中的比特币将直接被盗，甚至还会为黑客“挖矿”，帮助其赚钱。

2013 年 7 月，Android 系统被曝出一个密码漏洞，该漏洞可导致用户在未授权的情况下，盗取比特币钱包中的资金，同时带来大量与比特币相关的应用被窃的安全问题。主要原因是安卓系统中 WebView、backup、Secure-Random 服务等存在设计缺陷，导致系统在 java 密码架构以及密钥交易签名环节存在漏洞。

《2013 年上半年中国信息安全综合报告》指出，2013 年 3 月，比特币中介 Bitinstant 公司遭黑客攻击，黑客首先控制了该公司 DNS 服务器，进而控制

① http：//other. caixin. com/2013 - 07 - 17/100557003. html.

了邮件服务器，并经由对以上系统的控制成功登陆另一家比特币交易公司VirWox，最终盗走了价值12480美元的比特币。由于比特币的特殊性，比特币被盗后基本无法找回，所有损失只能自行承担。

5. 电子商务企业账户泄密事件

2010年4月，CSDN社区、天涯社区两家网站数据泄露，浙江温州嫌疑人曾某利用CSDN网站漏洞，非法侵入服务器用户账户数据和密码。资料泄露的账号涉及网易邮箱、QQ邮箱、人人网、京东商城在内的多家网站。2012年12月22日，国家互联网应急中心（CNCERT）发布了《关于CSDN中文社区用户账号密码泄露的安全公告》，公布疑似泄露的数据库有26个，涉及账号、密码2.78亿条。许多网民在互联网各社区大量使用同样的用户名、密码，以及该事件带来的不良示范效果，导致了一系列的严重后果。

2012年3月，当当网大量用户账户内余额及礼品卡遭盗刷，被盗用户遍布北京、上海、陕西、广西等多地。

2012年2月，嫌疑人陈某通过第三方获得800多个京东商城客户的账号及密码，以及一套查看账户资金情况的软件，对京东商城客户的账户进行扫描，疯狂盗取京东商城1620名客户账户内的资金，涉案金额上万元。

2011年12月，支付宝账户被大量泄露，预计损失金额达1500万~2500万元，尽管官方报告表示没有密码的泄露，但不得不让人警惕。

互联网数据泄密事件频发，导致针对多家银行（如工行、交行、民生银行等）的用户信息安全泄密谣言四起。据业内人士分析，金融机构账户信息泄露的源头应是用户在第三方支付平台上设置的支付密码，换句话说，在本次泄密事件中，第三方支付平台遭到了严重的信息泄露。

二　大数据安全风险

随着大数据时代的来临，数据的大量积累和数据处理能力的不断提升促进了互联网金融业的发展。中国人民银行发布的《2013年第二季度货币政策执

行报告》显示，互联网金融业依赖大数据分析有助于解决信息不对称和信用问题，提供更有针对性的特色服务和更多样化的产品，交易成本的大幅下降和风险分散提高了金融服务覆盖面，尤其是使小微企业、个体创业者和居民等群体受益。

（一）互联网金融对大数据技术的应用

金融服务业拥有丰富的数据，但在应用大数据方面落后于高科技 IT 企业，例如 eBay、亚马逊、谷歌等。由于监管、保密等封闭性特点，金融服务机构大数据挖掘相对滞后。在资本市场上，许多重要的交易系统有超过 20 年的历史，高度依赖特定开发的电子表格，而忽视快速处理、分析和管理。

通过大数据挖掘，金融服务业可利用所有主体信息建立新的关系、依赖性和相关性，增强市场竞争和盈利能力。大数据厂商提供的金融大数据产品的市场份额显示，组合投资和资本市场、风险模型、信贷与信用卡、实时安全是金融大数据的重要应用领域（见图 1）。

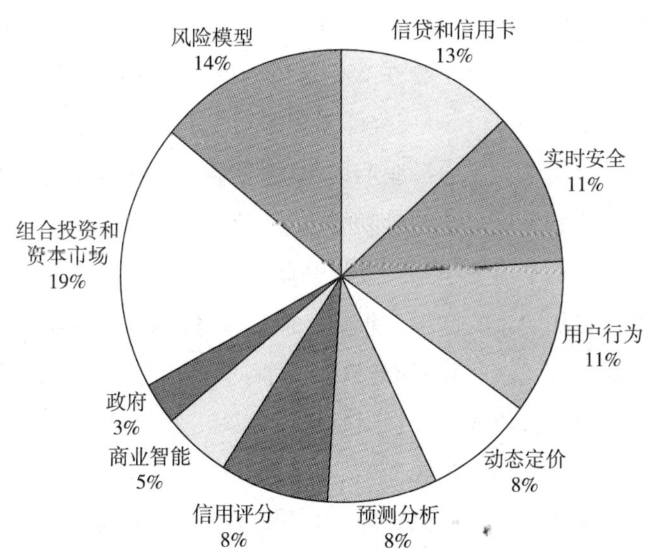

图 1　金融大数据产品的市场份额

1. 大数据挖掘在银行业中的应用

典型大数据挖掘的成功案例是 IBM 的超级计算机“沃森”（Watson）。2011

年2月16日，利用大数据技术，IBM公司研制的超级电脑“沃森”以超出第二名两倍多分数的绝对优势，在美国智力问答节目《危险!》中击败两名人类对手。目前“沃森”技术已转向商用，被国外大银行用于大规模金融信息处理。“沃森”与花旗银行合作进行信贷评级分析，帮助信贷员收集和处理客户资料，根据客户资料及行为习惯，分析得出客户的信用风险等级，供信贷员参考，IBM还会进一步将“沃森”应用到商业银行的组合风险管理。2012年，IBM和摩根大通合作，对社交网络上海量数据进行分析，将客户信息和内部相关信息进行融合，获得更详细的顾客背景描述，更有效地进行市场营销和风险管理。

大数据挖掘的最新应用是对新增贷款监管的合规性审查。大数据公司Datameer开发出一种大数据解决方案来保证Dodd银行满足一系列新监管报告的合规性要求。

大数据技术既为银行提供帮助，也给银行业带来竞争对手。互联网金融公司Zest Cash由前Google和Capital One的员工组成，凭借大规模数据量和大数据分析技术，将贷款放给信贷记录差或没有信贷记录的人。大多数美国的银行依赖FICO公司的信贷评分（该信用评分基于15～20个变量），ZestCash则监测成千上万个指标，分析结果会在250毫秒内得出。通过采集70000个信号，在10个分散的模型上运行，每一个模型都需要成千上万个变量。这10个模型以如下的方式进行投票：让你最聪明的10个朋友坐在一张桌子上，然后询问他们对某一件事情的意见。这种机制的决策性远远优于业界平均水平。

阿里巴巴依托电子商务积累大量的企业和个人信息数据，包括稳定的非结构性数据，如买家和卖家的性别、年龄、地址、身份证号、购物喜好、行为特征、店铺交易信息等，这些数据都已转变成阿里巴巴的资产。围绕这些基础，阿里巴巴可以开展多种业务，包括阿里小额贷款、金融保险及未来的信用卡服务。自2010年成立到2012年8月底，阿里小额贷款共发放贷款超过300亿元。尽管贷款业务量相对银行仍然较少，但阿里金融效率更高，可实时在线放贷，且坏账率维持在1%以下。这种高效放贷的基础，正是基于阿里巴巴平台上的交易大数据挖掘。

2. 大数据挖掘在资本市场中的应用

资本市场（特别是组合投资）是大数据的主要应用领域，约19%的大数

据厂商提供相应产品。大数据挖掘非常适合于为交易者提供准确而又及时的估值。高频交易（High Frequency Trading）和算法交易（Algorithm Trading）是大数据挖掘在资本市场上的典型应用。

在资本市场中，交易需求驱动更精确交易位置和预测量化的要求，内部风险控制和监管压力也需要更准确和透明的风险表示，JP Morgan 等机构都采用大数据产品 Cloudera 进行风险建模。

多年前，股票交易者开始通过了解人们的共同情绪来预测股价走势。现在，专家们发现，Twitter 消息由于具有直接性特点，可以更准确地测量人们的情绪。英国伦敦中部梅菲尔的基金公司 Derwent Capital Markets 的分析师通过一套分析程序来评估人们的共同情绪是高兴、悲伤、焦虑或是疲惫，从而确定投资行为。

3. 大数据挖掘在保险业中的应用

保险市场开始实现保险业个人量化的风险描述，并影响保险金定价决策。大数据挖掘的应用将保险业务重点从高风险用户细分市场中的欺诈检测和亏损防堵转移到个性化定价。AIG 公司将基于顾客行为的挖掘分析用于决策制定。

汽车保险在使用个性化数据中非常成熟。Black Box 汽车保险公司已经运行近 10 年，它们将一个通信工具箱安装在一辆车上，根据接收到的数据挖掘驾驶行为模式，从而对保险费用进行定价。

（二）大数据安全问题分析

大数据时代对海量数据的收集、存储、管理、分析和共享使得信息安全成为核心问题。大量数据囊括了大量个人隐私和各种行为的细节记录，数据被滥用成为人身安全问题的重要部分。大数据给数据保存和防止破坏、丢失、盗取带来技术难题，传统安全工具的安全防护有效性大大降低。

金融是信息密集型服务型产业，现代金融普遍大量投资 IT 基础设施，拥有庞大的数据库和个人信息，使得金融信息安全在大数据时代面临更大的安全挑战。

1. 数据窃取

大数据采用云端存储处理海量数据，对数据管理比较分散，对用户进行数据处理的场所无法控制，合法用户与非法用户难以区分，容易导致非法用户入侵，窃取重要数据信息。

在网络空间，大数据更容易成为攻击目标。大数据不仅意味着海量数据，也意味着更复杂、更敏感的数据，吸引更多潜在攻击者，成为更具吸引力的目标。数据的大量聚集，无形中降低了攻击成本，一次成功的数据窃取可以获得更多的信息。

大数据时代，信息窃取泛滥。数据化意味着透明化。亚马逊监视客户的购物习惯，谷歌监视客户的网页浏览习惯。据外媒报道，美国情报机构一直在九家美国互联网公司进行数据挖掘工作，从音频、视频、图片、邮件、文档等信息中分析敏感人员的联系方式与行动。

2. 数据非法添加和窜改

大数据技术从海量非结构化数据中获取信息，大数据本身必须可靠。黑客入侵大数据系统，添加非法数据，将导致用户的大数据分析结果不可靠，有可能对企业或政府的决策造成误导。

2010 年 6 月，济南市一伙犯罪分子采取黑客攻击手段，入侵国家级教育网站和多所高校网站，窜改数据后大肆制作和销售假学历、假证书。黑客攻击导致一个国家级教育网站的成绩查询系统出现异常，国家计算机二级和公共英语三级的考试成绩出现网上查询与实际结果不符，部分不合格人员和未报名参加考试人员经查询显示为合格人员，黑客同时根据窜改后的数据信息制作并销售假证。

3. 个人信息泄露

大数据时代，新型移动设备广泛用于数据收集、数据存储、数据访问和数据传输。互联网金融业面临用户移动终端的安全管理和个人金融隐私信息保护的安全挑战，安全与便利性较难平衡。金融企业应制定接受金融服务用户设备的安全政策，并指导其在安全政策下管理好用户个人隐私。

个人隐私等信息安全问题需要一种新的安全观，在互联网金融服务中需要找到开放和保护的平衡点。涉及个人隐私的数据，既要深入挖掘其中带来利益的智慧部分，又要充分保护隐私数据不被滥用。国际通常做法是设置安全机制，采用第三方信息安全审计，对数据使用做出明确规定。我国在个人信息保护方面刚刚起步，如何应对大数据时代的个人隐私信息保护将任重而道远。

4. 数据存储安全

“数据大集中”在我国金融业获得广泛认可。一些大型券商和银行纷纷建设数据中心作为金融服务的核心和基础。

大数据对数据存储的物理安全性、多副本和容灾机制要求较高。2005 年，花旗集团承认丢失了一盘包含近 400 万零售客户数据的备份磁带；在线交易商 Ameritrade 声明，丢失了一盘包含有大约 20 万客户资料的磁带；该类事件为互联网金融数据储存安全敲响了警钟。

金融大数据存储还带来了其他新的安全问题。各类复杂数据集中存储，如开发数据、客户资料、交易数据存储在一起，可能出现某些开发数据放在经营数据存储位置的情况，造成安全管理违规；大数据规模影响安全控制措施，安全防护手段的更新升级速度可能无法跟上数据量的非线性增长，大数据安全防护将出现漏洞。

5. 大数据分析过程控制与分析结果利用的安全问题

大数据的概念是完整数据，大数据分析结果是基于高技术工具发现的客观事实。传统信息处理能力和分析能力在工具局限情况下，对客观事实通过样本数据分析进行预测，预测结果可能接近，也可能完全偏离。大数据时代，其分析结果是客观事实，应当加以保护，防止被非法利用。尤其是在金融行业，任何分析结果对国家、企业和个人都可能是敏感的。大数据管理和大数据分析应由安全可靠的人员进行，防止潜在的安全威胁影响到国家金融安全和经济秩序稳定；在商业领域，大数据分析结果代表财富和商机，非法利用大数据，可能导致股票市场波动和企业财产损失。互联网金融大数据分析过程和分析结果具有太多的敏感因素，必须建立安全防护机制，落实安全防护措施。

三　云计算安全风险

云计算是支撑互联网金融服务和大数据分析的重要 IT 基础设施。利用云计算技术，能够将大量的计算资源、存储资源和软件资源连接在一起，形成巨大规模的共享虚拟 IT 资源池。云计算基础设施具有超大规模、虚拟化、高可靠性、通用性、高伸缩性、按需服务等的特点，能够向大数据分析和互联网金融服务提供高性能、低成本、可扩展的综合解决方案。

随着云计算的广泛应用，其安全问题也得到了越来越多的关注。云计算基础设施建设有一个逐步成熟完善的过程，其可靠性、可用性和安全性能否达到业务要求；是否能够通过完整的安全检测和评估；云计算采用虚拟化技术，其虚拟主机和虚拟网络是否有安全保障；信息资产和隐私是否得到安全保护；云服务涉及云平台服务商、数据中心提供商、租户等多个管理方，安全管理机制是否完善，安全措施是否到位；等等。大量安全问题还没有较完整的解决方案。云计算基础设施的安全防护对互联网金融的安全发展具有重大意义。

（一）云计算安全

作为一种新兴技术，云计算要求大量用户参与，不可避免会出现安全问题。云计算安全问题有三个方面。一是云计算服务提供商所用的网络是否安全，提供的存储服务是否安全，用户所使用的账号是否安全。二是租户在使用云计算平台提供的云服务时，需要在云计算服务提供商的安全性和个人数据安全性之间进行平衡，重要数据在云中加密存储，核心安全数据不放进云中独立安全管理，不依赖于云服务提供商的安全承诺和安全措施。三是用户主动管理好个人身份信息、账户信息等隐私信息，防止攻击者盗取。

总的来说，在接受云服务时，还需要考虑云计算平台的可靠性（Reliability）、可用性（Availability）和安全性（Security）。可靠性是指云服务平台在规定时间内、在规定环境中，按照预定的目的和方式正确运行的可能性大小（概率）。可用性是指云服务平台在遇到问题时平台保持提供服务的能力。一个或几个虚拟节点的失效，在不中断任何应用的前提下，云服务平台仍能提供正常服务能力。安全性是指云服务平台确保部署的业务系统安全应用得到保护，存储在云环境中的数据不被非法访问，具有容灾能力。

用户在关键时刻无法使用云服务的问题属于可用性或可靠性问题。微软云计算平台 Windows Azure 运作的中断，亚马逊“简单存储服务”（Simple Storage Service，S3）两次中断，导致依赖于网络单一存储服务的网站被迫瘫痪，都属于可用性和可靠性问题，这些事件表明微软、亚马逊的安全措施不到位。安全

性和可靠性、可用性同样重要，成为当前云计算的主要威胁，应该引起高度重视。

专栏2　云计算安全事件

2010年12月29日，本田美国官网遭到黑客攻击，导致大约490万名该网站的用户信息外泄。

2011年3月，谷歌邮箱爆发大规模的用户数据泄露事件，约15万名Gmail用户发现自己的所有邮件和聊天记录被删除，部分用户发现自己的账户被重置。

2011年4月19日，索尼的PlayStation网络和Qriocity音乐服务网站遭到黑客攻击。服务中断超过一周，PlayStation网络7700万个注册账户持有人的个人信息失窃。

2011年4月22日，亚马逊云位于弗吉尼亚州的云计算中心宕机，导致回答服务Quora、新闻服务Reddit、Hootsuite与位置跟踪服务FourSquare和为网络出版商提供游戏工具的BigDoor瘫痪，故障持续了4天，被认为是亚马逊史上最为严重的云计算安全事件。

2011年5月13日，微软云计算交换在线（Microsoft Exchange Online）服务出现故障，导致用户邮件信息延迟3~9小时发送。

2011年6月，在微软发布Office365前一周，微软BPOS云托管套件服务再次中断3小时，微软在北美的用户都受到了影响。

2011年5月，网络电话服务软件Skype发生宕机事故，很多用户无法登陆软件或拨打电话。

2011年6月，Twitter因不明原因，导致API受到影响，宕机持续一个多小时。

2011年7月15日，谷歌应用引擎Java服务出现故障，宕机超过1小时。故障原因基于云计算，把应用程序转到网络上时出现了问题。

2011年8月9日，亚马逊云服务故障约1个小时，使Netflix、Foursquare、维珍美国航空公司（Virgin America）和其他几家网站均受到影响。

2011年12月10日，黑莓服务器发生故障，3000万名以上黑莓用户无法使用黑莓手机发送消息，无法上网，BBM和Pushmail等黑莓专属服务也无法使用。

（二）云计算安全风险

云计算作为一种全新的使用和交付模式，大量采用虚拟化技术，将计算资源、存储资源和网络资源进行集中管理运维，导致数据资源管理权与所有权分离、网络安全边界虚化，技术上和管理上面临新的安全风险，主要体现在以下几个方面。

1. 虚拟化安全风险

云计算的主要特征是大量采用虚拟化技术将计算资源、存储资源和网络资源进行虚拟化，形成统一的资源池，根据用户需求，实现资源按需分配，使云平台用户可以灵活、快速部署所需资源，提高资源利用率和工作效率。目前国际主流 IT 巨头进入虚拟化领域，推出各自的虚拟化产品或技术，如 VMware 的 vSphere 系列架构，Intel 和 AMD 的硬件虚拟化技术 Intel VT-Xh 和 AMD-V，微软的 Hyper-V 技术，开源社区的 Xen 和 KVM 平台。云计算广泛采用虚拟化技术带来很多新的安全威胁。

（1）虚拟机监控器安全问题。虚拟机监控器（Virtual Machine Monitor，VMM），又称监控程序（Hypervisor），是虚拟化技术的核心。由于虚拟机监控器在比虚拟机更高的级别上运行，虚拟机监控器的安全风险，威胁到运行于同一物理服务器之上的所有虚拟机。

（2）特权虚拟机安全问题。某些虚拟化技术里，一些特权虚拟机拥有比普通用户虚拟机更大的权限（如 Xen 虚拟化技术里的 Domain 0），对特权虚拟机的攻击可能危害到其他普通用户虚拟机。

（3）虚拟资源隔离问题。在多租户环境下，同一云平台内可能运行着不同租户的不同业务系统，租户资源面临被其他租户非法访问的威胁，某一租户的恶意或误操作等安全事故有可能会扩大影响到同一云平台的其他租户业务系统，给其他租户的安全造成威胁。

2. 虚拟网络安全风险

我国行业专网与互联网安全隔离，网络边界非常明确，不同主机、不同安全域间的数据传输都会经过交换机、防火墙等网络设备，基于地域分布、安全等级和业务特征，采用交换机、防火墙划分安全域的方式非常有效。

云计算模式下虚拟网络使传统意义上网络边界变得非常模糊，传统的防火墙、IDS、IPS 等网络安全设备只能部署在物理网络边界，无法对虚拟机之间的通信进行细粒度访问控制，一旦物理主机内某一虚拟机从内部直接向其他虚拟机进行攻击，就能绕过所有网络边界防护措施，直接威胁整个虚拟网络甚至云计算平台的安全运行。

云计算平台以按需分配方式向用户提供网络服务，同一物理服务器上各虚拟机共享网络出口，管理员难以观察虚拟机之间的流量变化，导致无法基于流量监控虚拟网络的异常行为。如果某些虚拟机恶意占用大量网络资源，将会影响云计算平台向其他虚拟机提供正常的服务，给整体虚拟网络资源的调度带来极大不便。

3. 数据安全风险

云计算环境下，计算资源、存储资源和网络资源集中管理运维和提供服务，数据资源的所有权和管理权相分离，用户对个人数据失去物理上的控制权，数据所有者面临数据丢失、滥用或泄露的风险。本质上，数据安全风险可以概括为数据的机密性、完整性和可用性风险，云计算资源可概括为集中化、虚拟化、弹性分配、多租户等特点，用户数据安全面临前所未有的调整，具体可归纳为以下几点：①用户数据可能被云服务提供商的内部人员，如云管理员等非法访问或窃取；②用户数据可能被云平台上其他租户非法访问或窃取；③用户数据可能被云平台外部恶意第三方（如黑客等）非法访问或窃取；④用户数据可能因为管理员误操作或设备损坏等异常情况导致数据丢失。

云计算平台一般由第三方提供云计算平台建设及运维服务，面临敏感数据被服务提供商非法访问、窜改或泄露的可能；直属部门和下属各单位的业务系统运行在同一云平台，面临着本单位数据可能被其他部门或单位非法访问的风险；行业专网和互联网为逻辑隔离，面临着被云平台之外其他恶意第三方从互联网非法窃取数据的风险；由于云计算环境、存储集中化的特点，云计算平台还面临着因管理方误操作或设备损坏等异常情况导致数据意外丢失、不可恢复等风险。

4. 安全管理风险

除安全技术外，安全管理也十分重要。统计表明，大多数安全事件都由内而发，云计算资源集中化的特点决定了统一安全管理的重要性。当用户将资源和应用大规模迁移至云上时，云服务提供商提供诚信服务证明和安全管理的能力显得更为重要。

云平台一般采用第三方运维服务的形式，由云服务提供商向云平台各租户统一提供运维管理服务，由于多租户及服务外包等特点，在安全管理方面面临着以下风险：一是运维服务提供商和租户的权限职责不清，产生问题时无法确定责任方；二是运维服务提供商管理上不规范，内部人员存在违规操作行为；三是租户无法继续感知、把控自身资源，对是否享有应得服务资源不明确；四是不同租户的安全需求、安全策略等各不相同，在同一云平台下可能存在安全策略冲突等情况。

专栏3　挥金如土行动

2012年6月《中国日报》报道，美国软件安全公司迈克菲（McAfee）和防止在线欺诈的公司GuardianAnalytics共同发布的一份报告显示，“挥金如土者行动”的大规模网络攻击利用自动化等成熟技术，攻击银行的基于云计算服务器，得手之后，被盗走的存款以每笔数百欧元至十万欧元的数额转移到派生账户上。据悉，最先遭到攻击的是欧洲银行，之后拉丁美洲和美国也相继出现账户被黑的情况，信贷协会、大型跨国银行和地方银行均未能幸免。这项行动已经从全球卷走了6000万欧元，甚至更多。

四　互联网金融信息安全风险防范建议

互联网金融面临的信息安全风险是全方位的，除传统互联网风险外，还面临新形势、新技术、新业态的安全风险挑战。我国互联网和重要信息化基础设施现阶段面临着极端个人、黑客团体、经济犯罪、恐怖主义、敌对国家等安全威胁，安全形势严峻，信息安全风险挑战巨大；支撑互联网金融的云计算、大数据等新技术发展还不完全成熟，安全机制尚不完善；同时，第三方支付、P2P等互联网金融新业态还处于起步阶段，安全管理水平较低。因此，互联网

金融业务的信息安全问题必须高度重视，建议在以下几个方面加强安全保障工作。

第一，建立互联网金融基于攻击语境的积极主动的防御体系。以国家安全战略为指导，建立金融行业主管部门、互联网金融服务机构和安全服务企业的信息安全产业服务保障联盟，导入国家和行业安全能力，以安全服务为核心内容，建立互联网金融行业基于攻击语境的积极主动的防御体系。

第二，建立互联网金融可信网络体系。采用可信计算、可信网络等技术，推进网络实名制，建立真实用户、可信网络、可信终端、可信业务系统平台等可信环境的互联网金融可信网络体系。

第三，建设互联网金融行业征信平台。整合互联网络、电子商务、社交平台、政府征信资源（如工商、税务、法院、认证认可等）等数据信息，通过互联网金融行业共建机制，建设互联网金融行业共享的信用信息平台基础设施，作为人民银行征信系统的补充，面向互联网金融行业提供统一、权威、可信的征信服务。

第四，制定互联网金融信息安全标准规范，指导互联网金融业务服务平台安全建设和运营。对第三方支付、移动支付、P2P、众筹、征信等互联网金融平台的网络安全、应用安全、主机安全、数据安全、运维安全、业务连续性等进行规范，指导其安全建设和安全运维管理，提高互联网金融业务平台信息安全整体防范能力。

第五，遵循国家金融行业信息系统信息安全等级保护要求。为保证金融行业信息系统安全符合国家《信息安全等级保护管理办法》（公通字〔2007〕43号）要求，结合金融行业特色及要求，中国人民银行制定了《金融行业信息系统信息安全等级保护实施指引》（JR/T 0071—2012）（以下简称《实施指引》）、《金融行业信息系统信息安全等级保护测评指南》（JR/T 0072—2012）、《金融行业信息安全等级保护测评服务安全指引》（JR/T 0073—2012）等配套行业标准。

《实施指引》以国家等级保护要求为原则，以金融行业特点为基础，形成兼顾技术与管理、以管理要求为根本、以设计要求为基本方法设计的金融行业信息安全保障总体框架（见图2）。

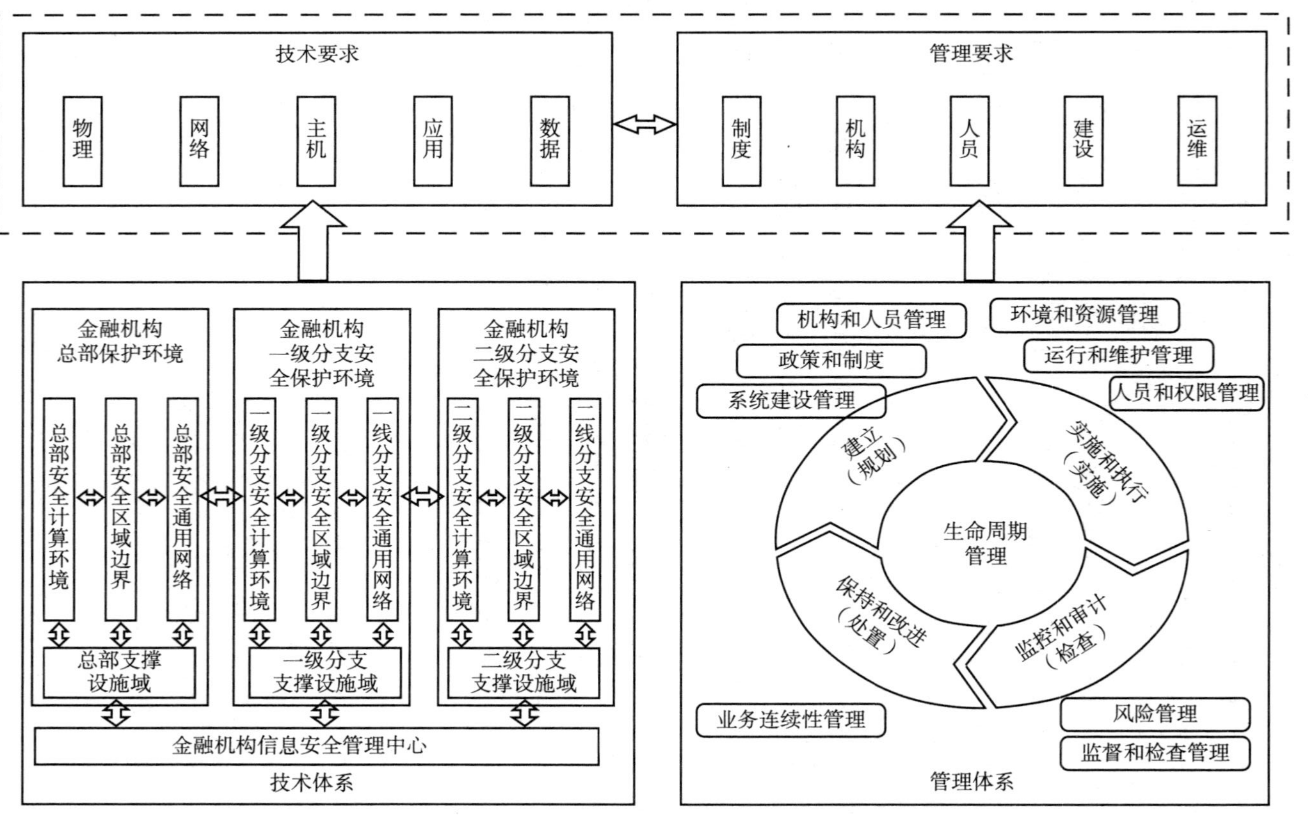

图 2 金融行业信息系统信息安全等级保护框架图

两项要求指由技术要求和管理要求综合形成的保障要求，技术要求涉及物理安全、网络安全、主机安全、应用安全、数据安全五个方面；管理要求涉及安全管理制度、安全管理机构、人员安全管理、系统建设管理和系统运维管理五个方面。

两个体系指由技术体系和管理体系综合形成的保障体系。技术体系以“一个中心，三重防护”为核心理念，划分计算环境、区域边界、通信网络与管理中心，结合金融行业的系统与业务现状，进行分区分域保护；管理体系遵从生命周期法则，从建立、实施和执行、监控和审计、保持和改进四个过程进行科学化管理，通过循环改进思路形成“生命环”管理方法。

技管交互指技术要求与管理要求的交融以及技术体系与管理体系的互补，从安全保障要求和安全保障方法两方面体现技术与管理并重的基本思想。

综合保障指该框架综合考虑保障要求和保障方法，有效结合技术与管理，在遵循国家等级保护要求的前提下，满足金融行业的业务特殊性要求。

B.7

互联网金融的法律地位与监管框架

互联网金融的快速发展使监管缺位、信息泄露等一系列问题暴露出来。借鉴主要发达国家的监管经验对于我国相关领域的健康发展具有重要的战略意义和实际应用价值。

一　美国互联网金融政策

（一）美国监管第三方支付的做法

在对第三方支付实施监管的问题上，美国主要采用下列五方面做法。一是在对机构性质认定上，将第三方支付公司与其他类型的银行业存款机构区别对待，在具体监管上将其列为“货币服务机构”，认定其只是从事货币转账或货币服务业务的一般企业，不是真正的存款类机构，从法律上不需要申请并取得一般银行业务许可证。二是对货币服务机构以发放牌照的方式管理和规范，明确规定初始资本金、自由流动资金、投资范围限制、记录和报告制度、反洗钱等方面内容。三是将第三方支付平台上滞留的资金视为负债，受美国联邦存款保险公司的监管，平台滞留资金需要存放在参保商业银行的无息账户中，每个账户资金的保险上限为 10 万美元。四是规定所有货币服务机构需在美国财政部的金融犯罪执行网络 FinCEN 上注册，开业前要通过其认定。五是货币服务机构接受联邦政府和州政府两级监管。各州根据联邦法律制定本州的监管标准和范围，承担相应的监管责任。①

① 赵润静：《欧美经验对完善我国第三方支付监管的启示》，《金融电子化》2008 年第 11 期。

（二）美国 P2P 行业监管的做法

美国以法律的形式明确了 P2P 的性质，在 P2P 网络借贷的放贷环节，P2P 平台合作银行向借款人发放贷款，并通过平台将债权以收益权凭证的形式出售给贷款人。因此，美国证券交易委员会（SEC）以《证券法》为依据，认定 P2P 平台向贷款人发行、出售收益权凭证的行为属于证券交易行为，要求 P2P 平台在证券交易委员会登记注册，以证券形式发行收益权凭证。美国证券监管机构对 P2P 网络借贷负主要监管责任，证券交易委员会实施业务准入监管，要求 P2P 网络借贷平台在证券交易委员会注册登记并定期披露信息，各州证券监管机构实施地域准入监管，决定具体 P2P 网络借贷平台在本地的运营资格；美国联邦贸易委员会（FTC）根据《联邦贸易委员会法》《公正债务催收法案》监管 P2P 平台及第三方债务催收机构的不公正甚至欺诈行为；联邦存款保险公司（FDIC）根据《金融服务现代化法案》中的“金融隐私条款”监管 P2P 平台及其合作银行，保护消费者个人信息安全；消费者金融保护局（CFPB）根据《多德－弗兰克法案》监管 P2P 网络借贷市场，受理金融消费投诉，保护金融消费者权益。

美国证券监管机构认为：在全面、真实、无偏差的信息披露和风险提示的基础上，作为理性人的消费者可以做出正确的选择。因此，美国对 P2P 平台执行严格的信息披露制度，要求 P2P 平台详细披露与贷款相关的具体条款，向贷款人无保留地说明各种可能出现的风险。如两大 P2P 平台 Prosper 和 Lending Club 在证券交易委员会注册登记后，须定期发布贷款发放、收益权凭证发行和出售的具体信息，以供贷款人和借款人查询。证券交易委员会不但要求 P2P 平台扩大信息披露范围，而且强调追究错误信息披露的责任。

美国对 P2P 行业具体监管的主要做法包括：一是未制定针对 P2P 监管的专门法律，主要通过查找现有与 P2P 相关的法律内容，从中寻找有用的监管措施。二是接受州政府和联邦政府双重监管。美国有数量众多的联邦和州监管机构监管 P2P 平台，以控制与消费信贷和互联网商业有关的风险。三是美国证券交易委员会以信息披露方式对 P2P 借贷进行监管，重点通过强制信息披露、反诈骗和其他相关责任来保护放款人。四是美国联邦贸易委员会虽然不是监管部门，但其可以对不在其权力豁免范围内并参与到第三方债务催收中的 P2P 借贷公司采取执法行动，也就是说联邦贸易委员会对 P2P 借贷负有执法责任。五是强化对金融消费者权益的保护和监管力度，在危机之后成立的消费者金融保护局（CFPB）具体负责对 P2P 平台的金融消费权益进行保护和监管。非储蓄机构运营的 P2P 平台涉及居民抵押借贷、私人学生教育贷款、工薪贷款的，或者是符合“其他消费者金融产品和服务市场的大型参与者”的，或者是在某些情况下作为服务提供方的，则 P2P 平台需要接受消费者金融保护局的监管。[①] 同时，消费者金融保护局受理 P2P 平台上的消费者投诉，以此来保护借款人。

（三）众筹融资监管

2012 年 4 月 5 日，美国通过《促进初创企业融资法案》（*JOBS Act*），允许小企业通过众筹融资获得股权资本，美国成为第一个真正改变相关监管章程而让公民自由参与众筹融资的国家。美国证券交易委员会根据《促进初创企业融资法案》负责监督相关公司所提供股票的任何交易活动，只有通过证券交易委员会认证的众筹平台才能运作，但目前证券交易委员会还未制定对众筹融资实施监管的法规。美国对众筹融资管理有以下规定：一是项目融资总规模限制。每一个项目在 12 个月内的融资规模不能超过 100 万美元。二是投资人融资规模限制。每一个项目可以有很多小的投资人，但每一个特定投资人的融资规模有一定的限制，比如投资人年收入或者净值低于 10 万美元，其总融资额不能超过 2000 美元，或总收入的 5%。

专栏 1　美国联邦法院裁定比特币为货币

路透社报道，针对一起比特币对冲基金投资诈骗案，美国联邦法官 2013 年 8 月 7 日裁定，比特币将被视为货币，所有与之相关的投资基金及交易均属美国证券法管辖，并受联邦司法系统监督。这是目前为止首个承认比特币属于货币的判决，它将对虚拟货币的发展产生重要影响。人民银行金融研究局金融法律研究处和合肥中心支行金融研究处对有关问题进行了分析，现将主要内容摘编如下，供参考。

---

① 黄震：《美国 P2P 行业的发展与监管》，http：//blog. sina. com。

1. 案件始末

案件背景：比特币储蓄和信托基金（BTCST）是一个以比特币为投资对象的对冲基金。自2011年11月起，其创始人特雷顿·沙弗尔（Tredon Shavers）向投资者承诺提供高达每日1%的利息以吸引投资，从数个州众多投资者手中，至少募集了70万比特币，约合450万美元。该基金于2012年8月被关闭，2013年7月23日，美国证券交易委员会正式对沙弗尔提起“庞氏骗局”指控，称沙弗尔实际上通过新投资者购买比特币得来的资金，尽力掩盖老投资者的退股以及自己的个人花销。

争论焦点：法庭是否对本案具有管辖权。被告人沙弗尔认为，比特币并非货币，且其交易全部基于比特币，并不涉及资金的转手，所以这一投资不是证券，因此不受美国监管机构的任何监管。沙弗尔由此就法院的管辖权问题提出质疑。美国证券交易委员会认为，这一投资具有投资合同和票据，因此属于证券。

法院裁定：美国德克萨斯州东区地方法院就沙弗尔提出法庭是否对本案具有裁判权做出裁定：比特币储蓄信托在证券法案相关条款的管辖范围之内。

本案联邦法官阿莫斯·马扎特（Amos Mazzant）在法官备忘录意见中写道：比特币可以作为货币使用，用于购买商品或服务。沙弗尔也表示，比特币可用于支付个人生活费用。比特币的唯一限制在于，只有有限的场所可以接受这种虚拟货币。不过，通过一些变通的方式比特币也能与世界主要货币尤其是美国、欧盟、日本和中国的货币进行兑换。作为一种资金形式，投资者对比特币存储信托的投资是一种资金投资。

2. 判决将对虚拟货币的发展产生重要影响

比特币是一种用户通过特定的计算机程序计算（俗称“挖矿”）出来的网络虚拟货币，不受任何一家公司控制管理，也不由任何国家中央银行发行，可以通过互联网在全世界流通。用户可使用实体货币购买这一虚拟资产。比特币自2009年问世以来一直备受争议，而各国司法机关和金融监管机构的态度无疑会对其未来走向产生重大影响。继2013年7月底被泰国央行“封杀”之后，比特币日前又被美国德克萨斯州联邦法官裁定为“一种须遵守美国相关法律的货币形式”。

对于美国联邦法院的裁定，目前沙弗尔尚未发表评论，不过这显然是一件意义重大的事情，这是目前为止首个承认比特币属于货币的判决，将对虚拟货币的发展产生重要影响。

3. 监管趋势及建议

一直以来，通过“挖矿”获得的比特币都被各国法律视为虚拟商品而不是名正言顺的“货币”，因此在监管上会出现法律空白。2013 年 8 月 7 日，美国联邦法官裁定比特币为实质上的货币，与之有关的投资和交易都应该受到相关法律管辖，美国证券交易委员会起诉沙弗尔有法可依。这个判决应是“比特币正式货币化”的一个开端。据《华尔街日报》报道，纽约州金融服务部（Department of Financial Services，DFS）已经向大约 20 家从事与比特币相关业务的公司发出传票，问询内容将与反洗钱计划、消费者权益保护以及投资策略相关。纽约州金融服务部有关负责人本杰明·劳斯基表示，纽约州金融服务部还将发布一个表达对虚拟货币未能遵守纽约州相关法律担忧的备忘录，① 提出为虚拟货币设置合适的监管门槛将对虚拟货币行业的长期发展有益。

实际上，不仅是美国，各个国家都在密切关注比特币的动向。由于比特币的结构特殊，其监管工作一直以来都很难开展，因此也有业内人士认为，比特币可能会被非法交易利用，甚至可能扰乱货币市场。

虽然比特币在我国尚未为大部分公众所熟知，但其潜在风险（如其匿名特征带来的洗钱风险、其买卖无涨跌幅限制导致暴涨暴跌所带来的投资风险等）不可小视。因此，应加强交易监测和风险评估，如可排除其非法性，则应适时向公众发布关于它的投资风险提示，并对其加强交易平台安全性及反洗钱等方面的法律监管。

二 欧盟互联网金融立法及监管机制

自 2005 年 3 月英国成立首家 P2P 借贷公司 Zopa 以来，P2P 网络信贷在英国快速发展，并成为互联网金融发展中最为成熟的模式之一。从英国的情况来

---

① 严湘君：《比特币：走在被认可的路上》，《第一财经日报》2013 年 8 月 13 日。

看，P2P 贷款属于民间消费信贷范畴，适用于英国《消费者信贷法》（*Con Sumer Credit Act*，CCA），长期由英国公平交易办公室（Office of Fair Trading，OFT）进行监管。2012 年 1 月，英国政府宣布，自 2014 年 4 月起，英国金融行为监管局（FCA）将接替英国公平交易办公室负责对消费信贷业务进行监管。2013 年 3 月，英国金融服务管理局（FSA）就此问题发布 *High-level Proposals for FCA Regime for Consumer Credit*，向公众征求意见，但英国金融行为监管局尚未形成更新后的法律文本。此外，英国未对互联网支付进行专门监管。

（一）英国网络借贷及监管

英国是网络信贷的发源地，三大 P2P 借贷平台自成立以来发放贷款已近 6 亿英镑。其中，Zopa 发放贷款已超过 3.5 亿英镑，随后成立的 Funding Circle 发放贷款达 1.4 亿英镑，Ratesetter 发放贷款 9700 万英镑以上。英国以《消费者信贷法》为依据，将 P2P 借贷界定为消费信贷，具体划入债务管理类消费信贷业务。英国实行统一监管，初期主要由公平贸易管理局和金融服务管理局监管，英国公平交易办公室以消费信贷许可证制度严格 P2P 网络借贷平台的市场准入，英国金融服务管理局通过金融服务赔偿计划（Financial Services Compensation Scheme，FSCS）保护贷款人的资金安全。目前英国金融服务管理局的监管职责已移交金融行为监管局，到 2014 年 4 月英国公平交易办公室的监管职责也将移交金融行为监管局，届时将由金融行为监管局对 P2P 网络借贷市场实施统一监管。

英国制定消费信贷许可证制度，规定从事消费信贷、债务管理（包括 P2P）、信用调查等业务的公司需向英国公平交易办公室申请消费信贷许可证，并按许可证约定的经营范围、经营内容、信息更正告知义务规范经营，无证经营或未按约定条款经营的将被处以经济处罚（最高 5 万英镑）、暂停或撤销许可证、拒绝新证申请、认定为刑事犯罪等处罚。如信息更正告知义务要求经营消费信贷业务的网站要注册登记其名称，若网站名称变更，需要在 28 天之内告知英国公平交易办公室，否则处以 2000 英镑的经济处罚。目前英国公平交易办公室认定 P2P 借贷平台属于高风险的债务管理类消费信贷业务，要求其在提交许可证申请的同时递交信用能力证明表，要求平台在贷款协议签订之前就协议的主要特征（主要风险）向借贷双方做出充分解释并严格审核借款人的信用状况。

英国比较强调对 P2P 金融消费的保护。一是实施金融服务赔偿计划（FSCS）。2001 年，英国金融服务管理局推出金融服务赔偿计划，在经金融服务管理局注册登记的金融机构破产时给予储户每人最高 8.5 万英镑的补偿。2012 年 9 月 4 日，金融服务赔偿计划将 P2P 网络借贷投资者纳入赔偿范围，但投资者获得赔偿的前提是实现交易的 P2P 网络平台在经英国金融行为监管局（金融服务管理局已将职责移交金融行为监管局）注册登记的银行开立委托账户，用于储存投资者资金。二是加强对合作银行的监管及金融消费投诉案件的受理。消费者金融保护局（CFPB）有权对 P2P 平台进行直接检查、收集证据、受理金融消费投诉，以保护借款人的利益。

1. 英国公平交易办公室监管阶段

英国金融服务管理局于 2013 年 4 月正式分拆为审慎监管局（PRA）和金融行为监管局。在此之前，对 P2P 贷款的一般性监管由英国公平交易办公室进行。英国公平交易办公室是英国消费市场和公平竞争的行政管理机构，不是金融监管机构。但是，一旦 P2P 贷款公司开展了与房地产投资相关的借贷服务，即借方将资金用于房地产投资等，这时英国金融服务管理局将根据英国《金融服务与市场法》（*Financial Services and Markets Act 2000*，FSMA）的相关规定，对 P2P 贷款实施监管。一般认为，由于英国政府认为消费信贷行为本身的资本化和证券化程度不高，而与真实交易联系较为密切，因此将其交由消费市场管理机构监管而不是金融监管机构监管。

在这个阶段，设立 P2P 贷款公司需要先向英国公平交易办公室提出申请，获得信贷牌照（Credit License）后方可设立。监管所依据的主要法规是《消费者信贷法》，该部法律对借贷关系中借方与贷方的行为分别做了规范，制定了严格的信息披露制度，规定借贷过程中需要标明利率、期限等要素。此外，该法对借贷合同的订立、履行和终止以及债务追偿、行政裁决、司法介入等各方面也有详细规定。

《消费者信贷法》以保护消费者，维护公开、公平、充分竞争的市场为立

法目的。但是主要规范借方与贷方之间的信贷行为，对借贷平台的提供者——P2P 贷款公司本身的规范与约束相对较少，既没有资本金、流动性方面的要求，又没有风险管控方面的规定。相比之下，传统银行的网银贷款则由英国金融服务管理局从资本金要求、流动性以及风险控制角度进行严格的原则性监管，需要建立完善的信息披露制度与公司治理架构。因此，对 P2P 贷款公司的监管尚存在一定的不足，主要问题是对贷方保护不足。尽管从法律意义上来说，P2P 贷款公司的破产并不影响贷方与借方借贷合约的持续，但现实中贷方直接向借方追讨债务通常面临高昂的成本和巨大的不确定性。与此同时，P2P 贷款公司的贷方资金不在英国金融服务赔偿计划保护范畴之内，政府不会对客户在 P2P 公司 8.5 万英镑以内的资金“存款”予以全额赔付。这意味着一旦 P2P 贷款公司破产，贷方资金将有可能难以补偿。因此，P2P 贷款对贷方而言存在较高的风险，仅凭借《消费者信贷法》得到的权益保障非常有限，贷方资金投入是否安全及能否得到回报，更多的依赖不良信用记录的软约束，而法律的硬约束不足。

2012 年 12 月，英国财政部对 P2P 网络信贷行业表示认可，鼓励人们信任这个行业。根据一般性立法的速度，预计到 2014 年英国政府有望实现对 P2P 的相关立法，P2P 机构将成为官方全面认可的金融机构。

2. 过渡期的监管阶段

2013 年 4 月，英国金融行为监管局正式成立并承担对英国金融服务业行为的监管职能，其中包括对 P2P 行业的监管。预计从 2014 年 4 月起，英国金融行为监管局将全面接替英国公平交易办公室监管消费者信贷领域，最终将会成为 P2P 行业的主要监管者。

鉴于英国金融监管体制仍处于转型变革期，英国金融行为监管局只是原盘接收了英国公平交易办公室原有的对消费信贷的监管职能，还未对消费信贷领域的监管制定具体的法规。2013 年 3 月，英国金融行为监管局的前身——英国金融服务管理局已经起草咨询报告向公众征求意见。该报告建议对 P2P 贷款平台业务进行预设监管，并强化对消费者，特别是贷方的保护。在这个意义上，该报告把 P2P 平台上的贷款行为视为一种投资行为，无论借款人是个人消费者、专营商、合伙人还是企业，贷款人的金融行为理应得到适当保护。但是，该报告对 P2P 监管还未提出具体可行的措施。

此外，英国金融行为监管局在保护借款人方面提出的主要措施有：要求 P2P 平台在提供贷款前即向借款人提供贷款安排的详细解释，包括确定主要风险等；要求 P2P 平台在贷款之前对借款人的信用状况进行评估；要求将借款人在 14 天内无理由退出的规定写入标准化的信贷合同等。

由于英国金融行为监管局还未对公众提供的意见进行整理反馈，给出对贷款人和借款人保护的细节还为时过早。英国金融行为监管局还需要对 P2P 平台和消费者做进一步调研。据悉，英国金融行为监管局最快将于 2013 年秋季向各方整理反馈意见，最终监管规则将于 2014 年上半年出台，届时还将对 P2P 行业监管设立两年的过渡期。

英国官方监管机构对 P2P 的监管较为宽松，除《消费者信贷法》之外缺乏更多硬性的法律约束。市场已意识到 P2P 贷款监管缺失的问题，越来越多的声音呼吁英国监管当局加强对 P2P 贷款的监管和约束，要求强化对借贷双方尤其是对贷方权益的保护，同时提高 P2P 贷款平台的信用评估、风险管理能力并对其加强监控，英国 P2P 行业协会的成立就是一项民间的实质性举动。虽然英国主要监管部门已对民间的呼声予以反馈并采取行动，但随着 P2P 贷款市场快速成长和不断发展壮大，其未来监管立法与监管机制的完善仍有很大空间。

3. P2P 的行业自律管理

在官方监管力度仍然不足的局面下，2011 年 8 月，英国三家最大的 P2P 贷款公司 Zopa、Funding Circle、RateSetter 从维护个人消费者和小型企业等借方利益的角度出发，成立了行业自律性管理组织——P2P 融资协会（P2P Finance Association），在一定程度上维护了市场规则，推动 P2P 贷款市场可持续发展。该协会对协会会员提出了 10 条自律性的操作规则及原则（Rules & Operating Principles），具体如下：一是具备高级管理架构；二是符合最低资本金要求；三是将客户资金与自有资本金隔离存管并进行审计；四是适当的信用和支付能力评估；五是适当的反洗钱和反欺诈措施；六是与以上操作原则相符的贷款平台使用规则；七是公平、清晰、正确导向的客户沟通和市场营销渠道；八是具备安全、可靠的 IT 系统；九是公平的客户投诉机制；十是在 P2P 贷款平台发生故障时仍可进行有序管理。

（二）关于互联网支付服务监管

英国支付体系的监管经历了多个发展阶段，但都未对互联网支付服务实行单独监管。英国对支付体系的监管以对支付系统的监管为主。高风险、“有问题”的支付清算系统的监管工作由英格兰银行直接介入，而支付工具和支付服务商的日常监管[①]则由英国金融行为监管局完成。2009 年版的银行服务法案生效后，英国在 2009 年支付服务条例中进一步完善了支付服务指南的有关内容，并于 2009 年 11 月 1 日起执行。在该条例中，支付系统的日常监管仍由金融服务管理局负责。2013 年 4 月起，新成立的英国金融行为监管局成为实施支付服务指南的监管机构。2013 年 6 月，英国金融行为监管局整理了支付服务条例中关于自身取代金融服务管理局监管地位的内容，要求所有支付机构，包括互联网支付机构，都必须在英国金融行为监管局进行注册（除非获得豁免），并满足审慎要求。对互联网支付机构要求的唯一区别在于，如果电子货币机构的支付服务涉及发行电子货币，需专门就此向英国金融行为监管局备案。如表 1 所示。

表 1　英国互联网金融监管法律法规

适用对象	文件名称
网络支付	《支付服务规制 2009》
电子货币	《电子支付系列规制 2011》
银行业务（含互联网金融）	《金融服务法案 2012》
银行业务（含互联网金融）	《反洗钱规则 2012》
P2P 网络信贷	《金融服务法案 2012》《消费信贷指令 2013》
P2P 网络信贷	英国 P2P 协会《P2P 融资平台操作指引》

（三）英国 P2P 行业监管

一是未设立专门的监管机构和制定专门适用的法律。金融危机后，英格兰

① 薛荣：《值得借鉴的支付风险防范模式——英国支付体系风险监管的启示》，《甘肃金融》2010 年第 1 期。

银行新设金融行为监管局，负责监管各类金融机构的业务行为，英国金融行为监管局成为P2P行业的主要监管者，但目前还没有对P2P行业的发展制定具体法规。二是成立P2P融贸协会，协会章程对借款人的保护设立最低标准要求，对整个行业的规范、良性竞争和消费者保护起到了很好的促进作用。三是英国商业创新和技能部（BIS）承担保护消费者的责任，其将P2P视为未来的金融创新，认为P2P以新颖有效的方式为企业提供更多信贷，是解决中小企业融资问题的主要途径。因此，P2P在英国受到的制约相对较少，行业的不稳定性风险也较小。

（四）欧盟对第三方支付监管的做法

欧盟规定第三方支付公司必须取得银行业执照或电子货币公司的执照才能开展业务，具体要求：一是最低资本金要求。明确必须具备100万欧元以上初始资本金，而且持续拥有自有资金，并规定了最低限额。二是投资活动限制。规定提供服务过程中沉淀的资金属于负债，投资活动受到严格限制。① 三是业务风险管理。要求必须具备稳健与审慎管理、行政管理和会计核算程序以及适当的内部控制机制。四是记录和报告制度。第三方支付机构应定期提交财务报告、审计报告等定期报告。②

三　日本互联网金融监管

（一）互联网金融监管情况

随着互联网的兴起和通信技术的发展，日本出现了以乐天银行为代表的网上银行、以manemo为代表的P2P业务、以NTTDoCoMo为代表的手机支付业务等多种互联网金融产品和服务，以及从事这类业务的机构。日本对互联网金融机构开展监管的主要法律依据及相关要求如表2所示。

① 赵润静：《欧美经验对完善我国第三方支付监管的启示》，《金融电子化》2008年第11期。

② 朱绩新、章力、章亮亮：《第三方支付监管的国际经验及其启示》，《中国金融》2010年第2期。

表 2　日本对互联网金融机构开展监管的主要法律依据及相关要求

项目	金融机构					非金融机构
	经营存贷款业务	经营第一种金融商品	从事投资营运	经营第二种金融商品	经营贷款业务	在线经营
机构类别	银行、信用社、信用金库	证券公司	基金公司、信托公司	资产管理公司、风险投资基金公司	消费金融公司、信用卡公司	电话、电信、网络营销金融商品的公司
设立的法律依据	《银行法》《信用金库法》、中小企业等协同组合法，以及与金融相关的法律	《金融商品交易法》	《金融商品交易法》	《金融商品交易法》	《贷金业法》	开办公司相关的法律，如《出资法》等
业务营运的法律依据	《金融商品销售法》	《金融商品销售法》	《金融商品销售法》	《金融商品销售法》	《贷金业法》	特定的相关法律，如《贷金业法》《资金结算法》等
最低资本金要求	银行：20 亿日元，信用金库：1 亿～2 亿日元，信用社：1000 万～2000 万日元	资本金 5000 万日元，金融商品交易责任准备金	资本金 5000 万日元	资本金 1000 万日元	净资产 5000 万日元	开办公司相关的法律要求
协会组织	全国银行业务协会、全国地方银行业协会、第二地方银行协会	日本证券业协会	投资信托协会、投资顾问协会	第二种金融商品交易协会	日本贷金业协会	根据业务性质成立协会
其他法律规定	加入存款保险、接受指定机构仲裁（金融 ADR）、保持自有资本比率合规	内部管理责任、接受指定机构仲裁（金融 ADR）、保持自有资本比例合规、加入投资者保护基金	分开保管的义务、接受指定机构仲裁（金融 ADR）	接受指定机构仲裁（金融 ADR）	符合贷金业务主管的从业要求、接受指定机构仲裁（金融 ADR）	遵守广告相关法律规定和消费者保护法规的要求

注：第一种金融商品指流动性较高的证券、资产；第二种金融商品指流动性较低的证券或金融衍生产品。

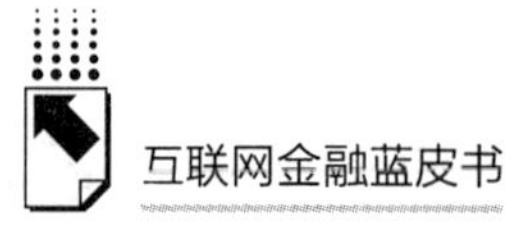

（二）涉及互联网金融业务的相关法律及其主要规定

日本对互联网金融的监管主要体现在2001年出台的《金融商品销售法》、2006年出台的《金融商品交易法》、2006年新修订的《地下金融对策法》和2010年颁布的《资金清算法》等几部法律中，具备一定的前瞻性，对规范新兴的金融产品、金融服务和支付清算方式有较强的针对性，是目前对互联网金融机构开展监管的主要法律依据，与其他现有的金融法律结合起来，形成较为有效、完善的金融法律环境，对于促进金融创新、保护投资者和消费者权益、维护金融安全、活跃金融市场起到了积极的作用。此外，日本金融监管当局和专业协会的一些监管规定和指导原则也对互联网金融的发展起到了日常监督和管理作用，例如，针对P2P主要基于现有法律进行监管。如果P2P机构是贷金业者，融资业务需要注册，金融厅根据《贷金业法》进行监管；如果P2P从投资家获得资金，则根据《金融商品交易法》需要注册为第二种金融商品交易业者，接受监管。

1.《地下金融对策法》

日本《地下金融对策法》主要规范非银行民间金融公司的资金借贷活动。相关法律法规主要有《贷款业规制法》《出资法》《利息限制法》等。2006年日本通过对《贷款业规制法》等法律的修订，将《贷款业规制法》更名为《贷金业法》，针对借贷过度问题强化了贷款业者的行为规范。

2.《金融商品销售法》

《金融商品销售法》2001年颁布实施，该法的立法模式是从消费者角度进行横断立法，与传统的行业立法模式具有很大差别，完全打破了金融主体和具体业务的界限。对金融机构的说明义务、金融机构劝诱行为的适当性，以及金融机构的民事损害赔偿责任等重要事项做了统一规定，确立了金融商品销售领域消费者权益保护的三大支柱性规范。该法于2006年又做了较大的修订。[①]

3.《金融商品交易法》

《金融商品交易法》于2006年颁布实施，立法重点是完善投资者保护规

① 何颖：《浅析日本的金融消费者保护制度改革》，《日本学刊》2011年第1期。

则，构建公正、透明的资本市场体系，并将“有价证券”的定义范围调整为一切投资类金融商品，为新兴金融业态和金融产品提供了基本的法律依据。在投资类消费者保护方面主要规范金融机构的行为，不得诱导消费者购买不当金融商品，在签订协议时要履行风险提示和规则告知义务，要给予消费者一定的冷静期。对顾问合同也严格规范，不得接受相对人的金钱或有价证券的预托。

4.《资金清算法》

《资金清算法》于2010年颁布实施，主要包括三方面内容：一是将原先只允许银行从事的外汇交易扩展到银行以外的其他行业；二是针对在计算机上记录金额的预付式支付方法，与商品券券面和卡内记载金额的类型一样，给予同等的使用者保护；三是完善有关对从事银行间资金清算的清算主体进行适当监管的制度。

四　国际上电子货币监管的一般做法

随着信息技术的进步和金融市场产品创新的加快，在国内和跨境支付领域的电子货币支付发展越来越迅速，快捷的电子支付系统超越了传统的货币现金支付方式，为金融业发展注入了活力。电子货币既能满足人们对小额支付的需求，又能提高资金的周转效率。近年来，我国不少商业企业、IT公司等非银行机构自行提供电子货币服务，电子货币呈现出从单一法人、单一用途、本地区使用，向多个法人、多个用途、多个地区使用的发展态势。电子货币在零售支付领域的发展非常快，引起了金融监管机构的关注。国际清算银行从1996年开始在全球主要经济体中央银行的协助下，跟踪监测电子货币的发展趋势和全球监管问题。各国监管的实践不同，但基本目的都是确保电子货币的安全，保持金融系统的稳定，[①] 通过适当的引导使其成为积极有效地促进金融发展的正能量。

① BIS，Committee on Payment and Settlement Systems，Survey of Developments in Electronic Money and Internet and Mobile Payments，CPSS-Survey of E-money and Internet and Mobile Payments，March 2004.

（一）电子货币的定义与特征

电子货币属于多用途的支付机制，与现存的单一目的的预付卡不同，而且也不同于现存的利用网络和移动设备实现储蓄账户支付的活动（如网上银行等）。电子货币是以卡为载体，实现多用途的支付服务，作为对现钞和硬币的替代实现小额面对面支付的一种方式。它是支票、借记卡等传统小额支付方式的补充而不是替代。国际上关于电子货币的定义主要有以下几类。一是巴塞尔委员会将电子货币定义为在零售支付机制中，通过销售终端，在不同的电子设备之间以及在公开网络上执行支付的储值和预付机制。二是欧盟将电子货币定义为在电子设备（含磁条）中储存的货币价值，代表对发行人的求偿权，需满足三个条件，即存储于电子设备中；用于《支付服务指引》规定的支付交易；可以被发行人之外的实体接受。三是美国将电子货币定义为交换媒介，不管是否可赎回；将储值定义为以电子形式储存货币价值；将货币传输定义为发行支付工具或发行储存的价值、接受货币或货币价值以传输到第三方，进一步明确电子货币的定义。四是中国人民银行 2009 年提出电子货币是存储在客户拥有的电子介质上，作为支付手段使用的预付价值。电子货币是重要的个人电子支付工具，与借记卡、信用卡共同覆盖交易前支付、实时支付和交易后支付的全过程。受各支付工具相对成本、支付便捷程度和支付安全需求等因素影响，电子货币集中用于小额支付。① 电子货币实际上是现金的数字化，在不需要经过银行账户的情况下实现支付的目的，具有不记名证券的功能。电子货币可以以实物形式存在，如一些以卡片为基础的电子货币，也可以以软程序的方式存在，如支付宝等。不管以什么形式存在，电子货币是一个发展迅速的市场，蕴藏着很多市场机会，在未来的支付体系中将占据很重要的地位。其他虚拟电子货币如比特币利用计算机网络特殊的算法存在，未来也可能吸引一部分用户。②

---

① 孙毅坤、胡祥培：《电子货币监管的国际经验与启示》，《上海金融》2010 年第 2 期。

② Bernhard Speyer, E-money Niche Market that Might be Expanding Banking & Technology Snap Shot Digital Economy and Structural Change Deutsche Bank AG DB Research Frankfurt am Main Germany, May 11, 2012.

（二）电子货币监管的国际经验

1. 监管模式

由于电子货币可能会带来金融风险问题，以及可能出现洗钱及恐怖融资问题，因此，还要从维护金融消费者权益的角度确保消费者不受欺诈，维护消费者金融信息安全。多个国家和地区采取因地制宜的监管模式，分为三类。

一是以美国为代表的功能型监管模式。美国联邦、州二级政府将电子货币视为非储蓄业务，对电子货币按照“货币服务”功能进行监管。相关政策法规包括《反洗钱法》《美国爱国者法》《电子货币划拨法》《统一货币服务法》及E条例、各州遗弃财产法、各州消费者保护法、各州专业货币汇兑机构法等。监管原则包括三方面：①尽可能与私人部门和公众合作；②避免过早管制；③在必要时随时采取行动。

二是以欧洲、日本为代表的主体型监管模式。侧重对电子货币发行主体进行监管。相关政策法规包括欧盟的《电子货币指引》和《支付服务指引》（其中将电子货币机构作为支付服务商的一种类型，统一纳入支付服务的监管体系）、英国的《电子货币发行机构监管规范》、德国的《银行法修订案》、日本的《预付式证票规制法》及其施行规则、保证金规则等。

三是以中国香港、台湾地区为代表的专题型监管模式。将电子货币视为储蓄业务单独监管。香港地区有关政策法规包括《银行业条例》和香港金管局颁布的《多用途预付卡发行的申请指引》及其附件，台湾地区有关政策法规包括中国台湾财政部门颁布的《银行发行现金预付卡许可及管理办法》。[①]

2. 监管对象

多数国家和地区对电子货币的发行主体资格提出规范性要求，有的甚至仅允许银行发行电子货币。

在美国，《统一货币服务法》要求货币服务业在州监管机构注册，以保证安全经营、抑制洗钱活动、协调跨州业务遇到的立法冲突。一些州把电子

① 孙毅坤、胡祥培：《电子货币监管的国际经验与启示》，《上海金融》2010年第2期。

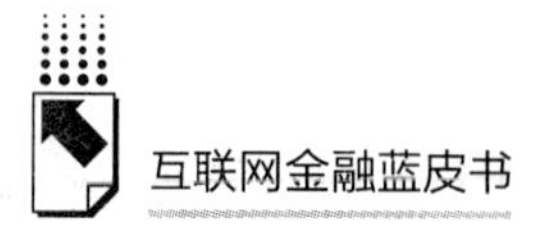

货币传输看作实体货币的等价物，要求相关机构必须获得监管当局的专项业务经营许可，并对申请经营许可的程序和资质（如资本金等）做了相应的规定。

在欧盟，不同政府部门曾对电子货币存在不同的理解。欧洲央行曾提出，装载在电子钱包上的购买力在经济效果上等价于吸收存款，因此建议将发行电子钱包的权力仅仅赋予信用机构，以保护零售支付系统的完整性、保护消费者免受发行人破产的影响、促进货币政策的执行以及确保发行人之间的公平竞争等。欧盟委员会则认为仅将电子货币的发行权赋予信用机构将阻碍革新。最终，欧盟通过立法引入一种新的特殊类型的信用机构——电子货币机构，采取了比传统信用机构更为宽松的监管方式。

中国香港地区《银行业条例》规定只允许持全面牌照的银行发行可广泛应用的多用途预付卡；非银行特设机构需通过申请成为接受存款公司后，才允许发行限制较多的多用途预付卡，或得到豁免后发行限制更多的多用途预付卡。中国台湾地区《银行发行现金预付卡许可及管理办法》规定“非银行机构不得发行现金预付卡”。①

3. 监管内容

所有国家和地区都对电子货币涉及的资金及账户进行严格监管。

一是设定最高限额。美国对不记名电子货币有最高额规定，如 Visa 规定，不记名银行预付卡的最高金额不得超过 750 美元。中国台湾地区规定，预付卡发行额度不得超过银行上年度净值的 10%，单张现金预付卡储存金额上限为新台币一万元。

二是规定沉淀资金不得擅自使用或用于高风险投资。美国各州的《专业货币汇兑机构法》规定，沉淀资金应以高度安全的方式持有，应在特定时间内转移给获得许可的专业货币汇兑机构。

三是规定必须购买保险或建立保证金制度降低承兑风险。美国联邦法律规定，金融机构类发卡者须向美国联邦储蓄保险公司（FDIC）购买保险，如无力承兑卡内金额，将由美国联邦储蓄保险公司承担相应给付责任。欧盟和日本

① 孙毅坤、胡祥培：《电子货币监管的国际经验与启示》，《上海金融》2010 年第 2 期。

建立保证金制度，以降低承兑风险。

四是规定妥善处理电子货币余额以保护消费者合法权益。美国各州的《遗弃财产法》规定，预付卡内超过有效期的剩余资金，拥有无主财产的法人实体在无法联系所有权人时，应将财产交付州政府，由其保管并获取利息。

部分国家和地区对运营中的信息披露也进行监管。美国监管署公布的《礼品卡发行指导意见》要求发卡机构发行的礼品卡，须事先公开各项收费条款，禁止在营销礼品卡时误导消费者。

总体而言，全球电子货币监管机制以预付卡监管为主，呈鼓励发展和防范风险并行的趋同态势，重点围绕“预付卡有限范围的多用途使用”进行监管，鼓励技术创新和经营创新，简化银行业务准入程序，推动非银行机构进入市场，有效规避风险，保护持卡人合法权益，维护支付系统安全。从监管效果看，预付卡已成为支付工具的重要组成部分，虚拟货币形式多样，共同在快速支付、激励消费等方面发挥着重要的作用。①

① 孙毅坤、胡祥培：《电子货币监管的国际经验与启示》，《上海金融》2010 年第 2 期。

B.8
中国互联网金融发展的简要评价

一　总体评价

（一）阶段性特征

1. 互联网成为资金融通新平台

互联网金融的突出特点在于资金供需信息直接在网上发布并匹配，供需双方直接联系或交易，形成一种虚拟信用平台。借助 P2P 网上借贷平台、众筹模式、社交网络、电子货币等形式，实现新生代金融生态圈的重构。网络平台减少了信息收集成本、交易过程中的协商成本和契约成本，成为一种迅速匹配、信息对称、成本低廉的融资模式，在某种程度上加速了金融脱媒。

2. 电商企业构成新型金融服务参与者

互联网金融最明显的特点就是互联网企业纷纷涉足金融服务。电商企业发展金融服务使得互联网平台上的企业能更方便地获取资金、收支款项，有利于实体经济的发展，同时也能促进传统金融机构的改革发展。

3. 互联网技术改变传统金融机构运营

互联网金融使传统金融机构逐步改变其经营模式，即交易场所无形化、销售渠道虚拟化、金融产品标准化、风险管理数据化，从而形成新型服务理念。

4. 互联网金融催生虚拟货币

网络市场跟现有实体经济市场并列、相互交流，并具有独立的运行机制，很多数据产品单纯在网络消费流通。在此基础上产生了互联网货币，以比特币、莱特币等为典型。其中比特币是一种由开源的 P2P 软件产生的网络虚拟电子货币，主要用于互联网金融投资，目前正向现实生活领域蔓延。网络虚拟货币脱离央行发行，在特定领域形成硬通货并向实体经济延伸，很可能会对传

统金融体系或经济运行产生冲击。

5. 互联网金融延伸普惠金融思想

互联网金融充分体现了互联网"开放、平等、协作、分享"的基本精神，成为一种人人参与、资金流动高度透明和自由、交易费用极低的开放金融模式。随着互联网大数据优势得到发挥，以往难以实现的客户细分服务开始在金融领域实施，金融运作效率进一步提高，融资效率提升和个性化投资理财产品不断开发出来。

互联网金融与传统金融的区别在于拓宽了融资和理财覆盖面。互联网金融延伸出一种新的金融理念，即普惠金融。普惠金融的目标对象是几千万的小微企业主、几亿的农户和城市普通工薪阶层。从这个理念上说，互联网金融更加服务于实体经济，通过 P2P 借贷平台、众筹等其他各种服务方式极大地促进小微企业和农业的发展，在创造就业、提高人均国民收入、平衡收入差距等方面起到了巨大的作用。

（二）主要问题

1. 金融法律法规问题

在互联网金融爆发式增长的背景下，目前尚没有统一的监管法规和针对性的法律约束，违规经营，甚至逾越"非法集资"底线的事件时有发生。

2. 互联网信息的公开与隐私保护问题

在互联网领域，考查企业或个人的信用水平时，可能得到的互联网行为报告将涵盖行为主体在互联网的财务报告、消费倾向、个人偏好，以及社交圈子等；不同的平台还可以制作不同的报告。这将导致互联网上的行为主体成为一个透明人，使这种情况下的个人数据及商业机密数据保护成为一个极大的问题，而我国个人互联网电子数据的保护仍存在较大漏洞。

3. 金融监管体系问题

在分业监管体制下，不同类型的金融机构归属不同的监管部门，产品审批、信息披露、监管标准等各个环节都存在差异，银行、保险、证券、信托等机构通过互联网平台形成的交叉性风险更加迅速聚集。有关非金融机构是否涉及准备金、坏账率、消费者权益保护或出资人的权益等问题尚未纳入监管。此外，针对互联网金融的特殊性，金融监管的技术和设备亟待更新。互联网金融的存在基于先进的计算机系统支撑，有效监管庞大的互联网金融市场需要先进的技术装备。

4. 消费者（投资人）风险意识淡薄问题

与专业机构投资者不同，消费者借助互联网直接参与金融交易可能只关注较高的投资回报率，而忽略风险，在对所投资的行业及企业没有一定了解的情况下盲目投资。相应的互联网平台也没有对风险进行有效披露，甚至互联网平台本身也存在欺诈行为。针对这些情况，除监管当局要建立起一种消费者保护体系外，也要对消费者进行风险提示和教育，强制信息披露。

5. 互联网技术问题

互联网安全从其本质上来讲就是互联网上的信息安全。信息的安全性涉及机密信息泄露、未经授权的访问、破坏信息完整性、假冒、破坏系统的可用性等。互联网金融的一个重要特征就是大数据，数据开放和数据共享是大数据时代的一个发展方向。大数据的不断增加，一方面，对数据存储的物理安全性要求会越来越高，从而对数据的容灾机制提出更高的要求；另一方面，也为犯罪分子提供了作案便利。此外，互联网与金融的碰撞和融合产生新商业模式以及更加灵活的业务架构，但无论哪种创新，都离不开安全和信任问题。

二　企业评价

互联网金融方兴未艾，各类企业争相创新发展，努力构建自身的商业模式。分析代表性企业是分析互联网金融产业的重要方法，然而互联网金融不同细分领域之间差异较大，有必要在各个细分领域对代表性企业进行基于指标的比较分析。未来更深入的研究是在企业比较分析的基础上，建立针对不同细分领域的企业评价模型。

（一）网上银行

近年来，中国各商业银行的网上银行发展迅速，网上业务种类不断增加，电子替代率不断提高，但不同商业银行之间差异较大。

从个人网上银行的业务覆盖面来看，国有五大行以及全国性股份制银行的覆盖面较全。其中，工商银行、招商银行、浦发银行、民生银行、中国银行、中信银行和华夏银行位居前列。如表 1 所示。

表 1　部分商业银行个人网上银行基本业务对比

银行名称	账户管理	托管账户	社保查询	定制信息	电子账单	银企互联	转账汇款	贷款	理财产品	证券服务	保险服务	债券服务	基金服务	贵金属	外汇服务	期货服务	财务分析	在线支付	自助缴费	信用卡还款	种类数量
工商银行	●	●	●	●	●	●	●	●	●	●	●	●	●	●	●	●	●	●	●	●	20
农业银行	●	○	○	○	●	○	●	●	●	●	○	●	●	○	●	●	○	●	●	●	13
建设银行	●	●	○	●	○	○	●	●	●	●	●	●	●	●	●	●	○	●	●	●	16
中国银行	●	○	●	●	●	●	●	●	●	●	●	●	●	●	●	●	○	●	●	●	18
交通银行	●	○	○	○	●	●	●	●	●	●	●	●	●	●	●	●	●	●	●	●	17
招商银行	●	●	●	●	●	●	●	●	●	●	●	●	●	●	●	●	●	●	●	●	20
中信银行	●	●	●	●	●	●	●	●	●	●	●	●	●	○	●	●	○	●	●	●	18
民生银行	●	●	●	●	●	●	●	●	●	●	●	●	●	●	●	●	○	●	●	●	19
兴业银行	●	○	●	○	○	○	●	●	●	○	●	●	●	●	●	○	○	●	●	●	13
平安银行	●	○	○	●	●	○	●	○	●	●	●	○	●	○	○	○	○	●	●	●	11
深发银行	●	●	○	○	○	○	●	○	●	○	○	○	●	○	●	○	●	●	●	●	10
光大银行	●	●	○	○	●	○	●	●	●	○	○	●	●	●	●	○	●	●	●	●	14
浦发银行	●	●	●	●	●	●	●	●	●	●	●	●	●	●	●	●	●	●	●	●	20
华夏银行	●	●	○	●	●	●	●	●	●	●	●	●	●	●	●	●	○	●	●	●	18
广发银行	●	○	○	●	●	●	●	●	●	○	○	○	●	●	○	○	●	●	●	●	13
邮政储蓄银行	●	○	○	●	●	●	●	●	●	●	●	●	●	○	●	○	○	●	●	●	15
北京银行	●	○	○	○	●	○	●	●	●	○	○	●	●	●	●	○	○	●	●	○	11
杭州银行	●	○	○	○	○	○	●	●	●	○	○	●	●	○	○	○	○	●	●	●	9
汉口银行	●	○	○	○	○	○	●	●	●	○	○	●	●	○	○	○	○	○	●	○	7
宁波银行	●	○	○	○	○	○	●	●	●	○	○	○	●	○	●	○	○	●	●	●	9
南京银行	●	○	○	○	●	○	●	○	●	○	○	○	○	○	○	○	○	●	●	●	7
汇丰中国	●	○	○	○	●	○	●	○	●	○	○	○	○	○	●	○	○	○	○	○	5
花旗银行	●	○	○	○	●	○	●	○	○	○	○	○	○	○	○	○	○	○	○	●	4
渣打银行	●	○	○	○	○	○	○	○	○	○	○	○	○	○	○	○	○	●	●	●	4
新韩银行	●	○	○	○	●	○	●	●	○	○	○	○	○	○	○	○	○	○	○	○	4
韩亚银行	●	○	○	○	●	○	●	○	○	○	○	○	○	○	○	○	○	○	○	○	3
合　计	26	9	7	11	19	10	25	19	22	12	12	16	20	12	17	10	7	21	22	21	—

资料来源：刘德寰等：《银行业的互联网之路》，机械工业出版社，2012。

从企业网上银行的业务覆盖来看，国有五大行处在中等偏上位置，一般拥有 6 ~8 种业务。股份制银行之间差距较大，其中招商银行、中信银行和浦发银行较为全面，外资银行业务覆盖面较窄。如表 2 所示。

表 2 部分商业银行企业网上银行基本业务对比

银行名称	账户管理	结算服务	信贷业务	投资理财	资产托管	集团业务	外汇业务	现金管理	投资银行	融资租赁	种类数量
工商银行	●	●	●	●	○	○	●	○	○	●	6
农业银行	●	●	●	●	○	●	●	●	○	○	7
建设银行	●	●	●	●	○	●	●	●	○	○	7
中国银行	●	●	●	●	●	●	●	●	○	○	8
交通银行	●	●	●	●	○	●	●	●	○	○	7
招商银行	●	●	●	●	●	○	●	●	●	●	9
中信银行	●	●	●	●	●	○	●	●	●	●	9
民生银行	●	●	●	●	○	●	○	○	○	○	5
兴业银行	●	●	●	●	●	●	○	○	○	●	7
平安银行	●	●	●	●	○	●	○	●	○	○	6
深发银行	●	●	●	●	○	●	●	○	○	●	7
光大银行	●	●	●	●	○	●	○	○	○	○	5
浦发银行	●	●	●	●	●	●	○	●	○	●	8
华夏银行	●	●	○	●	○	●	○	○	○	○	4
广发银行	●	●	●	○	○	●	●	○	○	○	5
邮政储蓄银行	●	●	●	○	○	●	○	○	○	○	4
北京银行	●	●	●	●	○	●	●	●	○	●	8
杭州银行	●	●	●	○	○	●	●	●	○	○	6
汉口银行	●	●	●	○	○	●	○	●	○	○	5
宁波银行	●	●	●	○	●	○	○	○	○	●	5
南京银行	●	●	●	○	○	●	●	○	○	○	5
汇丰中国	●	●	●	○	○	○	●	○	○	○	4
新韩银行	●	●	●	○	○	○	●	○	○	○	4
韩亚银行	●	●	●	○	○	○	●	○	○	○	4
合计	24	24	23	15	6	17	15	11	2	8	—

资料来源：刘德寰等：《银行业的互联网之路》，机械工业出版社，2012。

从网上银行注册用户数、交易笔数和交易金额等指标来看，大型国有银行由于本身用户基数具有绝对优势，发展较为领先。中信银行、兴业银行等股份

制银行的公司网银户均交易额要远远高于农业银行等国有大型银行，2012 年中信银行和兴业银行的公司网银户均交易额分别为 1. 64 亿元和 1. 57 亿元，而同期农业银行则不到 3000 万元。如表 3 所示。

表 3　2012 年部分商业银行网上银行发展指标

银行名称	个人网银			公司网银		
	户数(万户)	交易笔数（万笔）	交易金额（亿元）	户数(万户)	交易笔数（万笔）	交易金额（亿元）
建设银行	11926	434300		213	129800	
中国银行	9142			180		
农业银行	8837		726400	190		542600
中信银行	757	5559	33700	13	1793	212800
兴业银行	529	11238	38169	14	3871	219549
民生银行	481	10435	57343	24	1744	130627
北京银行	200	922	6708	2	931	53000
华夏银行	154			16		
交通银行		45800			14400	

资料来源：各银行 2012 年年报，小数进行了四舍五入处理。

从电子替代率来看，2012 年招商银行、民生银行、华夏银行等股份制银行电子替代率高达 80% 以上，甚至达到 90% 。而国有银行整体则相对落后于股份制银行，中国银行的电子替代率最高，也仅为 76% 。如图 1 所示。

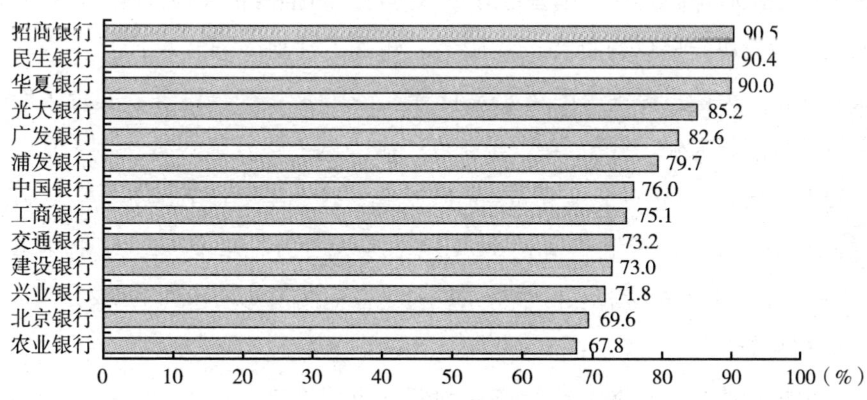

图 1　2012 年部分商业银行电子替代率

资料来源：艾瑞咨询。

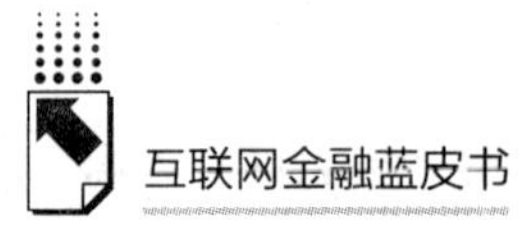

1. 工商银行网上银行

工商银行网上银行系统先进，业务覆盖面全，多次获得“中国最佳个人网上银行”“中国最佳企业网上银行”等称号。工商银行不断强化网上银行作为交易主渠道的地位，推出苹果电脑版、谷歌版以及安卓平板电脑等个人网银，实现对主流操作系统、浏览器、平板电脑的全面覆盖。在个人电脑、iPad平板电脑推出个人网银私人银行专区，为优质客户搭建专属服务平台。新增企业网银外汇买卖、积存金等创新功能，丰富企业网银产品。2012 年网上银行交易额突破 300 万亿元，同比增长 17.2%。坚持“一行一策”推动境外机构网上银行发展，推出工银电子密码器、网上银行贵金属等产品。2012 年年末，26 家境外机构开通网银业务，境外机构个人网上银行客户比上年末增长 39%，企业客户增长 34%。

2. 建设银行网上银行

建设银行网上银行分为个人网上银行、企业网上银行两大类。个人网上银行客户通过网络享受的综合性个人银行服务包括账户查询、转账汇款等。网上银行企业客户服务系统是以互联网为基础，以资金清算系统和核心系统为依托，使用 CA 认证的商业银行网络服务系统。2012 年，个人网银系统拓展银医、社保等生活服务，新增个人结售汇、储蓄国债（电子式）等投资理财产品，全年共发行 60 期网上银行专享理财产品。企业网银成功完成国内分行系统整合并推出海外版，在中国香港分行试运行。新推出私人银行网上银行，拥有七大功能板块，提供数百种产品服务。建立了“房 e 通”房产自主交易融资服务平台，为客户提供房屋买卖及贷款“一条龙”综合服务，实现了个人贷款电子渠道新突破。截至 2012 年年底，个人网上银行客户数达到 11926 万户，较上年增长 41.07%；交易量 43.43 亿笔，较上年增长 7.50%。企业网上银行客户 213 万户，较上年增长 54.10%；交易量 12.98 亿笔，较上年增长 33.96%。个人网银系统和手机银行系统稳定性监测指标均达到 100%。

3. 民生银行

民生银行持续加强网上银行产品创新和应用推广，优化网上银行产品功能，开展客户营销活动，客户规模和交易量大幅增长。截至 2012 年年末，个人网银客户累计 480.58 万户，年交易笔数 10434.68 万笔，同比增长

163.31%，年交易金额57343.05亿元，同比增长71.52%；企业网银客户累计24.49万户，年交易笔数1743.64万笔，同比增长52.18%，年交易金额130627.11亿元，同比增长53.13%。网上银行柜面交易替代率达90.35%，同比提升9.86个百分点，网上银行交易笔数相当于柜面交易的9倍。全年电子渠道理财销售金额6298.17亿元，同比增长32.45%，其中个人理财超过5900亿元，占公司个人理财销量的80%以上。

（二）互联网第三方支付

从国内互联网第三方支付的市场格局来看，支付宝几乎占据了半壁江山，拥有绝对优势。财付通紧随其后，拥有1/5的市场份额。支付宝和财付通的共同特点是依托强大的互联网集团企业，它们分别隶属于阿里巴巴和腾讯公司。银联在线、快钱、汇付天下、易宝支付等属于独立支付企业，虽然缺乏用户基础，但其独立身份使其更容易被阿里巴巴和腾讯等众多竞争对手使用，如图2所示。

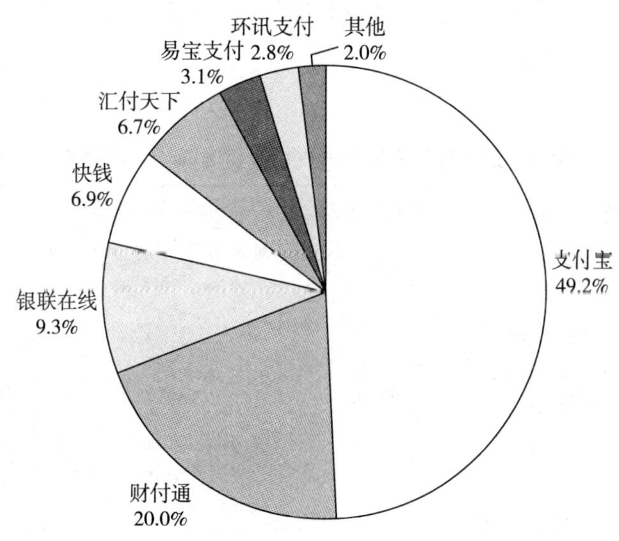

图2　2012年互联网第三方支付市场份额构成

资料来源：艾瑞咨询。

从企业资源能力指标来看，支付宝、银联在线等知名度最高，主要得益于整体品牌溢出效应，而一些新成立的独立支付企业则知名度较低。创新方面，银联作为传统支付企业的代表，与支付宝等互联网企业相比，创新能力相对不足。线上线下整合方面，支付宝虽然暂时落后，但已经开始发力线下支付，通过开发支付宝钱包等线下功能，以期实现O2O。如表4所示。

表4　部分互联网第三方支付企业指标分析

指　　标	支付宝	银联在线	快　钱
品牌知名度	★★★★★	★★★★★	★★★
创新能力	★★★★	★★	★★★★
订制化水平	★★★	★★	★★★★
业务延伸能力	★★★	★★	★★★★
线上线下整合能力	★	★★★	★★★
平台协同性	★★★★	★★★	★★★★

资料来源：易观国际。

互联网第三方支付企业在激烈争夺国内市场的同时，也在积极开拓和布局国际市场。比如支付宝、财付通和银联等与境外机构合作，实现了跨境网购的支付功能。如表5所示。

表5　部分互联网第三方支付企业国际化发展情况

项　目	服务/产品	覆盖领域	合作/收购海外机构	覆盖地区
支付宝	海外购外卡支付	跨境网购、航空、旅游	日本软银、PSP、安卡支付、Visa、万事达卡	港澳台、日韩、欧美
财付通	跨境在线购物支付	美国运通网络商户跨境网购	美国运通	英美
快　钱	国际收汇	企业收汇	西联汇款	190个国家和地区
银　联	互联网跨境购物支付	跨境网购	Paypal、三井住友、东亚银行等境外主流银行卡收单服务机构	香港、日本、美国等地区

资料来源：艾瑞咨询。

1. 支付宝

支付宝（中国）网络技术有限公司是由阿里巴巴集团CEO马云先生在2004年12月创立的第三方支付平台，是阿里巴巴集团的关联公司。支付宝致

力于为中国电子商务提供“简单、安全、快速”的在线支付解决方案。支付宝公司从产品上确保用户在线支付的安全，同时让用户通过支付宝在网络间建立起相互的信任。除淘宝和阿里巴巴外，支持使用支付宝交易服务的商家已经超过46万家，涵盖了虚拟游戏、数码通信、商业服务、机票等行业。目前国内工商银行、农业银行、建设银行、招商银行、上海浦发银行等各大商业银行以及中国邮政、Visa国际组织等各大机构均与支付宝建立了深入的战略合作。

2. 财付通

财付通是腾讯公司于2005年9月正式推出的专业在线支付平台，致力于为互联网用户和企业提供安全、便捷、专业的在线支付服务。财付通构建了全新的综合支付平台，业务覆盖B2B、B2C和C2C各领域，提供网上支付及清算服务。针对个人用户，财付通提供了包括在线充值、提现、支付、交易管理等丰富功能；针对企业用户，财付通提供了安全可靠的支付清算服务和极富特色的QQ营销资源支持。

3. 银联商务

银联商务有限公司（UMS），是中国银联旗下专门从事银行卡受理业务并提供综合支付服务的机构。成立于2002年12月，总部设在上海。截至2013年1月底，公司已在全国除台湾地区以外的所有省级行政区设立机构，市场网络已经覆盖全国所有337个地级以上城市，服务特约商户超过200万家，维护POS终端超过270万台，服务ATM及自助终端超过15万台，覆盖百货商超、餐饮酒店、航空旅游、财税金融、电商物流、生产型企业等多个行业的企业，成为国内最大的银行卡收单专业化服务机构。2011年5月26日，公司首批获得人民银行颁发的支付业务许可证，涵盖了银行卡收单、互联网支付、预付卡受理等支付业务类型。

（三）P2P借贷

从产品种类来看，几乎所有的P2P借贷公司都发布信用标，同时为防范风险，大部分P2P借贷公司还发布抵押标和担保标。此外，P2P借贷公司还不断推出净值标、推荐标、友情标、重组标、临时标等创新产品。如表6所示。

表 6　部分 P2P 公司产品对比

公司名称	信用标	秒还标[①]	抵押标	担保标	净值标	推荐标	友情标	本地标	数量
e 速贷	●	●	●	●	●	●	○	●	7
红岭创投	●	●	●	●	●	○	○	○	5
365 易贷	●	●	●	●	●	○	○	○	5
新新贷	●	●	●	○	●	●	○	○	5
人人聚财	●	●	○	●	○	○	●	○	4
微贷网	●	●	●	○	○	●	○	○	4
温州贷	●	●	●	○	●	○	○	○	4
中宝投资	●	●	●	○	○	●	○	○	4
非诚勿贷	●	●	●	○	●	○	○	○	4
盛融在线	●	●	○	●	○	○	●	○	4
808 信贷	●	●	●	●	○	○	○	○	4
全民贷	○	●	●	○	○	○	○	○	2
人人贷	●	○	○	●	○	○	○	○	2
拍拍贷	●	○	○	○	●	○	○	○	2
畅贷网	●	○	○	○	○	○	○	○	1
数量	14	12	10	7	7	4	2	1	

注：①又称“秒标”，满标后立即连本带息还款，让对方快速获得利息回报，一般是为了感谢投资人，或者娱乐、庆祝等。

资料来源：第一财经新金融研究中心：《中国 P2P 借贷服务行业白皮书（2013）》，中国经济出版社，2013。

从交易规模来看，不同 P2P 借贷公司的交易金额、交易笔数和单笔成交额差异较大。P2P 借贷公司中，2012 年交易金额最高的已超过 20 亿元，交易笔数最高接近 7 万笔，最高单笔成交额为 56.4 万元，已经达到一定的规模。如表 7 所示。

表 7　2012 年部分 P2P 公司交易数据对比

公司名称	交易笔数(千笔)	交易金额(亿元)	单笔成交额(万元)
温州贷	39	21.8	5.6
盛融在线	3.2	17.8	56.4
红岭创投	68.4	14.9	2.2
中宝投资	2.4	11.4	48.5
365 易贷	27.1	6.4	2.4
808 信贷	14.1	6.4	4.5

续表

公司名称	交易笔数(千笔)	交易金额(亿元)	单笔成交额(万元)
e速贷	15.6	5.5	3.5
人人贷	5.1	3.5	7
全民贷	0.7	2.2	32.7
拍拍贷	19.7	2	1
微贷网	3.4	1.9	5.4
非诚勿贷	2.3	1.5	6.5
人人聚财	1.1	0.8	7.6
畅贷网	1	0.8	3.2
新新贷	1	0.6	5.7

资料来源：第一财经新金融研究中心：《中国P2P借贷服务行业白皮书（2013）》，中国经济出版社，2013。

1. 陆金所

上海陆家嘴国际金融资产交易市场股份有限公司（简称陆金所）是中国平安保险（集团）股份有限公司旗下的成员，成立于2011年9月，注册资金4.2亿元人民币。陆金所（www.lufax.com）作为中国平安集团倾力打造的网络投融资平台，结合全球金融发展与互联网技术创新，致力于为中小企业提供融资新渠道，为个人提供创新型投资理财服务。在健全的风险管理控制体系基础上，为中小企业及个人客户提供专业、可信赖的投融资服务，实现财富增值。

2. 人人贷

人人贷（renrendai.com）是人人友信集团旗下的公司及独立品牌。自2010年5月成立至今，人人贷的服务已覆盖了全国30余个省的2000多个地区，为几十万名客户提供服务，成功帮助他们通过信用申请获得融资借款，或通过自主出借获得稳定收益。作为中国最早的一批基于互联网的P2P信用借贷服务平台，人人贷已成为行业内有影响力的品牌之一。

3. 拍拍贷

拍拍贷成立于2007年6月，公司全称为“上海拍拍贷金融信息服务有限公司”，总部位于上海。拍拍贷拥有“金融信息服务”资质。拍拍贷致力于建立一个安全、高效、诚信、透明的互联网金融平台，规范个人借贷行为，让借入者改善生产生活，让借出者增加投资渠道。公司获得了2011年信息服务业论坛“最具创新模式奖”和“最佳贡献奖”（上海信息服务协会颁发）、2011年度最受欢迎理财服务奖（《理财周刊》杂志颁发）和创业邦2012年度中国创新成长企业100强（《创业邦》杂志颁发）等称号。

（四）众筹

从平台定位来看，国内的众筹网站主要可以分为综合型和垂直型两类，以点名时间、众筹网等为代表的综合型众筹网站发起的项目涉及面广，覆盖方方面面；而以淘梦网、乐童音乐等为代表的垂直型众筹网站则专注某一领域，如电影、音乐等。如表8所示。

表8　众筹网站情况一览

名称	网址	定位	项目分类	简　　介
点名时间	http://www.demohour.com	综合	科技、音乐、影视、设计、出版、游戏、动漫、摄影、其他	点名时间在两年时间里共收到7000多个项目提案，上线700多个。为了吸引更多的项目参与并得到用户支持，2013年6月末，点名时间取消了收取10%佣金的规定。
众筹网	http://www.zhongchou.cn	综合	科技、设计、活动、影视、出版、足球、租车、其他	众筹网通过引入集团担保业务，由担保公司先承担项目中期破产或者没有按约定的计划执行的风险，以确保资金返还给项目投资人。截至2013年12月底，众筹网共拥有238个项目，其中筹资成功54个。
追梦网	http://www.dreamore.com	综合	设计、科技、影像、音乐、人文、出版、活动、其他	追梦网是国内众筹网站的先行者之一，规划主要偏重科技、设计、艺术创造等创造性项目。目前实行完全免费策略。
觉 JUE.SO	http://www.jue.so	综合	觉 lab、手工制作、产品设计、展览活动、服装、音乐、出版、视频、其他	觉（JUE.SO）是一个创意孵化平台，通过整合发布、宣传、销售、生产、品牌合作等方面的渠道和资源，帮助创作人把想法和项目落地。截至2013年12月底，累计发起众筹项目165个。
中国梦网	http://dreamchina.com	综合	文学、音乐、影视、设计、游戏、科技、公益、其他	截至2013年12月底，累计发起37个项目，其中4个项目已经筹资成功，共筹资373589元，单个项目最高筹资额350227元。另外有28个项目正在进行中，5个项目筹资失败。

续表

名称	网址	定位	项目分类	简　介
淘梦网	http://www.tmeng.cn	垂直	动画、公益、爱情、感人、创意、励志、学生、动作、恐怖、音乐、喜剧、悬疑、科幻、深度、纪录片、其他	淘梦网是国内最大的微电影众筹平台,也是首家垂直型众筹平台,专注通过众筹的方式,帮助电影人获得拍摄电影所需的资金。截至2013年12月底,共有12个项目筹资成功,总筹资金额352490元,其中单个项目最高筹资额151300元。
乐童音乐	http://www.musikid.com	垂直	唱片制作、现场演出、音乐周边、音乐出版、电影视频、其他	乐童音乐是一个专注音乐行业的项目发起和支持平台,通过该网站可发起有关创意和音乐的项目和想法,并向公众进行推广。乐童音乐还能为项目发起者提供音乐资源整合,如选择录音室、巡演服务等。

资料来源：根据相关网站资料整理。

1. 点名时间

点名时间，又被称为“中国的Kickstarter”，成立于2011年5月，是一家有中国特色的众筹网站，是一个发起和支持创意项目的平台。点名时间要求项目不能以股权或资金作为对支持者的回报，项目发起人更不能向支持者许诺任何资金上的收益；项目的回报必须是实物（如产品、出版物）或者媒体内容（如提供视频或者音乐的流媒体播放或者下载）。点名时间项目接受支持，支持不能以股权或者债券的形式；支持者对一个项目的支持属于购买行为，而不是投资行为。

2. 追梦网

追梦网是上海追梦网络科技有限公司旗下的类Kickstarter众筹模式网站，是国内众筹网站的先行者之一。2011年4月追梦网创始人组建团队，2011年9月20日追梦网第一版正式上线，2012年9月25日完成改版。目前有科技、设计、旅行、人文、影视、音乐和出版等多类项目，截至2013年12月底项目数量达到300多个。

3. 淘梦网

淘梦网是最大的微电影众筹平台，隶属于北京淘梦网络科技有限责任公司，进行公司化运作，是国内首家垂直型众筹平台。专注通过众筹的方式帮助电影人获得拍摄电影所需资金。电影人可以拥有电影项目主页，分享电影拍摄计划，募集所需的资金启动电影梦想。同时还可以支持打动人心、产生共鸣的电影项目，获得项目发起人承诺的特色回报。

（五）互联网理财

自余额宝上线以来，类似的活期宝、现金宝等产品纷纷推出。这些产品的本质是T+0货币市场基金，发起者或其合作者拥有基金业务销售资格证书。在取现和使用方面，各产品之间的差异不大，大部分均可以实时转出到银行卡，拥有和银行活期存款同样的流动性。产品收益由于关联的货币基金不同，会出现一些差异，但都是银行活期存款利率的十多倍。此外，这些产品均开发了手机客户端，在移动互联网时代为客户使用提供了极大的理财便利。其中，余额宝由于其先发优势和阿里巴巴、支付宝的品牌效应，以及庞大的现有用户群等，在互联网理财产品中居于领先地位。如表9所示。

表9　互联网理财产品情况一览

产品名称	所属企业	等同购买基金	收益率	手续费	取现和使用规定	客户端
余额宝	支付宝公司	天弘基金	5.76%	推广期间免手续费	支持网站1个工作日取现到银行卡，手机客户端2小时取现到银行卡。 可以实时支付宝支付或转入支付宝账户。	网站、手机客户端
活期宝	上海天天基金销售有限公司（天天基金网）	货币基金	6.11%	推广期间免手续费	7×24小时随时取现到银行卡，实时到账。 可以转出直接购买货币基金。	网站、手机客户端
现金宝	汇添富货币基金公司	汇添富货币基金	6.42%	免手续费	支持T+0快速取现到银行卡。	网站、手机客户端
现金宝	众禄基金销售有限公司	海富通货币基金、银华货币基金	4.46%	免手续费	7×24小时随时取现，即刻到账。	网站、手机客户端
数米现金宝	数米基金销售有限公司（数米基金网）	货币基金	5.87%	推广期间免手续费	7×24小时随时取现，即刻到账。	网站、手机客户端

注：表中收益率为2013年12月24日的七日年化收益率。

资料来源：根据相关网站资料整理。

1. 余额宝

余额宝是由第三方支付平台支付宝公司打造的一项余额增值服务，于2013年6月13日上线。通过余额宝，用户能够得到较高的收益，也可以随时进行消费支付和转出，无任何手续费。用户在支付宝网站内可以直接购买基金等理财产品，获得相对较高的收益，同时余额宝内的资金还能随时用于网上购物、支付宝转账等支付功能。

2. 活期宝

活期宝是天天基金网推出的一款针对优选货币基金的理财工具。充值活期宝（即购买优选货币基金），预期收益最高可达活期存款的11～23倍，相对其他传统交易通道实行的T+1赎回确认到账方式，“活期宝”支持7×24小时随时取现，快速到账，同时有民生银行保障交易资金安全。

3. 现金宝

现金宝具有九大功能，可提升闲置资金收益，快速取现，自动攒钱，4折买基金，高端理财，还可信用卡还款、手机充值等。支持7×24小时免费快速取现，日最高取现额度高达500万元；实现40家银行信用卡还款实时到账。日复利计息，每天早上8点即可查询前一日收益；1分钱即可充值攒钱，1分钱也能快速取现。

三　信息安全评价

伴随互联网和电子商务的蓬勃发展，第三方支付、P2P借贷等互联网金融近年来在国内保持强劲增长。与此同时，诸多围绕互联网金融服务平台发生的信息泄露、网络攻击、违法犯罪等信息安全事件和案例不胜枚举，互联网金融服务面临着严峻的信息安全挑战，这给互联网金融服务企业已经敲响了警钟。

（一）互联网金融企业安全现状

互联网金融企业基本都是以互联网为工作平台和服务窗口，业务系统与服务网站都建立在互联网这个开放平台之上，面对互联网复杂的信息安全风险环境，互联网金融企业建立信息安全保护机制是必需的。

目前，第三方支付机构已经建立了行业准入门槛，支付机构信息安全能够有效管控。人民银行作为监管机构明确规定了非金融机构在申请支付业务许可证前6个月内应对其业务系统进行检测认证；并且，支付机构应根据其支付业务发展和安全管理的要求，至少每3年对其业务系统进行一次全面的检测认证，检测内容包括业务系统功能测试、风险监控测试、性能测试、安全性测试、文档审核；支付机构正式开办支付业务后，如果出现重大安全事故，业务系统应用架构变更、重要版本变更，生产中心机房场地迁移等情况之一的，还需要进行全面检测。

在国内第三方支付机构中，支付宝、汇付天下、通联支付、财付通、易宝支付等行业第一梯队机构的信息安全保障比较到位，服务设施在交易保护、账户保护、隐私保护、用户认证、终端环境保护等方面基本体系化，能够采取具体安全措施提供比较完整的信息安全保障。但是部分第三方支付机构盈利水平较低，还挣扎在生存边缘，安全投入较低，在互联网开放环境中信息安全风险威胁较大。支付宝全流程阶梯式信息安全风险管理如图3所示。2013年3月19日，上海《新闻晨报》报道，网络黑客从上海某电子商务有限公司电子预付费卡安全系统内卷走百万元巨款，经过上海公安机关两个多月的连续侦查，摧毁了一个利用互联网黑客技术盗窃商家电子预付卡内资金的犯罪团伙。据嫌疑人交代，他们通常选择发卡规模较小的公司，因为这些公司的系统漏洞一般偏大，容易入侵盗取预付卡数据。

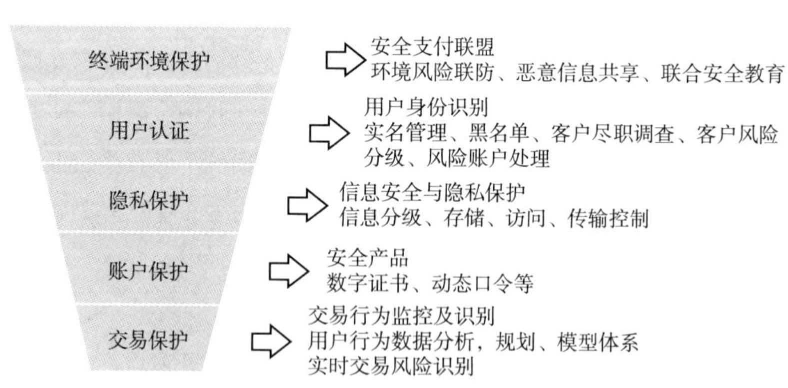

图3　支付宝全流程阶梯式信息安全风险管理

P2P 借贷公司、互联网金融服务门户、众筹融资平台等互联网金融企业尚未纳入人民银行业务监管范畴，其业务系统与服务平台信息安全风险控制主要是企业根据自身的业务发展需求、经营状况、安全风险判断等开展，在安全复杂的互联网环境中面临的信息安全风险威胁较大。据 CNCERT 统计，网站被植入后门等隐蔽性攻击事件呈增长态势，2012 年，CNCERT 共检测发现我国境内 52324 个网站被植入后门，其中政府网站 3016 个，较 2011 年月均分别增长 213.7% 和 93.1%；CNCERT 检测发现针对我国境内网站的钓鱼页面 22308 个。典型案例有“丰达财富”被黑客攻击勒索事件，开心贷以及温州多家 P2P 借贷网站被黑客攻击事件，它们都不同程度地遭受了服务网站首页被篡改、服务网站停止服务等信息安全攻击。2011 年和 2012 年互联网网络安全漏洞比较如图 4 所示。

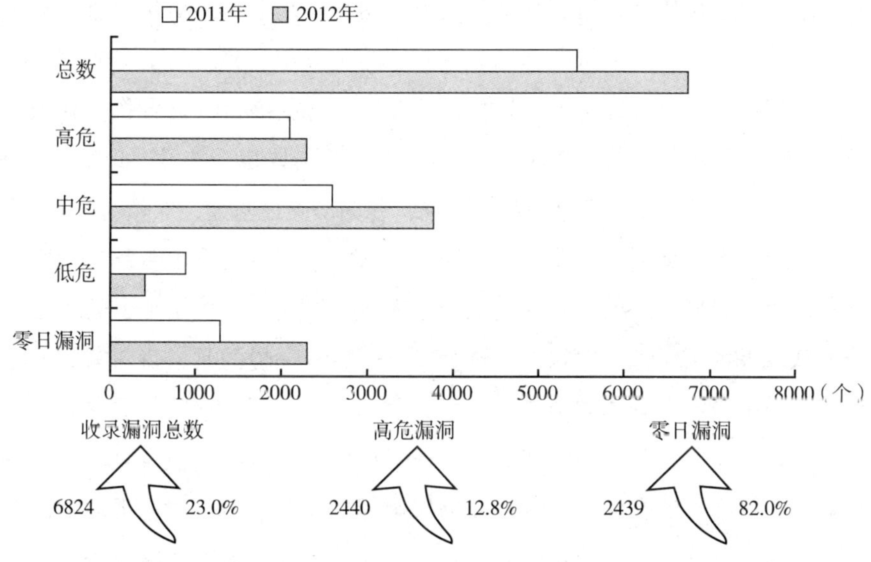

CNCERT/CNVD通过网站发布了Web网站常用框架软件Apache Struts Xwork的远程代码执行漏洞预警信息，陆续向监测发现存在该漏洞的近300个政府和重要信息系统网站管理部门通报了情况。

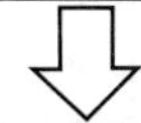

但截至2013年2月底，从CNCERT抽样检查的数据看，仍有约20%采用该框架软件的政府网站未及时修复。

图 4　2011 年和 2012 年互联网网络安全漏洞比较

资料来源：国家信息安全漏洞共享平台（CNVD）发布的《2012 年我国互联网网络安全态势综述》。

随着互联网金融企业信息安全意识不断提高，信息安全投入也在高速增长，信息安全技术水平持续提升，信息安全体系逐渐完善。主要采用的安全技术包括USBKey认证、动态口令认证、数字证书、钓鱼网站实时拦截等技术。国内第三方支付机构为了保证安全性，采取的主要安全措施如下。

一是采用安全套接层（Security Socket Layer，SSL）保护信息传输的机密性和完整性。SSL协议包括：服务器认证、客户认证、SSL链路上的数据完整性和数据保密性。几乎所有第三方支付都采用SSL协议保障底层安全。但由于SSL不对应用层的消息进行数字签名，因此不能保证交易信息的不可抵赖性，因此对于电子商务应用来说采用单一的SSL协议来保证交易安全是不够的。

二是采用实名认证、全额赔付等方式应对资金被盗、网络诈骗现象。如支付宝等第三方支付机构实行实名认证的方式防止网络欺诈，对用户进行双重身份认证，即身份证认证和银行卡认证。除了与公安部公民身份证号码查询服务中心合作校验身份证的真伪外，支付宝还与各大商业银行进行合作，利用银行账户实名制信息来校验用户填写的姓名和银行账户号码是否准确。此外，支付宝公司还在国内率先推出了“全额赔付”支付和交易安全基金，保障网民的利益。

三是使用数字证书保护用户账户安全。很多第三方支付平台都推荐使用数字证书，即使用户发送的信息在网上被他人截获，甚至丢失了个人的账户、密码等信息，仍可以保证用户账户、资金安全。值得一提的是，目前第三方支付平台普遍采用的数字证书并不是真正意义上满足《电子签名法》要求的CA机构签发的数字证书，而是内部建设一套证书注册审计系统，使自身具备证书申请、审批、下载、证书状态查询、证书撤销等功能。然而，对这类数字证书服务缺乏有效的监管，存在一定的安全隐患，并可能产生各种法律纠纷。

四是开发安全套件等安全保障技术。很多第三方支付机构为保护用户信息和资金安全，针对病毒、木马、钓鱼网站等安全威胁，不断进行技术创新，开发并实施了安全控件和风险实时监控等多重安全保障方法。

（二）互联网金融企业信息安全问题分析

尽管互联网金融企业采取了各种信息安全措施提高业务系统、服务网站的信息安全防护水平，但是还是存在行业普遍的信息安全不足等薄弱环节，主要体现在以下几个方面。

一是用户敏感信息和个人财产存在安全隐患。一方面，一些第三方支付平台要求用户提供真实姓名、联系方式、住址、银行账户甚至身份证号，大量收集用户的重要敏感信息，但对所收集信息的安全保护却并不到位，致使这些信息内容泄露，不法分子对数据进行窃取，或对用户的敏感信息进行非法获取，给第三方支付机构和用户造成损失。另一方面，钓鱼网站让用户真假难辨。很多用户在网络购物或网上支付时，都遭遇过网络钓鱼，骗子以低价等作为诱饵，诱使用户在假的网站或冒充的页面付款，资金被转入到指定账户，从而导致资金损失。网络钓鱼已经日渐成为威胁网民资金安全的头号杀手。

二是第三方支付机构安全技术防护能力薄弱。第三方支付机构安全防护措施不够，对安全技术防护能力的建设不够重视，主要体现在：支付系统没有安装防火墙和入侵检测系统；没有部署安全审计系统，缺乏安全事件监控、统一管理等措施；重要网络设备没有采取有效的网络安全配置管理，不当的网络安全配置造成恶意的网络入侵、非法访问网络系统、截获和篡改传输数据等安全事件发生；应急处理制度不完善，没有建立应急管理组织体系和预防处置机制等。

三是第三方支付机构内部安全管理制度不完善。多数第三方支付机构尚未建立起内部的信息安全组织架构，信息系统安全管理制度还不完备，致使网络安全防护与管理较混乱、安全管理执行规范缺失、安全管理人员配置不合理、安全策略不完整、风险管控能力不足等现象。

四是第三方支付机构安全意识薄弱。目前，第三方支付机构的安全意识还比较淡薄，没有充分认识到信息安全面临的国际国内形势和信息安全保障工作的重要性，对支付平台的操作风险、信用风险和法律风险等重视不够。首先，第三方支付机构的领导对信息安全的重视不足，导致信息安全工作不到位和难以开展。另外，一些员工认为信息安全案件都是偶然发生的，存在侥幸心理，从而导致安全措施执行不到位，安全制度无法贯彻。正是这些安全意识上的薄弱环节，导致了网络犯罪有机可乘。很多信息安全事件往往不是技术原因，而是由于系统运行维护人员的疏忽或不作为引发的。安全意识薄弱是安全问题发生的根源。

总的来说，互联网金融整体产业链上的安全防范水平参差不齐，从银行端到第三方支付到商户，内部的风险管理、安全防范水平呈现出逐级降低的趋势。部分第三方支付机构盈利能力弱，安全投入有待提高；行业的安全联防协作程度有待提高，高风险的客户、商户、IP 地址等黑名单共享有待加强；市场主体比较看重安全技术手段，忽视用户安全教育，用户的安全感不足，安全防范意识不够；网上支付和电子商务整体的行业基础设施、外部环境管理有待加强，业务连续性的保障力还不够。

（三）信息安全服务企业现状与分析

信息安全服务需求的集中增长很大程度上带动了信息安全服务行业的快速发展，转型进入信息安全服务领域企业的数量明显增加。以国家信息安全服务资质申请企业的数量为例，提出国家信息安全服务资质申请的企业总体数量 2011 年有 110 家，2012 年为 123 家。由于信息安全服务行业的整体快速发展，很多信息安全服务企业的规模迅速扩大，部分较早进入信息安全服务行业的企业，通过资金积累及政策支持投身于资本市场并成功上市。据不完全统计，与信息安全服务相关的上市企业包含北京神州泰岳、北京神州绿盟、北京启明星辰、沈阳东软、北京太极计算机、万国数据、成都卫士通、华胜天成、紫光华宇、荣科科技、杭州新世纪、北信源和北京捷成世纪。国内信息安全服务市场的主流厂商还有 EMC/RSA、IBM、江民、吉大正元、卡巴斯基、金山、McAfee、瑞星、上海格尔、赛门铁克、趋势科技、思科、Fortinet、华三通信、山石网络、华为、Juniper、网神科技、网御星云、安氏领信、深信服、天融信、网康科技、360、中电网际等。主要信息安全产品和服务如下。

1. 智能芯片类产品

目前，金融行业应用最多的还是一代 USBKey 产品，这代产品应用较为简单，使用量大，但无法有效阻止来自网络攻击者的远程挟持，存在安全风险。目前银行开始使用二代 USBKey 产品（带有液晶显示及按键确认功能）以减少安全风险。2012 年 5 月，中国人民银行发布了标准《网上银行系统信息安全通用规范》（JR/T0068—2012），其中明确规定 USBKey 在三年内达到增强性安全要求，目前部分厂商的二代 USBKey 已申请 EAL4 + 测评，二代 USBkey 将

最终替代一代 USBKey。相关产品主要厂商有：华虹、华大等。

2. Web 应用安全类产品

根据 Gartner 的调查，信息安全攻击有 75% 都是发生在 Web 应用层而非网络层上。市场主流产品有 Web 防火墙，主要实现对 Web 服务入侵的检测能力，不同厂商技术差别很大，不能单以厂家特征库大小来衡量，主要看检测效果。市场上的 Web 应用安全产品仍然以 Fortinet、Imperva、梭子鱼等为主流。国内的主流信息安全厂商包括启明星辰、绿盟、网御神州等。

3. 边界安全产品

传统的防火墙解决方案在应对当前大量的威胁以及不断变化的应用环境时有时显得力不从心。下一代防火墙（NGFW）发展是大势所趋。NGFW 应该是一个线速（Wire-speed）网络安全处理平台，在功能上至少具备以下几个属性：①传统防火墙的功能；②支持与防火墙自动联动的集成化 IPS；③应用识别、控制与可视化；④智能化联动。NGFW 从功能上满足了用户多个层次的安全需求（如 FW、IPS 及应用访问控制），可以简化企业边界安全部署。

4. IDS/IPS（攻击检测系统/入侵防御系统）产品

作为专门的攻击检测及防御类产品，IDS/IPS 随着网络技术和相关科学的发展日趋成熟，经过了从被动应战到主动防御的发展过程。目前 IDS/IPS 产品都存在不同程度的误报和漏报现象，这主要与 IDS/IPS 的检测机制有关。综合运用多种检测机制，包括特征对比、协议异常分析等技术可以显著降低 IDS/IPS 误报和漏报比例。IDS/IPS 同时需要引入数据挖掘技术、神经网络、专家分析系统等技术，提高信息综合分析的能力以及攻击检测的准确性。最近几年 IDS/IPS 主要的新技术和新服务有信誉服务、无线 IDS/IPS 改进、SSL 加密流量在线检测、虚拟环境中 IDS/IPS 应用等。

5. 内网安全管理产品

内网安全管理通常意义上是指企业内部网络环境安全管理，其管理对象包括构成内网的所有单元，如内网终端、服务器、网络设备、网络安全设备（如防火墙）。管理的范围涵盖了所有内网相关的计算机、网络设备安全、内网用户网络行为规范、内网中所有的企业数据保护等，此外还包括内网与互联网的边界安全等。结合当前业界关注的焦点和相关产品的设计思路，当前内网安全的核心是数据安全和管理安全，也就是如何通过各种技术、手段、工具以及管理方法来阻止内网数据的泄漏。内网整体安全解决方案通过终端保护、上网行为管理、文档安全、违规外联监控、补丁分发、资产管理等设备及技术相结合形成新的内网安全管理体系。身份管理、访问控制软件将成为内网安全管理的重要组件。基于身份的应用管理包括身份识别、权限控制、行为审计等多方面。从终端接入控制的角度考虑，可以加强身份认证技术在终端安全管理中的应用。

6. 云计算安全产品

目前，市场上的云安全防护产品质量参差不齐，很多“云安全网站防护系统”只是打着“云安全”的幌子，本质还是传统的安全防御架构和技术，其应用效果也和传统产品相差无几。与传统安全防护模式相比，智能学习、资源灵活是云安全模式的典型特点，实时更新的规则可以帮助用户网站更快速、更有效地应对最新的安全威胁，并采取相应的防护手段。尽管目前业界对云计算安全问题还没有形成一套完整一致的理论体系、标准体系，但是已经有中电网际等一批企业开展了探索和研发工作，并已经在实践中逐渐摸索和总结了一些颇有价值的成功经验。

7. 移动安全相关产品

对用户而言，由于不能有效识别移动应用软件的可信性和功效性，这些移动互联网恶意程序窃听用户电话、窃取用户信息、破坏用户数据、擅自使用付费业务、发送垃圾信息、推送短信或者欺诈信息、影响移动终端运行，一旦入侵支付和网上账户等系统，更会带来无法估量的经济损失。在 2012 年的国际通用准则（CC）大会上，移动安全也成为一个热点议题。从“移动支付的安全”到“智能手机应用软件的安全测评”，移动互联网的安全问题正日益受到重视，相关产品的安全测试也更加凸显其重要性。移动互联网厂商们对产品的安全性日益重视，目前，已有国内厂商的手机安全软件产品申请 EAL2 级测试。

8. 信息安全服务

传统信息安全服务包括安全咨询服务、等级测评服务、风险评估服务、安全审计服务、运维管理服务、安全培训服务等内容。随着信息安全服务市场的

快速发展，信息安全服务逐渐出现专业化、特色化、创新化等特点。奇虎 360 公司通过提供安全卫士、杀毒、浏览器、安全桌面、手机卫士等互联网全方位安全服务，形成了专业的互联网安全品牌；中电网际以服务能源、金融、电力等国家基础信息网络和重要信息系统安全为使命，以面向国家重要信息系统的高端咨询和安全防护为主线，发挥央企资源优势和信息安全能力优势，提供行业级、企业级的基于攻击语境的积极主动防御综合服务。

国家《信息安全产业“十二五”发展规划》明确指出，信息安全产业是保障国家信息安全的战略性核心产业，肩负着为国家信息化基础设施和信息系统安全保障提供信息安全产品及服务的战略任务。“十二五”时期是我国全面推进经济和社会信息化的关键时期，迫切需要加快发展信息安全产业，提供安全可控的信息安全技术、产品和服务。

由于历史的原因，我国在高新技术领域的实力与国外相差较大。在产业化体系的深度和广度层面的积累还有不足之处，特别是在核心的信息安全技术层面及体系化层面与发达国家有较大的差距。目前，我国的信息安全产业主要存在以下问题。①产业整体相对弱小，产业投入不足，缺乏有效的融资渠道；②关键产品和高端服务依赖进口，产业核心技术积累不足；③精细化管理能力较弱，有效的系统性风险控制能力亟待提升；④产业创新能力急需提升；⑤缺乏引领产业发展的大企业，信息安全企业税负沉重；⑥高端信息安全人才不能满足产业快速发展的需要；⑦产业管理体制迫切需要调整优化，迫切需要统一的管理部门的引导；⑧产业发展战略需要尽快明确，产品发展环境有待完善。

总之，我国信息安全服务企业的信息安全技术水平和服务保障能力基本能够满足互联网金融服务需求。不足之处在于我国信息安全行业整体协同能力较弱，国家与行业的信息安全能力整合不足，对于互联网金融行业的信息安全现阶段仍缺乏保障方案。

B.9

互联网金融展望

一　大数据时代的现代金融

（一）大数据带来的挑战与机遇

大数据时代，金融行业除分析传统的账务及报表数据外，还要分析海量激增的图像、音频、视频等非结构化数据。

1. 大数据对现代金融的挑战

（1）大数据对金融行业的硬件基础设施造成冲击

据麦肯锡权威报告分析，全球企业2010年在硬盘上存储了超过7EB的新数据，消费者在PC和笔记本电脑等设备上存储了超过6EB的新数据，1EB数据相当于美国国会图书馆存储数据的4000多倍。硬件技术发展已跟不上数据容量的增长速度，数据存储和处理面临较大压力。

金融业是信息密集型产业，每天要产生海量数据。据统计，目前沪深两市在交易时间内，每4小时就会产生3亿多条逐笔成交数据，数据积累速度和规模对存储要求非常高。

大数据对数据基础设施架构带来冲击：传统架构在扩展性、实时性、可靠性方面都有所欠缺；数据量激增要求金融企业的IT基础设施具有良好的可扩展性和伸缩性；社交网络、移动互联产生的海量交互数据需要进行实时挖掘分析，以创造和改进产品与服务。金融企业需要对IT基础设施架构进行改良与创新。

（2）大数据滋生的新型金融业态参与市场竞争，影响金融市场竞争格局

互联网企业跨界涉足金融业日趋常态，初创企业大量涌现，对传统金融业多个领域形成冲击。新型金融业态参与市场竞争的原因包括但不限于如下因

素：信息技术飞速发展、金融业开放竞争市场格局以及监管滞后等，客观上降低了金融服务业的准入门槛。支付结算、投融资服务、流通货币、银行、保险、证券、基金等均受冲击。

新型金融业态或潜在进入者借助互联网、大数据等信息技术的创新进步，从金融业薄弱环节切入，通过创新商品或服务打破原有市场结构。传统金融机构受现有组织架构和内部数据结构条块分割限制，难以有效挖掘自身竞争优势。

金融业潜在进入者由两类企业构成：一是以互联网企业为代表的跨界企业，如阿里巴巴、京东商城、谷歌等，主要优势是凭借在互联网领域的多年积累，掌握大量用户数据，通过对用户数据的精确分析和深度挖掘为用户提供专业金融服务。二是互联网金融时代的初创企业，如支付宝、财付通等第三方支付企业，人人贷、宜信、Lending Club 等 P2P 网络小贷企业，以及一些小额信贷公司比如 Kabbage 等。

此外，大数据还使金融数据安全问题更为突出。大数据的基本特征及安全隐患，对政府制定规则及监管部门发挥作用提出新挑战。

2. 大数据带来的机遇

（1）大数据促进金融行业的转型

大数据给中国金融业带来转型发展的历史机遇。未来的金融企业将以智能数据分析系统为平台，利用大数据技术来挖掘信息，支持业务创新和服务创新。大数据支持金融业自我升级和转型的方式主要体现在三个方面。

第一，大数据将促成中国金融行业建立全新的风控体制，向有效监管转型。大数据技术对客户资信信息和交易信息进行深度挖掘、实时监控，使潜在风险容易被审查出来，降低管理成本。

第二，大数据将支持中国金融企业转型为以精细化管理为主导的现代企业。大数据的核心优势在于信息挖掘，精细化管理的首要条件是充分信息化，涉及对象包括业务信息化和管理信息化。

第三，大数据推动金融企业从“一切为了利润”“实现股东利益最大化”向“一切都以客户的满意度为标准”转型。大数据掌握的海量客户信息可以用于分析客户消费行为模式和客户偏好选择，使客户对产品服务更满意，并可根据不同客户的需求开发出不同产品，达到差异化竞争的目的。唯有如此，金融企业才能真正实现以客户为中心，并促进金融业良性循环发展[①]。

（2）大数据在现代金融中的应用

大数据在现代金融业中有广泛的应用空间。传统静态化、结构化数据都是以报表、数字形态存储于数据库，大数据时代，数据大多以图片、声音、影像等非结构化形式存在，企业进行数据分析需要建立相应的非结构化数据平台，集中文本、图片、视频、社交网络数据，进行流数据处理及内容计算。大数据技术分析手段通过流计算[②]和内容计算[③]，在现代金融中产生如下应用。

第一，社交媒体及舆情分析。通过爬虫技术将数据从社交网络中爬下来，置于非结构化数据平台中，利用内容计算方式进行分词处理、句法分析，分析金融机构在客户中的口碑、品牌知名度及其提供的产品服务质量，帮助金融机构实时了解市场动向，做好舆情监控。

第二，利用大数据进行风险暴露分析、事件监测。进行关联企业、交易对手风险暴露分析需要整合的数据有两类：一是监管机构的监管文件，包括但不限于交易所、证监会、银监会、公安部门等；二是囊括新型社交网络及传统媒体数据，这些数据可以分析企业的社交网络，实时展现企业和外界的联系。

第三，大数据提供全新的沟通渠道和营销手段。社交媒体与移动互联的兴起产生大量交互数据，为金融企业提供全新的客户接触渠道[④]。金融企业积累了大量的客户数据，对客户数据的挖掘可以获得更为完整的客户拼图。客户信息的激增正引起数据革命，大数据的作用是挖掘客户价值使其走向消费智能，

---

① IDC 中国：《大数据将引发金融行业重要变革》，《通讯世界》2013 年 4 月。

② 流计算的主要实现方式就是数据采集：利用物联网技术采集传感器中的位置数据和体感数据，利用爬虫技术采集网络日志、网络点击中的文本数据，并将这些数据流进行实时分析。流计算甚至可以采取某种算法或者某种业务规则，将符合这些算法或规则的数据截取出来，进行判断。电话银行和信用卡管理普遍采用流计算方式，并且在治理诈骗和骚扰的过程中取得实质性进展。

③ 内容计算是相对于传统数据处理的计算方式。对诸如新闻、报道、文献之类的内容，通过分词处理、内容归档，建立缩影来进行分析。

④ 一个很经典的例子便是光大银行利用微博营销来建立品牌形象：光大银行在微博上发起的名为“95595 酒窝哦酒窝——光大电子银行酒窝传递”的活动，在微博上迅速蹿红，使得光大银行的客服电话号码一夜被人熟知。

为金融企业创造大量增值服务商机。借助大数据，客户可以方便地依据信息做出决策，提供消费智能服务的金融企业则能有效增加客户黏性，提高客户忠诚度，实现互利双赢。

第四，大数据加强风险管控，有助于小额信贷业务转型，加速在高频交易、精准营销等领域推进。在风险管控、小额信贷方面，利用大数据可将银行本身收集的客户交易数据，客户的外部交互数据，包括市场趋势、监管信息、新闻信息等联系起来。保险公司可将投保系统和全国医疗系统整合，获取客户体检信息及病历，有效地减少投保信息不对称，降低逆向选择。

在高频交易方面，交易双方大量实时、准确、全面的交易信息能够有效降低交易的摩擦成本。高频交易具有实时性和数据规模巨大等要求，金融投资机构基于大数据技术对历史和实时数据进行挖掘，改进交易模型。

在精准营销方面，依托信息技术手段建立个性化的客户沟通服务体系，使公司的营销沟通更精准、可衡量，并产生较高的投资回报率。金融企业基于客户的内外部数据，对客户进行细分，进行无缝推送。

（二）大数据时代的征信系统

征信系统是征信机构开展征信业务的信息处理系统，负责数据的采集、整合、交换加工分析、挖掘和对外服务。通过征信服务，可以让拥有良好信用记录的个体与企业的交易成本更低。征信服务在防范信用风险、降低融资成本、维护金融稳定和改善金融生态方面也至关重要。我国现有的央行征信系统从2006 年建成并开始投入运营，目前覆盖范围逐渐扩大、服务能力不断提高、征信产品日益丰富。阿里金融通过阿里巴巴、淘宝、天猫、支付宝等平台，建立起网络征信系统，为网络微贷等金融活动提供风险防控的基础设施。

1. 大数据对征信系统的影响

由服务器集群组成的计算处理环境和大规模数据存储环境，促进按使用量付费，并对当前征信系统的信息收集、处理分析和使用理念产生影响。

（1）社交媒体对征信系统的影响

社交媒体改变了人与人之间的交流方式，带来更为丰富的数据信息，并对征信系统产生影响：一是通过社交媒体获得对征信系统和征信服务的反馈，对社交媒体如论坛、微博、微信和邮箱等非结构数据的挖掘，获得对征信系统的社会反馈或新推出的征信服务的大众评论。二是通过社交媒体的信息或其他非结构化文本信息，完善信用主体的统一信息视图。美国的花旗银行已使用 IBM 大数据技术，对社交媒体和网页的信息进行分析和挖掘，获得更详细的客户视图，加强风险管理和客户关系管理。三是通过社交关系，评判信贷情况。从法庭记录、租金支付情况，到电费、电话费账单，征信机构无所不查。

（2）云计算对征信系统的影响

征信系统可以通过建立私有云平台，对内或对外提供如下服务：一是云计算平台可方便征信系统中海量数据挖掘的研发和仿真测试。通过征信私有云平台，研发和测试人员可以共享计算和存储资源，对征信海量数据进行挖掘和分析。二是云计算平台可通过面向商业银行等信贷机构的专用接口方式支持征信系统提供定制化数据处理服务，保证数据的安全性，提高服务灵活性。商业银行可根据需求设计自己的模型/算法/脚本，利用征信系统云平台，使用征信数据，进行计算分析。应充分利用征信系统大样本、全覆盖、跨周期的数据资源，同时保证征信系统与商业银行的数据隔离。通过数据服务，使征信系统与商业银行业务系统在当前信用报告接口查询的基础上实现更高层次的融合。

（3）移动互联网对征信系统的影响

移动互联网的实时、自由、随时随地、碎片化等属性将产生新的经营模式和业务边界，使金融应用和金融服务向最终客户贴近。移动互联网的金融服务使个人身份认证更精确，并提高了金融数据收集能力。征信服务可作为移动金融服务的一部分内容。基于互联网、移动终端等电子渠道的征信系统服务平台，负责实现电子渠道的数据报送、产品加工和产品服务，包括接口模式和在线模式，存储部分生产数据，可实现互联网终端征信业务处理。

2. 征信大数据的未来

征信系统与 IT 技术结合，依托海量银行业务数据和客户数据，为金融业创造更大价值。在国外，Equifax 通过构建数据创新团队和收购中小型 IT 高科技公司为大数据产品和服务的研发进行布局；Experian 开发出跨渠道身份识别引擎连接客户消费接触点来进行大数据的深入应用。

征信系统的数据未来将具有以下特点：（1）从数据量角度看，未来征信

系统的数据量会激增，包括证券数据、保险数据、商用信用数据、消费交易数据和公共事业缴费数据等，不同征信系统之间也会发生数据交换；（2）从数据流转速度角度看，数据实时采集、实时分析、实时服务将是征信系统未来的趋势；（3）从数据多样性角度看，非结构化数据将成为征信系统的新数据源；（4）从数据处理准确性角度看，提高计算模型的准确性对征信系统尤为重要；（5）从数据价值角度看，征信记录汇集的价值极大，可从中发现信贷风险的规律，挖掘出信贷欺诈模式，及微观信用主体的风险特征、中观和宏观的金融信贷趋势和结构描述等信息。

二　互联网金融发展趋势

（一）移动化和电商化

1. “移动化”

金融领域引入移动信息技术后的移动支付，允许用户使用移动终端对所消费的商品或服务进行支付，使银行服务逐渐从前台退向幕后。手机在第三方支付平台进行无线支付已在很多领域实现，具有使用方便、及时等优点。互联网金融移动化将会有较为广阔的发展空间，指尖上的金融日益融入人们的日常生活。随着网民使用手机上网比例的上升和移动设备硬件提供的支持，移动金融的应用形式更加丰富，支撑的应用场景越来越多。如物理感应的应用和二维码技术的运用：腾讯推出“摇一摇”转账功能，用户通过摇动手机感应对方的虚拟网络账号，输入转账金额可实施小额转账；大部分移动设备搭载摄像头和通信组件，可用移动设备识别二维码。

传统金融业在现代网络金融和金融电子化冲击下的可能趋势：一是传统零售业务通过网络金融走向电子化和标准化；二是物理网点和金融场所主要为高净值财富人群提供具有高专业水平的私人理财、个性化、差异化服务。

2. 金融“电商化”

随着信息技术和互联网的发展，商业银行、证券公司等传统金融机构走向网络服务，具有互联网运营基础的非金融企业也通过网络渠道，在数据开发的基础上挖掘金融服务的商业价值，向客户群提供金融服务。电商企业提供的第三方支付，由于具有海量客户数据，能够通过信用数据和交易行为数据进行技术征信分析，比传统金融机构更具创新意识，拥有庞大客户群，也开始逐步进入金融领域，提供金融服务。

互联网电商企业可以充分了解商户的资信情况，有效解决小微企业信息不对称问题，降低金融交易的信息成本和交易成本。阿里小贷代表了这一模式的发展趋势。

（二）一体化服务平台

只要政策允许，大数据时代的电商行业完全能够承担“信贷”和“支付”两大传统金融的基本功能。随着金融业的改革开放，金融市场更开放，利率市场化、资本全球化和资金脱媒化等趋势为传统金融企业和电商企业带来转型发展机遇，掌握大数据核心技术，加强合作与创新，建立具有系统功能的综合型金融服务平台。

银行、券商和电商等机构均有海量客户交易信息和数据资产。随着信息网络技术的成熟、互联网技术的不断升级和电商金融化的快速发展，创建综合业务的一体化服务平台是一个重要的发展方向。金融客户在一个界面上办理各种业务，节省了交易时间和成本，同时促进金融业之间的协作力和融合度。

2012 年 11 月，京东商城与中国银行北京分行合作打造“供应链金融服务系统”，结合京东商城供应商评价系统、票据处理系统、结算系统、网上银行等电子金融渠道，面向京东商城供应商设计出集多种金融服务于一身的综合型金融服务平台，减少了业务处理时间，降低融资成本，提高融资效率。

此外，网上银行和手机银行将改变交易导向的单一模式，增加更多的社交和游戏元素，传统金融机构综合服务平台将增加社交化和游戏化特征。

专栏1　传统网上银行服务平台的社交化、游戏化趋势

1. 案例 1——印度工业与投资银行的 Facebook 应用

印度工业与投资银行（ICICI）是印度的一家大银行，按资产规模排名是印度第二大银行，按市值算是印度第三大银行。ICICI 在印度有 2883 家网点，

10021 台 ATM，在 19 个国家设有分支机构，总部设在印度孟买。

ICICI 是利用社交平台拓展银行服务的先行者。2012 年 9 月，利用 Facebook 提供的开放接口，在 Facebook 上发布了银行应用程序。用户在 Facebook 上就能直接访问账户、进行账单查询、升级银行卡等活动。后续，ICICI 还打算把转账、支付等账务性交易业务融入进去。

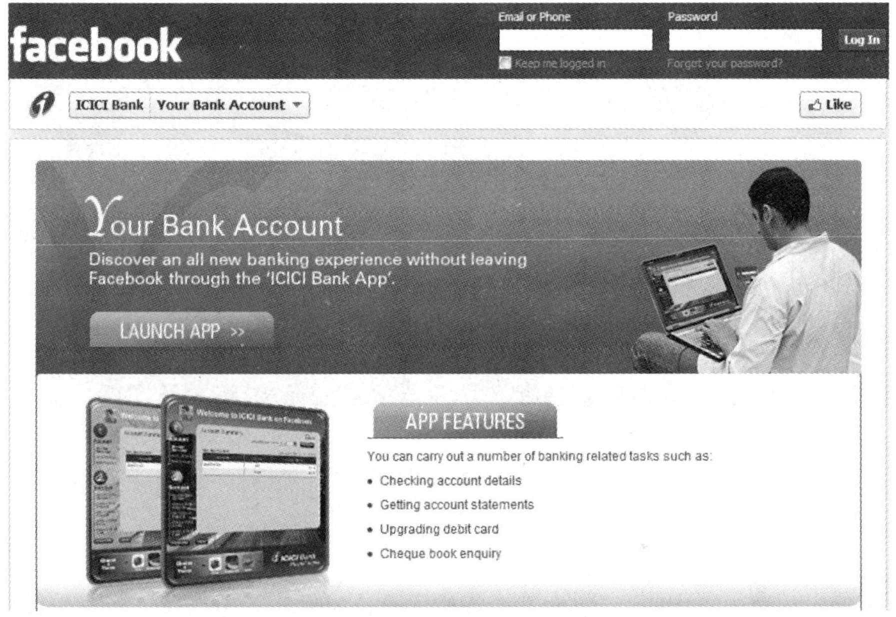

图 1　Facebook 提供的银行应用程序

ICICI 希望通过借助社交网络的用户黏性，让用户无缝地访问银行应用，实现银行服务与社交的融合。这种融合不仅仅是技术上的融合，更是一种服务理念的体现——客户在哪里，银行就把服务推送到哪里，做客户身边的银行。银行服务无缝地嵌入社交网络中，让用户在有需要的时候，以一种很自然的方式使用银行服务，会给用户完全不一样的体验。

2. 案例 2——马来西亚第二大银行联昌国际面向青少年群体的 CIMB Youth（青年储户银行）

这家银行的主页采取了一种卡通风格的展示方式，模拟了一个普通家庭的居住环境，而用户则可以通过点击这个虚拟房间内不同的家具，轻松地观看

CIMB Youth 提供的内容或参与到它提供的游戏当中，相比呆板的字符菜单方式，这种展示和互动方式无疑更受年轻用户的青睐。同时用户还可以将他们在这里所做过的事，通过 Facebook、Twitter 等社交网络分享给他们的朋友和粉丝，这样自然会吸引更多的对这些事情感兴趣的人访问这个网站，其中的一些人则很可能成为 CIMB 的新客户。

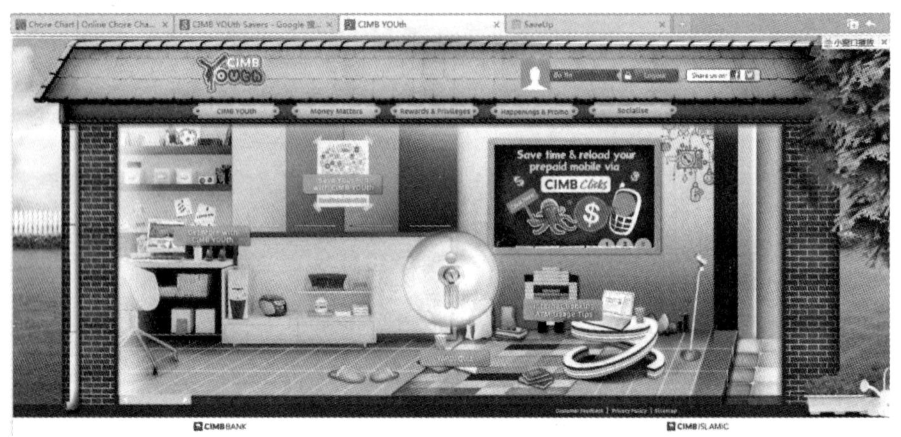

图 2　CIMB Youth 的主页

在 CIMB Youth 的虚拟房间中，用户通过点击家具就可以看到诸如网银和 ATM 使用指南、CIMB 的信用卡具有哪些优惠、如何使用个人储蓄目标工具等内容。如果用户在 CIMB Youth 开立了一个账户，那么通过阅读特定的文章（如个人财富管理方面）还可以获得一些如账户积分这类的奖励。

此外，CIMB 已经在 Facebook 上创建了几个针对马来西亚青年的游戏。Fast Forword 就是其中之一，它模拟生活场景，玩家在游戏中做出决定后，就能够看到这些决定如何影响他们的个人财务状况。CIMB Youth 的主页上设有专门的区域，用来链接这些发布在社交网络上的游戏。目前，CIMB Youth 还计划通过这种让马来西亚青年玩游戏的方式让他们学习个人理财。这个计划的受众尤其重要，因为 28% 的马来西亚人是 15 岁以下的少年，48% 是 25 岁以下的年轻人，75% 的人口在 40 岁以下。而游戏这种沟通和互动方式对于这一人群来说，要比其他方式更具优势。

除了通过游戏的方式让用户学习个人理财之外，CIMB Youth 还提供了个

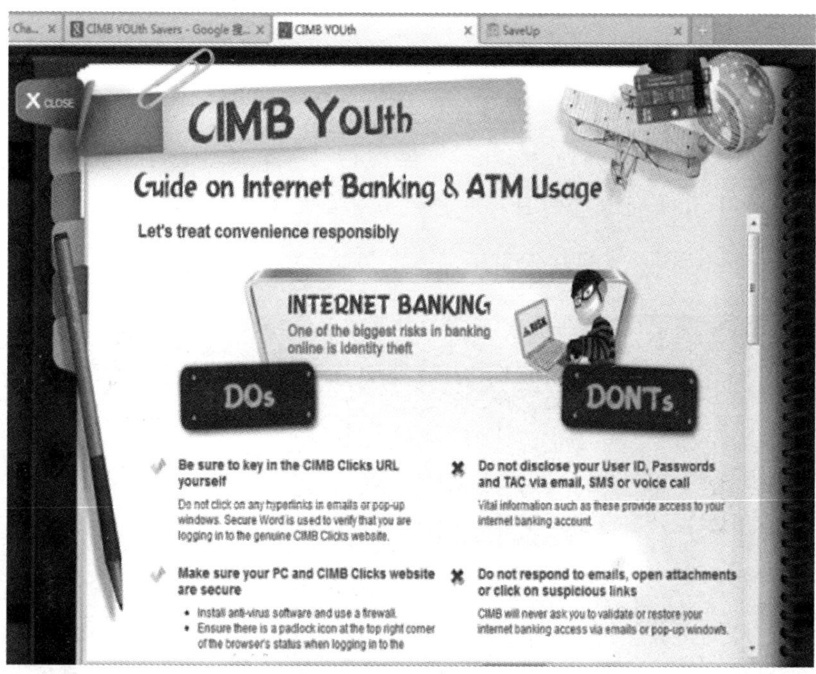

图 3　CIMB Youth 主页中的网银和 ATM 使用指南

My Savings Goals Tool

Quick Guide

Goals	Start Date	Dec	Jan	Feb	Mar	Apr	May	Jun	Jul	Aug	Sep	Oct	Nov	Action
		2011												
iPhone	Jun 2011							•	•	•	•	•	•	Share | Achieved | Abort
Nike Shoes	Jun 2011							•	•	•	•	•	•	Share | Achieved | Abort
Sony Camera	Jul 2011								•	•	•	•	•	Share | Achieved | Abort
iPad2	Sep 2011										•	•	•	Share | Achieved | Abort

- Goal Met

View My Savings Goals Summary　Create New Savings Goals　Benchmark My Savings Goals

图 4　链接到 Facebook 的 Fast Forword 游戏登录界面

人储蓄目标工具（My savings goals tool），如果用户拥有一个账号，他就可以使用这个工具来创建储蓄目标（比如存下一笔钱用来购买 iPhone、耐克鞋或者索尼相机），通过这个工具，用户可以跟踪自己储蓄计划的进展，在潜移默化中培养用户使用个人财富管理工具和理财的习惯，而且，用户还可以通过 Facebook 或 Twitter 将自己的目标和进展分享给他的朋友们。如果用户按期达到了他的财务目标，银行还会给予一定的积分奖励。

图 5　CIMB Youth 的储蓄目标工具

3. 案例 3——澳大利亚联邦银行的投资仿真游戏 Investorville（投资者小镇）

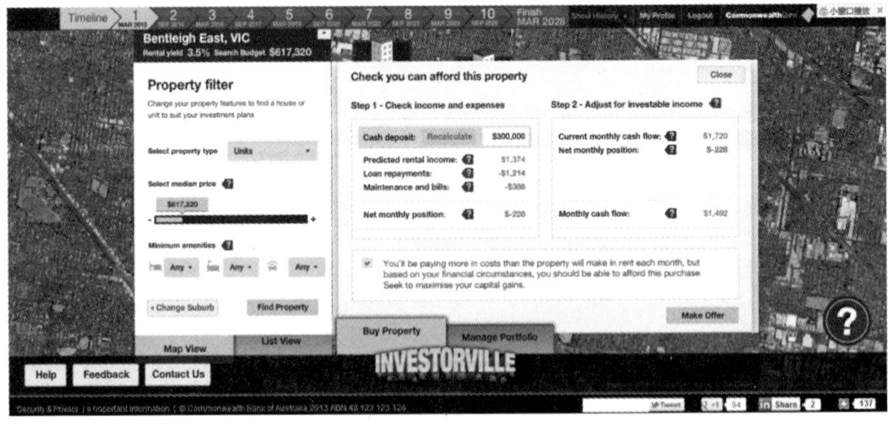

图 6　Investorville 主页

这是澳大利亚联邦银行推出的仿真游戏 Investorville（投资者小镇）。这个游戏模拟了购买投资性物业的过程，包括申请、获得和偿还抵押贷款或其他贷款。它的目的是向客户展示在澳大利亚购买投资性物业的过程以及其间对自己财产产生的各类影响——包括资金、税收和维修费用等。

在游戏的开始阶段，玩家会选择一个初始角色。澳大利亚联邦银行按照对统计数据的分析，将角色概括为刚刚进入社会的新人、单身、新婚夫妇、有两个孩子的家庭以及空巢老人五种，他们的年收入、存款和每月可支配收入等各不相同，这些角色则基本囊括了目前该银行客户的收入状况。基于这个角色，客户在真实的澳大利亚进行模拟投资。

在整个游戏过程中，所有的数据都是真实的，玩家可以通过谷歌提供的卫星地图对房屋的位置有一个非常直观的认知，而在选定某一处房屋后，游戏会提供房屋的具体情况、出售价格、维护费用以及该地段的平均租金等详细信息。而当玩家打算购买时，游戏就会弹出一系列的图表，说明这一投资行为对玩家的资产状况会有怎样的影响，这些数据同样真实，如果这名玩家是澳大利亚联邦银行的客户，并真的准备购买这座房产的话，那么这些数据对于他的最终决定就会产生实质性影响。

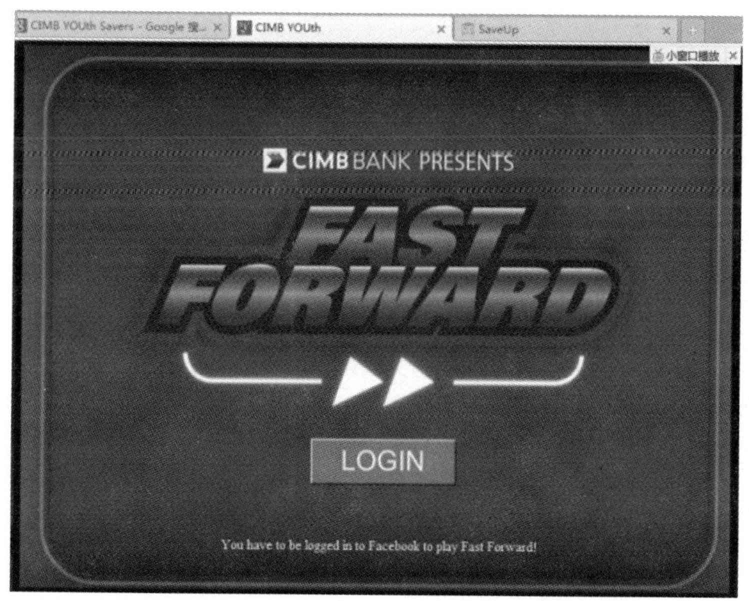

图 7　Investorville 为玩家提供的投资参考信息

在接下来的游戏中，游戏还提供了诸如调整房屋出租价格、改建、维修房屋以及出售房屋等内容，并针对玩家的不同行为给出相应的参考意见以及对玩家资金状况的影响，比如当玩家把房屋的租金调低时，游戏会告诉玩家过低的租金可能会导致玩家的收益受损，适当调高租金并不会让房屋无人问津。而玩家则可以通过游戏提供的资产统计图表，更加直观地观察到自己的行为对于自己资金的影响。

通过这类游戏，玩家对整个投资流程和相关细节都有了一个比较清晰的认识，而银行也通过这类游戏将客户或潜在客户同自己的金融服务和产品紧密地联系在一起，并帮助客户实现他们的投资目标。同时，由于这些客户在游戏过程中已经了解了大量属于银行的金融产品和服务的信息，因此，也将为银行带来更多的盈利。

（三）网络金融服务和产品的全面创新

海量数据库和数据处理结合，给网络金融服务创新带来无限改进思路和发展空间。在大数据时代，互联网金融更加凸显竞争性服务行业的本质，不断提高服务质量和更新服务方式是互联网金融未来的经营主旨。在渐趋成熟的强大信息网络技术的支持下，面对日益激烈的行业竞争，积极提高服务客户的能力，才能够不断巩固核心竞争力。可以预见，更全面的网络金融服务和更丰富的金融产品创新将成为行业竞争常态。网络金融服务商可根据掌握的客户交易偏好和需求，定制个性化服务和产品。

近日，宜人贷 P2P 网络咨询服务平台推出一站式网络出借服务“宜定盈”。出借增值服务凭借“智能投标”和“循环出借”两大系统功能，借款给宜人贷平台上的信誉客户。之前，考虑到风险分散因素，出借人每投一个借款标的，都须等候其他出借人一同对该借款标的出资，用户需要多次网上手动操作才能完成循环出借资金。“宜定盈”出借增值服务系统通过智能投标设定，大幅削减了投标进程和资金占用时间，提高了资金的利用率。

（四）出现具有广泛认可度的服务品牌

随着互联网金融的发展，网络金融将成为客户享受金融服务的一种主要途径。竞争的加剧和客户的选择要求网络金融提供者必须打造具有广泛认可度的金融服务品牌，代表了金融服务的质量、信誉和安全度。因此，根据公司经营规模和方式、企业文化和信誉度，灵活运用品牌战略将是互联网金融发展的一大趋势。大数据为商家提供了大量客户偏好信息，使金融机构可以创造出满足大多数客户需求的服务品牌。

大数据的兴起，为金融业挖掘和保持客户提供了更丰富的资源。大数据对现代金融带来各种冲击的同时，也产生众多的潜在机遇。面对金融电子化和电商金融化的不断升级，互联网金融发展迎来种种挑战。我国金融业需要大力提倡传统银行与互联网金融合作，科学制定竞争规则，不断完善监管体系和法律法规，为互联网金融健康发展营造良好的市场环境。互联网金融也将会渗透到国民经济的各行各业，成为企业金融服务的重要模式。

（五）传统金融与互联网金融加速融合

一是传统金融机构不断加强信息化建设，借助互联网平台形成新营销渠道、业务整合平台、产品服务平台、风险控制平台，拓宽客户规模、精准客户匹配，提升资源适配、加强风险管控、降低运行成本。多家金融机构正积极探索建立电子化、网络化的供应链融资平台，连接核心企业 ERP 系统、企业网银、保险公司电子平台、物流企业在线服务平台等，将各环节电子化对接。二是互联网企业加快与金融机构合作进入金融领域，利用金融机构的产品、资金、品牌和信誉等资源，提升跨领域经营能力。部分金融资产交易所启动综合交易平台及登记托管系统建设，通过产品分层布局、参与者及交易统一管理实现交易数据的集中，通过云计算等技术进行数据处理和挖掘，对交易全流程进行管控和分析，提高交易数据应用水平和交易服务能力。

三　互联网金融带来的影响

（一）互联网金融重构传统金融服务格局

互联网金融具有支付快捷、资金配置效率高、交易成本低等优势，对商业银行将产生全面性、系统性（业务、产品、定价、风控等）和持续性冲击。互联网金融既冲击大型国有商业银行，也冲击城市商业银行和小型村镇商业银行。对商业银行的冲击不仅包括支付、贷款等核心业务，还包括产品设计、产品定价、市场营销、风险控制等各个环节。互联网金融在很长一段时间内都将对商业银行经营方式和盈利模式产生深刻影响。

1. 互联网金融改变商业银行的价值创造和价值实现方式

商业银行的发展模式和盈利方式基本遵循传统的“重投入轻效益、重数量轻质量、重规模轻结构、重速度轻管理”的外延粗放式增长模式。商业银行客户主要是对贷款有稳定需求的大企业客户和高端零售客户，安全、稳定、低成本和低风险是客户的基本要求，银行的价值创造和价值实现主要体现在以专业技术向客户提供安全、稳定、低成本和低风险的金融产品与服务。

在互联网金融模式下，目标客户类型发生改变，客户消费习惯和消费模式差异性较大，价值诉求也发生根本性转变。市场参与者大众化、平民化，中小企业、企业家和普通大众都可通过互联网参与各种金融活动。金融产品或服务提供商聚焦于为客户提供快捷、低成本服务的新兴金融机构，社会分工和专业化被重构。客户主要是追求多样化、差异化和个性化服务的中小企业及年轻消费者，方便、快捷、参与和体验是这个群体客户的基本需求。

互联网金融机构的竞争基础是网络技术、信息技术和数据处理技术，需求响应、期限匹配、风险定价与管理等业务流程被大大简化。在互联网金融模式下，金融机构为客户提供基于数据分析的模块化资产组合。互联网金融使传统商业银行的竞争基础发生演变，由安全、稳定、低成本和低风险转向快捷、便利和体验。

2. 互联网金融重构融资格局

现代信息技术降低了信息不对称性和交易成本，互联网金融服务平台为资金供需双方提供了市场发现机会，金融中介形式将被重构，传统的单纯资金中介将被资金信息中介取代。全球首家 P2P 公司 Zopa，在资金借贷过程中充当信息中介，贷款者可列出贷款金额、利率和想要出借款项的时间，借款者可在无中介情况下自由寻找合适的贷款产品。融 360 致力于为客户提供专业融资贷款搜索服务，用户通过搜索获取更高性价比的融资贷款产品。

互联网金融在提供中小企业融资及个人消费贷款服务等方面具有独特优势，包括贷款审批流程简单、放款速度快、产品类型丰富多样等。如阿里小贷流程包括3分钟申请、无人工审批、1秒钟到款到账，贷款总额达280亿元，不良贷款率不到1%。

3. 互联网金融挑战商业银行传统金融中介理论

金融中介有规模经济优势和专门技术，能降低资金融通的交易成本；同时，金融中介有专门的信息处理能力，能够缓解储蓄者和融资者之间的信息不对称及逆向选择和道德风险问题。资金中介和信息中介是商业银行的核心中介功能，分担风险、提供流动性和信息是银行最主要的服务。互联网金融对商业银行传统金融中介理论基础形成挑战。

首先，互联网金融降低市场交易成本。在互联网金融模式下，资金供求双方通过互联网和移动通信网络沟通，信息收集成本、信用等级评价成本、签约成本以及贷后风险管理成本等极小。

其次，互联网金融降低信息不对称。在互联网金融模式下，交易双方信息沟通充分、交易透明，定价完全市场化，风险管理和信用评级完全数据化。

最后，互联网金融加速金融脱媒。在支付产业链中，电商提供网上交易平台；第三方支付建立网关服务平台，实现消费者、商家、金融机构之间的在线支付，并提供现金流转、资金清算服务；银行提供最终资金结算服务。

（二）互联网金融为金融消费者带来新理念

互联网金融为消费者提供低成本、低风险和高效率的支付、理财和融资等多样化服务选择，带来了全新的金融消费理念。

国内金融消费者选择、购买金融产品以向金融机构咨询及代理商推荐等线下方式为主。波士顿咨询（BCG）调研数据显示，中国客户通过网站了解并消费金融产品和申请办理信用卡的比例为28%左右，获取车贷房贷的比例只占11%左右，超过50%的客户仍通过银行咨询和代理商推荐等方式获取相关金融产品信息。金融消费者逐一浏览各金融机构网站或光顾线下网点比较金融产品。从搜索到购买时间过长，搜寻成本较高。

大数据和云计算的存储、计算和分析能力通过线上为金融消费者提供完整服务，让金融消费者快速精准地搜索和比较非标准化、风险性和复杂性较高的产品，既能节省时间，又能降低交易成本，加快信息及资金的流通速度。

四　互联网金融发展的政策思考

（一）完善互联网金融法律法规

加快互联网金融相关法律法规体系建设，加紧制定完善与互联网金融相关的公平竞争、金融监管、知识产权保护、消费者权益保护、网络征信管理等的立法。从法律层面界定互联网金融范畴、建立行业准入门槛、规范市场主体交易行为，制定互联网金融的部门规章，发布网络金融行为指引文件和国家标准，为互联网金融平台运营商、出借人、借款人等参与者提供具体规范引导，严厉打击互联网违法犯罪活动。

（二）加强行业监管

互联网金融对当前金融监管体系构成极大挑战，互联网金融监管体系不完善将导致行业发展无序化、资源浪费和市场混乱。稳定市场和制定互联网金融规则是促进互联网金融发展的关键。

互联网金融监管问题主要有四方面：一是监督部门不明确，监督职责分工模糊；二是互联网金融行业进入门槛较低，机构良莠不齐；三是互联网金融行业信息不透明；四是互联网金融融资不规范，非法融资频发。

互联网金融发展需要监管，过度监管则会遏制行业创新。互联网金融创新需要自由开放的环境，监督体系既要营造良好的市场环境，又要保证互联网金融健康发展。互联网金融目前正处于初步发展阶段，业内尚未完全掌握行业发展规律和路径，相关监管应谨慎①。公共融资监管是金融监管的一个主要方面，监管应具有一定的灵活性，在不涉及公众集资的其他方面给予适度自

---

① 中国人民银行副行长刘士余强调发展互联网金融要注意两个底线不能突破，一是非法吸收公共存款，二是非法集资。

由[①]。金融监管主要的任务是保护金融创新和确保互联网金融市场健康发展。

完善互联网金融监管体系：一是建立国家网络金融管理体系。梳理各类互联网金融业务范围，明确互联网金融企业、业务的监管部门；二是设立互联网金融监督机构，探索功能监管模式，推动新型网络金融服务相关管理办法和细则的实施。加强国际间网络金融监管合作；三是制定互联网金融进入门槛的标准。建立市场准入制度，实行分类管理，制定分类标准，加强互联网金融机构操作规范监管；四是重视非现场技术在互联网金融监管中的广泛运用，加强非现场监管；五是增强信息透明度，互联网金融企业应定期向管理部门提交合规报告；六是建立互联网金融风险监测和预警机制，做好互联网金融突发事件应急处置预案，推动互联网金融融资规范化和合法化，防止非法融资，防范电子支付金融风险，严格监管网上非法金融交易活动，规范虚拟货币流通秩序；七是为互联网金融模式创新提供良好的监管环境。

（三）优化互联网金融发展环境

互联网金融尚处于产业发展的初级阶段，需要政府加以扶持和引导，不断优化互联网金融业的发展环境。一方面，要积极支持各类互联网金融企业设立，支持互联网金融研发中心建设和互联网金融机构要素市场发展，对互联网金融业务和产品创新给予适当的风险补贴或贴息支持；另一方面，要建立健全信用体系和中介服务体系，搭建互联网综合金融服务平台，推动行业规范发展。

专栏 2　互联网金融集聚区——海淀

海淀区通过研究发布《关于促进互联网金融创新发展的意见》，调动社会各方力量，初步建立了互联网金融产业链，并以互联网金融研究院为依托，发展互联网金融中心、互联网金融产业园、互联网金融基地等金融聚集区。目前，海淀区已经聚集了拉卡拉、融 360、亿赞普、人人贷、天使汇等互联网金融机构近百家，约占法人金融机构的 1/10，在 P2P、第三方支付、网络信贷、众筹融资等互联网金融细分领域取得了长足发展。

① 徐科、刘士余：《发展互联网金融不能突破两个底线》，《证券日报》2013 年 8 月 14 日。

（四）促进传统金融与互联网的融合

传统金融和互联网金融各有优势，政府应当鼓励传统金融机构进入互联网金融行业，努力形成全面、高效、零距离的互联网金融与传统金融相互促进、共同发展的金融体系。传统金融资产总量和客户资源庞大、风险控制体系比较完善、行业准入门槛较高。互联网企业拥有巨量的网络活跃用户、大量资信和交易数据、高效的第三方支付功能和简洁的操作。

促进传统金融和互联网融合，一是鼓励金融行业制度创新。金融企业可探索设立互联网金融领域的子公司。二是加强传统金融机构和互联网企业的战略指导和内部协调。传统金融机构可利用互联网技术简化传统金融业务流程，互联网企业可借鉴传统金融机构运营经验指导金融业务，不断促进彼此融合，发挥内部协同能力。三是鼓励金融机构开发大数据、提升客户体验，加强数据积累挖掘。鼓励金融机构与互联网企业合作，共享行业数据。加强与各类专业数据分析厂商的合作，全面分析累积数据，充分挖掘数据价值，提升竞争力。

（五）加强互联网金融消费者保护

一是构建跨行业、跨区域互联网金融消费者保护协调合作机制。二是建立专门调解互联网金融纠纷的平台，突破地域限制，降低互联网金融纠纷双方调解成本。三是加大互联网金融消费教育，提高互联网金融消费者的风险意识和自我保护能力。

（六）发挥行业协会的业务指导和监管作用

适时成立相关的行业自律协会，加强行业自律，规范经营管理，制定相对统一的经营或管理规则，设定日常经营中的底线要求，促进市场有序和可持续发展。为互联网金融机构提供咨询和服务，交换相关通知和报告，传递监管信息，扮演消费者纠纷解决中间人的角色，在非金融机构、金融机构、监管部门和消费者之间发挥沟通协调作用。

B.10
参考文献

[1] Ajay K. Agrawal, Christian Catalini & Avi Goldfarb, "Some Simple Economics of Crowdfunding", NBER Working Paper No. 19133. 2013.

[2] BIS, "Statistics on Payment, Clearing and Settlement Systems in the CPSS Countries-Figures for 2012", 2013.

[3] Boston Consulting Group, "IT Benchmarking in European Banks", 2010.

[4] Deutsche Börse Group, *Corporate report*, 2012.

[5] Dick Harryvan. ING Direct. 2009. Royal Bank of Scotland Investor Conference Presentation.

[6] Forrester Research, "European Information And Communications Technology Market 2012 To 2013", 2012.

[7] Government Accountability Office, "Person-to-Person Lending, New Regulatory Challenges Could Emerge as the Industry Grows", 2012.

[8] Heike Mai, "IT in banks: What does it Cost? High IT Costs Call for an Eye for Efficiency", 2012. DB Research. http://finance. china. com. cn/roll/20131119/1983345. shtml. 2013 - 11 - 09.

[9] Kristof De Buysere, Oliver Gajda, Ronald Kleverlaan & Dan Marom, "A Framework for European Crowdfunding", 2012.

[10] McKinsey, "Breakthrough IT banking", McKinsey on Business Technology. 2012.

[11] Thomas F. Dapp, "Crowdfunding: An Alternative Source of Funding with Potential", 2013. DB Research.

[12] Thomas F. Dapp, "Online Banking and Demography", 2012. DB Research.

[13] Thomas Meyer, "Innovations in P2P Lending may Put Computers Over

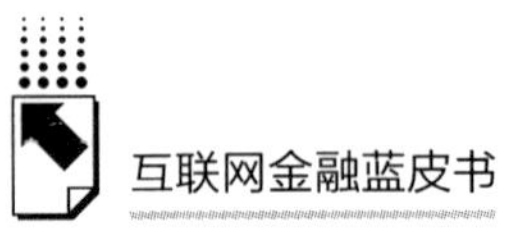

People: Welcome to the Machine", 2009. DB Research.

[14] Thomas Meyer, "Online Banking and Research: The State of Play in 2010", DB Research.

[15] Thomas Meyer, "The Power of People: Online P2P Lending Nibbles at Banks' Loan Business", 2007. DB Research.

[16] 〔英〕迈尔·舍恩伯格·库克耶:《大数据时代(生活工作与思维的大变革)》,浙江人民出版社,2013。

[17] 埃丝特·戴森:《大数据利弊之辩》,《中国经济报告》2013 年第 6 期。

[18] 巴曙松:《三中全会后中国金融改革战略与趋势展望》[OL/EB],http://finance.huanqiu.com/data/2013-11/4580350.html。

[19] 蔡梦藜:《证监会对余额宝的态度》,《企业家日报》2013 年 7 月 1 日。

[20] 曹红辉、李汉等:《中国第三方支付行业发展蓝皮书》,中国金融出版社,2011。

[21] 曹金玲:《阿里金融的前世今生》,《第一财经日报》2013 年 3 月 29 日。

[22] 曹少雄:《商业银行建设互联网金融服务体系的思索与探讨》,《农村金融研究》2013 年第 5 期。

[23] 陈道富、朱鸿鸣:《我国 P2P 行业发展的现状、问题及政策建议》,《重庆理工大学学报》(社会科学版)2013 年第 4 期。

[24] 陈冬林、王锐、李丽颖:《基于中国银联电子支付的两层委托代理模型研究》,《当代经济》2009 年第 10 期。

[25] 陈景善、王萍:《日本非法民间金融防范的法律分析》,《中国政法大学学报》2012 年第 9 期。

[26] 陈静俊:《P2P 网络借贷:金融创新中的问题和对策研究》,《科技信息》2011 年第 13 期。

[27] 陈敏轩、李钧:《美国 P2P 行业的发展和新监管挑战》,《金融发展评论》2013 年第 3 期。

[28] 陈茜、余额宝:《优势与风险同在》,《现代工业经济和信息化》2013 年第 8 期。

[29] 陈尚义:《云安全的本质和面临的挑战》,《信息安全与通信保密》2009

年第 11 期。
[30] 陈尚义：《浅谈云计算安全问题》，《网络安全技术与应用》2009 年第 10 期。
[31] 陈轶：《网络借贷，借钱还是骗钱》，《今日南国》2009 年第 11 期。
[32] 陈中、刘士余：《正调研互联网金融监管措施》，《证券时报》2013 年 8 月 14 日。
[33] 迟有雷：《阿里小贷效应》，《经济观察报》2013 年 4 月 8 日。
[34] 戴辉：《当前利用计算机网络从事金融犯罪的现状及预防、打击对策》，《中国人民公安大学学报》（自然科学版）2006 年第 4 期。
[35] 第一财经新金融研究中心：《中国 P2P 借贷服务行业白皮书 2013》，中国经济出版社，2013。
[36] 丁依群、邱萍、雷峻：《浅论网络银行的优势及其风险》，《商场现代化》2005 年第 4 期。
[37] 杜晓宇：《日本预付卡法律制度及对我国的借鉴意义》，《金融发展研究》2012 年第 10 期。
[38] 范晓东：《互联网开启“大众金融”时代》，《互联网周刊》2012 年第 16 期。
[39] 冯晶、张惠光、马朝阳：《浅析阿里小额贷款模式》，《时代金融》2013 年第 5 期。
[40] 付晓莹：《电子货币的法律监管问题研究》，吉林大学硕士论文，2011。
[41] 工业和信息化部电信研究院：《移动互联网白皮书（2013 版）》，行业研究报告，2013。
[42] 宫海清：《英国电子货币监管立法研究》，《东方企业文化》2013 年第 3 期。
[43] 龚萱、孟俊莲：《互联网金融淘金大数据》，《华夏时报》2013 年第 10 期。
[44] 郭璐：《当前利用计算机网络从事金融犯罪的现状及预防打击对策》，《公安研究》2006 年第 8 期。
[45] 国家网络信息安全技术研究所：《移动互联网应用安全分析报告》，《信

息安全与通信保密》2012 年第 8 期。

[46] 韩冬：《中国手机银行支付的发展与问题》，《河北企业》2012 年第 11 期。

[47] 何光宇：《我国电子银行风险和监管策略研究》，西南财经大学硕士论文，2007。

[48] 何广文、上官文清：《小微企业信用分析与贷款风险管理实务》，中国农业大学出版社，2012。

[49] 何惠珍：《对加快发展我国网络保险的探讨》，《商业经济与管理》2003 年第 8 期。

[50] 何一峰、江翔宇：《准金融机构监管现状、问题及对策初探》，《上海保险》2011 年第 6 期。

[51] 何颖：《浅析日本的金融消费者保护制度改革》，《日本学刊》2011 年第 1 期。

[52] 侯炯：《SaaS 在手机上的应用研究》，电子科技大学硕士论文，2011。

[53] 胡玫艳：《网络金融学》，对外经济贸易大学出版社，2008。

[54] 胡涛：《民间 P2P 网络借贷平台的现状及规范化发展路径研究》，《中国证券期货》2013 年第 2 期。

[55] 胡振泉：《论金融消费者权益的法律保护》，北京交通大学硕士论文，2012。

[56] 黄海龙：《基于以电商平台为核心的互联网金融研究》，《上海金融》2013 年第 8 期。

[57] 黄健青、陈进：《网络金融》，电子工业出版社，2011。

[58] 黄琼：《电子货币发展与政府监管问题探析》，《财经问题研究》2010 年第 10 期。

[59] 黄勇翔：《浅谈私募基金的法律本质》，《湘潮（下半月）（理论）》2008 年第 8 期。

[60] 江帆：《金融监管进入全面升级时代》，《经济日报》2013 年 9 月 19 日。

[61] 蒋则沈：《电子货币及其监管》，《中国金融》2013 年第 5 期。

[62] 雷曜、陈维：《大数据在互联网金融发展中的作用》，《中国改革》2013

年第7期。

[63] 雷志卫：《电子化网络与银行业的发展》，《湖南日报》2010年12月22日。

[64] 李成、袁溥：《网络银行风险及其金融监管防范》，《西安交通大学学报》（社会科学版）2003年第4期。

[65] 李春、陈建坤：《试论网络保险服务》，《福建金融》2004年第3期。

[66] 李晶珠：《发达国家金融消费者保护的扩张及启示》，《学理论》2013年第5期。

[67] 李钧：《P2P借贷：性质、风险与监管》，《金融发展评论》2013年第3期。

[68] 李里涓子：《第三方支付业务风险防范法律问题研究》，湖南大学硕士论文，2012。

[69] 李麟、钱峰：《移动金融：创建移动互联网时代新金融模式》，清华大学出版社，2013。

[70] 李麟、冯军政、徐宝林：《互联网金融：为商业银行发展带来“鲶鱼效应”》，《上海证券报》2013年1月22日。

[71] 李苗：《我国网络第三方支付法律监管问题的研究》，天津大学硕士论文，2012。

[72] 李文龙、张木冬：《小微企业融资多方面突围》，《金融时报》2013年8月14日。

[73] 李文龙：《贷款倾斜解“草根”企业资金之渴》，《中国金融家》2013年9月15日。

[74] 李晓光、高占军：《小微企业融资途径的比较》，《才智》2013年第15期。

[75] 李晓海：《阿里巴巴小额信用贷款探秘》，《中国城乡金融报》2010年第8期。

[76] 李晓红：《网络经济环境中的边际效益递增规律探讨》，《平原大学学报》2006年第8期。

[77] 李杨：《从排异到合作：互联网P2P分享环境下的版权困境及出路》，

《大连理工大学学报》（社会科学版）2013 年第 1 期。
[78] 李苑青：《如何完善网络金融风险监管》，《财经界》（学术版）2010 年第 7 期。
[79] 梁冰、李琪：《中国证券网上交易发展趋势及对策分析》，《武汉金融》2006 年第 3 期。
[80] 林显忠：《P2P 小额网络信贷在我国的发展探讨》，《金融科技时代》2013 年第 3 期。
[81] 刘婧娴：《电子银行竞技》，《中国经营报》2011 年 4 月 18 日。
[82] 刘力：《金融消费者权益保护理论重述与裁判研究》，华东政法大学博士论文，2012。
[83] 刘胜军：《欧盟电子货币监管制度最新发展及其启示》，《金融与经济》2010 年第 3 期。
[84] 刘新海：《大数据背景下征信系统数据架构研究》，《中国人民银行征信中心博士后研究工作报告》2013 年第 8 期。
[85] 骆絮飞：《银行卡网上支付安全认证模式分析》，《中国信用卡》2004 年第 10 期。
[86] 吕露：《网上证券交易模式研究》，武汉大学硕士论文，2005。
[87] 吕姝楠：《论网络银行的发展与金融监管新问题》，《现代经济信息》2012 年第 5 期。
[88] 马婷婷：《中国众筹模式有待进一步发展》，《卓越理财》2013 年第 8 期。
[89] 马云：《金融行业需要搅局者》，《人民日报》2013 年 6 月 21 日。
[90] 孟小峰、慈祥：《大数据管理：概念、技术与挑战》，《计算机研究与发展》2013 年第 5 期。
[91] 孟鹰、熊素芳：《对中国证券市场发展网上证券交易的探讨》，《江西师范大学学报》2004 年第 12 期。
[92] 苗燕：《央行肯定互联网金融》，《上海证券报》2013 年 8 月 5 日。
[93] 闵群锋：《金融消费者权益保护立法研究》，广东商学院硕士论文，2012。

[94] 莫虹、王明宇、刘淑贞：《电商触金——探析“阿里金融”模式》，《电子商务》2013 年第 7 期。

[95] 潘敬文、耿越：《激战互联网金融，互联网金融模式分析》，《新经济》2013 年第 9 期。

[96] 皮天雷、张平：《声誉真的能起作用吗——逻辑机制、文献述评及对我国商业银行的启示》，《经济问题探索》2009 年第 11 期。

[97] 皮天雷：《国外声誉理论：文献综述、研究展望及对中国的启示》，《首都经济贸易大学学报》2009 年第 5 期。

[98] 钱金叶、杨飞：《中国 P2P 网络借贷的发展现状及前景》，《金融论坛》2012 年第 1 期。

[99] 钱庞莹：《论我国金融消费者权益保护研究》，重庆大学硕士论文，2012。

[100] 人行曲靖中心支行金融法制课题组：《第三方支付平台法律问题研究》，《时代金融》2011 年第 8 期。

[101] 桑莉媛：《互联网金融 PK 传统金融》，《山西经济日报》2013 年 10 月 18 日。

[102] 沈昌祥：《信息安全导论》，电子工业出版社，2009。

[103] 沈昌祥等：《可信计算的研究与发展》，《中国科学：信息科学》2010 年第 2 期。

[104] 沈晓平：《网络金融》，电子工业出版社，2009。

[105] 沈治愚：《电子商务小额贷款模式探索》，西南财经大学硕士论文，2011。

[106] 盛昀瑶、夏惠芬：《云计算系统架构与实例研究》，《软件导刊》2012 年第 12 期。

[107] 施俊：《众筹模式与 P2P 应深度合作》，《新财经》2013 年第 7 期。

[108] 帅青红：《电子商务支付模式要览》，《中国金融电脑》2005 年第 8 期。

[109] 宋文：《P2P 网络借贷行为的实证研究》，上海交通大学硕士论文，2013。

[110] 宋滟泓：《互联网金融端出饕餮盛宴，传统与新贵龙争虎斗》，《IT 时

代周刊》2013年9月20日。
[111] 苏鹏飞：《鄂尔多斯或引互联网金融解民间借贷之忧》，《中华工商时报》2013年8月9日。
[112] 苏雪燕、刘诗平、陈雯瑾：《网络新金融开疆辟壤，银行与互联网竞合加剧》，《中国信息报》2013年8月21日。
[113] 苏昱冰：《电子货币的发展及对中央银行监管的影响研究》，西南财经大学硕士论文，2011。
[114] 苏昱冰：《国外电子货币监管对我国的启示》，《华北金融》2011年第4期。
[115] 孙浩：《金融大数据的挑战与应对》，《金融电子化》2012年第7期。
[116] 孙森：《网络银行》（第二版），中国金融出版社，2010。
[117] 孙毅坤、胡祥培：《电子货币监管的国际经验与启示》，《上海金融》2010年第2期。
[118] 谭顺：《网络经济基本特征探析》，《淄博学院学报》（社会科学版）2001年第3期。
[119] 唐玮婕：《互联网金融：创新探索呼唤"温和监管"》，《文汇报》2013年10月26日。
[120] 童士清：《中国发展网络金融：关键在于制度》，《华南金融研究》2001年第1期。
[121] 万建华：《金融e时代：数字化时代的金融变局》，中信出版社，2013。
[122] 王迪迪：《中美银行电子支付业务消费者权益保护立法比较研究及启示》，《西部金融》2013年第3期。
[123] 王建文：《我国预付式消费模式的法律规制》，《西北政法大学学报》2012年第9期。
[124] 王军：《荷兰国际集团旗下的ING DIRECT网上银行》，《金融电子化》2007年第11期。
[125] 王连花：《我国网上证券交易发展问题研究》，新疆财经大学硕士论文，2009。
[126] 王淼：《互联网金融"撒欢"银行业领地"求稳"》，《中国改革报》

2013 年 10 月 14 日。

[127] 王敏：《基于第三方电子商务的中小企业网络融资探讨》，《中国证券期货》2012 年 4 月 25 日。

[128] 王娜、方滨兴等：《国家信息安全保障体系框架研究》，《通信学报》2004 年第 25 期。

[129] 王娜：《互联网第三方支付法律风险监管制度研究》，中国政法大学硕士论文，2010。

[130] 王伟、张森、李伟：《预付式消费卡整合协同监管制度研究》，《生产力研究》2013 年第 5 期。

[131] 王晓宇：《券商布局互联网金融持续升温》，《上海证券报》2013 年 8 月 6 日。

[132] 王雪玉：《互联网挑战银行之一：阿里金融》，《金融科技时代》2013 年 5 月 10 日。

[133] 王艳、陈小辉、刑增艺：《网络借贷中的监管空白及完善》，《当代经济》2009 年第 24 期。

[134] 王宇、王培伟：《互联网金融已成行业有益补充》，《中国信息报》2013 年 8 月 21 日。

[135] 王雨婷：《网络银行的监管》，《现代经济信息》2010 年第 10 期。

[136] 王振：《P2P 网络借贷模式洗钱风险及应对措施探析》，《南方金融》2012 年第 11 期。

[137] 仲春梅：《网络环境下民营中小企业融资新途径》，《才智》2010 年 10 月 25 日。

[138] 周晖：《浅谈手机银行的现状及发展策略》，《现代经济信息》2012 年 5 月 23 日。

[139] 周伟：《云计算时代的网络安全问题》，《煤炭技术》2012 年第 7 期。

[140] 周小刚：《论网络银行的发展及其对银行业的影响》，南昌大学硕士论文，2006。

[141] 朱斌昌、雷雯：《P2P 民间借贷平台新发展及其监管引导分析》，《中国农村金融》2011 年第 19 期。

[142] 朱绩新、章力、章亮亮:《第三方支付监管的国际经验及其启示》,《中国金融》2010年第6期。

[143] 朱珺:《我国民间金融的发展现状及规范化管理——以P2P网络借贷平台为例》,《中国市场》2013年第18期。

[144] 朱凯:《红岭创投:P2P网贷样本,构造小微企业一站式金融服务平台》,《经理人》2012年第12期。

[145] 朱林如:《金融消费者权益保护研究》,上海师范大学硕士论文,2013。

[146] 邹志鹏:《P2P借贷网络平台分析》,《中国市场》2012年第32期。

[147] 韦雪琼、杨晔等:《大数据发展下的金融市场新生态》,《时代金融》2012年第7期。

[148] 卫小雨:《"点名时间"众筹模式的中国式探索》,《中国经营报》2013年5月13日。

[149] 温信祥:《日本金融消费者保护制度及其启示》,《金融论坛》2012年第11期。

[150] 吴成丕:《金融革命:财富管理的互联网竞争》,中国宇航出版社,2013。

[151] 吴礼斌:《电子货币的风险管理及法律监管》,《电子商务》2009年第4期。

[152] 吴文丹:《我国中小企业网络融资发展对策探析》,《现代商贸工业》2011年第5期。

[153] 吴晓光:《网络金融的创新与监管》,《征信》2011年第3期。

[154] 武向朋:《网络金融犯罪的成因及其防治》,《江西金融职工大学学报》2010年第1期。

[155] 夏芳:《金融行业走向开放,催生互联网走向交易化》,《证券日报》2012年10月31日。

[156] 肖本华:《美国众筹融资模式的发展及其对我国的启示》,《南方金融》2013年第1期。

[157] 肖湘女:《众筹模式能成动漫业融资救命稻草吗》,《北京商报》2013年7月12日。

[158] 谢平、邹传伟：《互联网金融模式研究》，《金融研究》2012年第12期。

[159] 谢子门：《当今步入互联网金融时代的进一步思考》，《中国商贸》2013年5月1日。

[160] 徐洁云：《解码阿里大数据》，《二十一世纪商业评论》2013年第6期。

[161] 徐昕、赵震翔：《西方网络银行的发展战略及启示》，《外国经济与管理》2000年第6期。

[162] 薛荣：《英国支付体系风险监管的启示》，《西部金融》2010年第10期。

[163] 薛荣：《值得借鉴的支付风险防范模式——英国支付体系风险监管的启示》，《甘肃金融》2010年第1期。

[164] 薛松：《中国预付卡行业监督管理研究》，西南财经大学硕士论文，2012。

[165] 严湘君：《比特币：走在被认可的路上》，《第一财经日报》2013年8月13日。

[166] 杨春宝、沈建苗：《全球电子货币监管问题浅析》，《金融电子化》2010年第3期。

[167] 杨娟、彭韵、程新：《欧盟电子货币机构审慎监管的经验及对我国的启示》，《华北金融》2010年第10期。

[168] 杨凯：《互联网金融时代“悄然”揭幕》，《华东科技》2013年第9期。

[169] 杨柳：《网络创意融资平台：为他人梦想买单》，《中国文化报》2011年10月22日。

[170] 杨青：《电子金融学》（第二版），复旦大学出版社，2009。

[171] 杨群华：《我国互联网金融的特殊风险及防范研究》，《金融科技时代》2013年第7期。

[172] 杨小钰：《众筹开辟众人拾柴之道》，《绿色中国》2013年第12期。

[173] 姚宏宇：《大数据与云计算》，《信息技术与标准化》2013年第5期。

[174] 余承波：《论预付费会员卡消费纠纷的法律规制》，武汉科技大学硕士论文，2011。

[175] 余津津：《国外声誉理论研究综述》，《经济纵横》2003 年第 10 期。
[176] 余津津：《现代西方声誉理论述评》，《当代财经》2003 年第 11 期。
[177] 余素梅：《欧盟电子货币机构监管指令述评》，《法学评论》2005 年第 2 期。
[178] 余小雨：《互联网金融风暴来袭》，《互联网周刊》2012 年第 23 期。
[179] 庚力、陈继明、王瑱：《中国手机银行发展：现状、问题及对策》，《西部金融》2012 年第 4 期。
[180] 袁蓉君：《全球手机银行发展方兴未艾》，《金融时报》2010 年 11 月 16 日。
[181] 袁世玮：《二维码技术的应用与安全》，《保密科学技术》2013 年第 3 期。
[182] 张彬彬、陈茵：《网络银行开辟中小企业融资新出路》，《对外经贸》2012 年第 9 期。
[183] 张波：《O2O：移动互联网时代的商业革命》，机械工业出版社，2013。
[184] 张德富：《美欧支付机构客户滞留资金监管实践的比较与借鉴》，《金融会计》2013 年第 8 期。
[185] 张剑光：《商业银行发展互联网金融的路径选择》，《金融时报》2013 年 9 月 23 日。
[186] 张靖：《网络金融超市监管问题初探》，《现代商业》2013 年第 3 期。
[187] 张龙安：《国际 P2P 民间借贷平台的发展模式与建议》，《贵州农村金融》2012 年第 10 期。
[188] 张敏：《保险电子商务平台的建设要点》，《中国金融电脑》2005 年第 11 期。
[189] 张鹏：《首家行业协会挂牌，剑指互联网金融创新中心》，《中国高新技术产业导报》2013 年 8 月 12 日。
[190] 张倩：《预付卡业务监管比较研究》，《中国信用卡》2011 年第 1 期。
[191] 张伟：《互联网金融骤热监管提上日程》，《中国高新技术产业导报》2013 年 8 月 19 日。
[192] 张晓玮、宋毅：《阿里金融棋局》，《农村金融时报》2013 年 3 月 25

日。

[193] 张玉喜：《网络金融的风险管理研究》，《管理世界》2002年第10期。

[194] 张职：《P2P网络借贷平台营运模式的比较、问题及对策研究》，华东理工大学硕士论文，2012。

[195] 招商证券：《冲击无需过虞，转机大于危机》，《证券研究报告》，2013。

[196] 赵乐峰、杜凯：《规范发展我国P2P网络借贷平台的思考》，《金融教学与研究》2012年第3期。

[197] 赵润静：《欧美经验对完善我国第三方支付监管的启示》，《金融电子化》2008年第11期。

[198] 郑晓晖：《网上银行监管法律制度研究》，东北财经大学硕士论文，2006。

[199] 中国人民银行支付结算司：《美国零售支付业务发展现状及趋势》，《华南金融电脑》2007年第2期。

[200] 中国电信移动支付研究组：《走进移动支付：开启物联网时代的商务之门》，电子工业出版社，2012。

[201] 中国人民银行货币政策分析小组：《中国货币政策执行报告》，《金融时报》2013年8月3日。

[202] Alex Hsu：《众安保险解密："三马"的互联网风险解决方案》[EB/OL]，福布斯中文网，2013年11月5日。

[203] CIO时代网：《2014年度大数据十大发展趋势》[EB/OL]，http://www.ciotimes.com/bi/sjck/86591.html，2013年11月5日。

[204] 《IBM超级计算机Watson大数据背后新交互》[EB/OL]，http://www.ithowwhy.com.cn/auto/db/detail.aspx，2013年2月2日.

[205] KickStarter：《靠创意去筹资》[EB/OL]，http://tech.163.com/09/0507/23/58OEJS0K000915BF.html，2013年6月30日.

[206] 《P2P贷款模式》[EB/OL]，http://wenku.baidu.com/view/23a4640602020740be1e9b88.html，2012年11月26日。

[207] 曹文姣：《比特币价格高企引发黑客盗币潮》[EB/OL]，http://finance.caixin.com/2013-07-17/100556969.html. 2013年7月17日。

[208]《支付宝推余额宝引发关注：互联网金融方兴未艾》，[EB/OL]，http://blog. sina. com. cn/s/blog_ 5df692480101dwd4. html，2013 年 6 月26 日。

[209]《支付与安全之支付模式简介》[EB/OL]，http://blog. sina. com. cn/s/blog_ 7008eed901010k77. html，2013 年 4 月 6 日。

[210] 中财网：《众筹融资模式的中国探索：会不会碰到非法集资红线》[OL/EB]，http://www. cfi. net. cn/p20130826001716. html .2013 年 8 月26 日。

[211]《中国去年万余个境内网站遭篡改，信息安全存隐患》[EB/OL]，http://news. china. com. cn/tech/2013 -03/20/content_ 28300682. htm，2013 年 3 月 24 日。

[212]《中国网上银行研究报告》[DB/OL]，http://wenku. baidu. com/view/fcfdef21af45b307e8719793. html，2012 年 9 月 27 日。

[213]《中国移动支付市场深度分析研究报告》[DB/OL]，http://wenku. baidu. com/view/d084b4eb856a561252d36fa0. html，2012 年 9 月 16 日。

[214]《初识云计算》[EB/OL]，http://blog. csdn. net/wang6279026/article/details/8206279，2013 年 6 月 14 日。

[215]《传统银行遭遇互联网金融挑战：不变则死》[EB/OL]，http://blog. sina. com. cn/s/blog_ 4ac6b2e60102f3y5. html，2013 年 4 月 13 日。

[216]《错误的信息也是信用数据》[OL/EB]，http://www. kuailiyu. com/article/5883. html，2013 年 11 月 6 日。

[217]《云计算试点启动　万亿市场待开拓》[EB/OL]，http://blog. s ina. com. cn/s/blog_ 4d3a1b500100mqa2. html，2012 年 11 月 9 日。

[218]《余额宝的争议》[EB/OL]，http://blog. sina. com. cn/s/blog _ 4b073cc10101b6m2. html，2013 年 6 月 21 日。

[219]《宜信公司小额信贷业务模式研究》[EB/OL]，http://blog. sina. com. cn/s/blog_ 6cd58ad00101917v. html，2013 年 6 月 4 日。

[220]《易宝支付 - 在线支付平台》[EB/OL]，http://www. gwgw114. com/p_ rs9p848. htm，2010 年 5 月 6 日。

[221]《银联在线支付平台方案》[EB/OL]，http://wenku.baidu.com/view/0549f2ccda38376baf1fae2c.html，2012 年 11 月 25 日。

[222]《迎接互联网金融模式的机遇和挑战》[EB/OL]，http://blog.sina.com.cn/s/blog_978d2b6b0101bvwn.html，2013 年 5 月 18 日。

[223]《信息系统经济学》[DB/OL]，http://baike.aliqq.cn/doc-view-55597.html，2010 年 6 月 7 日。

[224]《我国网上银行发展的思考》[EB/OL]，http://www.kejianhome.com/lunwen/436/515/111231.html，2011 年 11 月 22 日。

[225] 谢平：《互联网金融模式在未来 20 年将成主流》[OL/EB]，http://finance.qq.com/a/20120618/004410.htm. 2012 年 6 月 18 日。

[226] 网贷指南：《国外众筹模式类型分类、发展状况及数年统计》[OL/EB]，http://www.wangdaizhinan.com/article.php? act = detail&id = 685. 2013 年 10 月 21 日。

[227]《网络金融犯罪分析及防范》[EB/OL]，http://www.studa.net/zhengquan/091031/09481394.html，2012 年 7 月 3 日。

[228]《网络经济的七大特质》[EB/OL]，http://blog.sina.com.cn/s/blog_5f6146e90102dx4q.html，2012 年 8 月 12 日。

[229]《网络经济环境中的边际效益递增规律探讨》[EB/OL]，http://wenku.baidu.com/view/aa1e06641ed9ad51f01df22e.html，2012 年 9 月 19 日。

[230]《网络经济基础认识与了解》[EB/OL]，http://blog.china.alibaba.com/blog/oak68/article/b0-i6843613.html，2012 年 6 月 18 日。

[231]《网上购物在线支付平台方案》[EB/OL]，http://wenku.baidu.com/view/e49d8f781711cc7931b71689.html，2012 年 11 月 25 日。

[232] 王晓蕾：《个人隐私保护应和互联网发展并重》[EB/OL]，http://news.iqilu.com/other/20130823/1642428.shtml. 2013 年 8 月 23 日。

[233] 汪炜：《互联网金融：一场全新的金融技术革命》[EB/OL]，http://blog.sina.com.cn/s/blog_695557320101evxz.html，2013 年 6 月 12 日。

[234] 苏亮瑜：《互联网金融本质：金融体系的比特化》[EB/OL]. http://

www. 21cbh. com/2013/11 - 2/zOMDM2Xzg5OTkzOA. html . 2013 年 11 月 2 日。

[235]《日美预付卡法律规制综述——兼析我国预付卡规制现状与前景》[EB/OL], http: //www. law-lib. com/lw/lw_ view. asp? no =5728, 2012 年 9 月 10 日。

[236]《浅谈新形势下金融业信息安全面临的挑战与对策》[EB/OL], http: //www. studa. net/jinrong/100527/16092939. html, 2012 年 7 月 7 日。

[237]《全面解析云计算安全问题》[EB/OL], http: //blog. sina. com. cn/u/669fa76a0100r3mo, 2012 年 11 月 12 日。

[238]《券商互联网金融路》[EB/OL], http: //finance. sina. com. cn/focus/qshlwjr/ , 2013 年 3 月 28 日。

[239]《破坏性创新，互联网金融融合发展的新阶段》[EB/OL], http: //blog. sina. com. cn/s/blog_ 6af4c1d60101hsfz. html, 2013 年 4 月 12 日。

[240]《美国 P2P 行业的发展与监管》[EB/OL], http: //blog. sina. com. cn/s/blog_ 5981938f0101jka6. html , 2013 年 5 月 13 日。

[241] 刘侠风:《P2P 网贷非颠覆者，而是“普惠金融”的一种表现形式》[EB/OL], http: //iof. hexun. com/2013 - 11 - 25/160002728. html, 2013 年 11 月 25 日。

[242]《交战互联网金融》[EB/OL], http: //blog. sina. com. cn/s/blog_ 6570d13f0101ep67. html, 2013 年 4 月 13 日。

[243]《金融行业走向开放 催生互联网走向交易化》[EB/OL], http: //blog. sina. com. cn/s/blog_ 645f8d51010165r8. html, 2013 年 4 月 13 日。

[244] 金融界:《美国版余额宝 PayPal 曾因超低利率无奈清盘》[EB/OL], http: //vnetcj. jrj. com. cn/2013/11/08024016110768. shtml, 2013 年 11 月 8 日。

[245] 江南愤青:《深度剖析宜信模式》[EB/OL], http: //finance. sina. com. cn/column/bank/20130502/133115329806. shtml, 2013 年 5 月 2 日。

[246] 江南愤青：《我看微信支付和支付宝的大战》［EB/OL］，http：//xueqiu. com/5564897980/26268875. 2013 年 11 月 20 日。

[247] 江南愤青：《P2P 模式的悖论所在》［EB/OL］，http：//www. huxiu. com/article/9291/1. html. 2013 年 1 月 12 日。

[248]《互联网 + 移动终端保险电商多模式备战 》［EB/OL］，http：//blog. sina. com. cn/s/blog_ 50860daa0101jx7u. html，2013 年 6 月 30 日。

[249]《互联网金融模式 20 年后成形》［EB/OL］，http：//blog. sina. com. cn/s/blog_ 638fc06701016zqj. html ，2013 年 5 月 12 日。

[250]《互联网金融模式在未来 20 年将成主流》［EB/OL］，http：//blog. sina. com. cn/s/blog_ 4b35d1f801016jbr. html，2012 年 12 月 1 日。

[251]《互联网金融是什么》［EB/OL］，http：//finance. ifeng. com/opinion/cjpl/20130315/7775763. shtml，2013 年 3 月 26 日。

[252] 胡学文、徐潇：《互联网金融风险防范：关键是设计熔断机制》［EB/OL］，http：//iof. hexun. com/2013 - 11 - 22/159917974. html，2013 年 11 月 22 日。

[253] 李民：《弼马温病毒疯狂扩散盗取用户网银需警惕》［EB/OL］，http：//news. k618. cn/special _ 37073/201310/t20131002 _ 3969016. html，2013 年 10 月 2 日。

[254]《“倒闭潮”冲击 P2P 网贷平台》［EB/OL］，http：//iof. hexun. com/2013 - 11 - 25/159993606. html，2013 年 11 月 25 日。

[255]《韩国证券市场及网上交易考察综述》［ EB/OL ］，http：//news. xinhuanet. com/fortune/2003 - 02/11/content_ 723852. htm，2013 年 8 月 1 日。

[256]《国内十大常见的第三方支付平台》［EB/OL］，http：//www. xkzzz. com/zz/zznews/biz/200908/26 - 22345. html ，2010 年 6 月 21 日。

[257]《比特网 . P2P 网贷安全二次研发备受瞩目》［EB/OL］，http：//sec. chinabyte. com/387/12601387. shtml，2013 年 4 月 25 日。

[258]《电商平台发力金融业为那般》［EB/OL］，http：//club. china. com/data/thread/3936/2757/98/90/7_ 1. html，2013 年 4 月 1 日。

[259]《电子商务案例分析——易宝支付》[EB/OL], http://wenku.baidu.com/view/cef3a5cada38376baf1fae9f.html, 2012 年 11 月 25 日。

[260]《电子商务支付与安全：支付模式简介》[EB/OL], http://news.bangkaow.com/news/20110130/114391.html, 2012 年 2 月 27 日。

[261]《电子银行竞技电子银行可以做什么？》[EB/OL], http://www.cb.com.cn/1634427/20110416/200212_2.html, 2013 年 1 月 28 日。

[262]《阿里金融抢滩信用支付信用消费撬动支付变革》[EB/OL], http://finance.ifeng.com/opinion/cjpl/20130315/7775763.shtml, 2013 年 3 月 26 日。

[263]《到底什么是云计算：云计算的原理与实践》[EB/OL], http://blog.csdn.net/scut1135/article/details/8738489, 2013 年 6 月 13 日。

[264]《第三方支付促金融服务多元化》[EB/OL], http://blog.sina.com.cn/s/blog_7f5c4265010141kz.html, 2013 年 5 月 31 日。

[265]《2011 年云计算安全威胁大事记》[EB/OL], http://blog.sina.com.cn/s/blog_aeeb4ef801018mwa.html, 2013 年 5 月 30 日。

B.11
后 记

在互联网时代，互联网金融正在悄然改变着世界各国的金融体系和金融服务方式。虽然互联网金融这一概念是2013年热议的焦点，但庞杂的声音并未能真正切入互联网金融的核心和本质。面对各种零散、不系统、不专业甚至是错误的报道，为阐明互联网金融的内涵和特质，全面了解互联网金融发展状况，总结代表性国家、代表性企业互联网金融发展的经验，分析互联网金融发展过程中存在的问题，为这个有着无限潜力的新兴领域提供未来发展的借鉴，中国电子信息产业集团有限公司所属中国电子投资控股有限公司联合中国人民银行金融研究所、浙江大学、南京大学、南开大学、中国社会科学院等机构的专家、学者，共同完成了这份《中国互联网金融发展报告（2013）》。

《中国互联网金融发展报告（2013）》在对互联网金融概念进行辨析的基础上，全面探讨了我国互联网金融发展至今的总体情况及各种代表模式，注重反映互联网金融中的热点、难点、重点和焦点问题，注重突出案例、数据、商业模式、典型应用等。报告阐明了许多混淆的概念，研究了不同国家的经验，揭示了互联网金融存在的诸多问题并提出了相应的解决思路，为我国互联网金融业的有序发展提供了借鉴。此外，报告用大量典型案例形象生动地为我们勾画了国内外互联网金融的代表模式和代表企业，能够为互联网金融从业机构、从业人员以及对互联网金融感兴趣、有志于涉足互联网金融行业、为互联网金融的健康发展做出贡献的有识之士提供有益参考。

报告编写工作始于2013年6月，经过多方论证后，编委会确定了报告的提纲和主要内容。在撰写过程中，中国人民银行、工业和信息化部、北京市金融工作局、北京市海淀区政府等单位的多位领导对报告提出了有益的指导和帮助，中国电子各级领导及有关单位对报告的撰写和发布提供了很多的支持，对此我们深表感谢。此外，中国人民银行的王冬梅，南京大学的卢翰、宁浮洁、

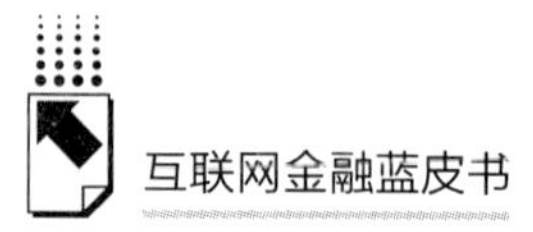

龚小乐，浙江大学的郑扬扬、徐骥、刘阳、邹亚炬、陈子元和南开大学的沈鑫、郭步超、袁梦怡、吕天娇等同志也不同程度地参与了报告的资料收集、撰写修改、编辑、校订等工作，在此一并感谢。

我们不敢说这份报告是最权威的，有关问题还需要进一步研究，但我们尽了最大的努力，查阅了尽可能多的资料，走访了主要的代表性企业，听取了多方的意见和建议。在经过多次讨论并不断对报告进行修改和完善后，我们顺利完成了报告。不足之处，还请各方提出宝贵建议。未来，我们将持续跟踪互联网金融行业的发展动态，形成互联网金融系列研究成果。

法律声明

“皮书系列”（含蓝皮书、绿皮书、黄皮书）由社会科学文献出版社最早使用并对外推广，现已成为中国图书市场上流行的品牌，是社会科学文献出版社的品牌图书。社会科学文献出版社拥有该系列图书的专有出版权和网络传播权，其LOGO（ ）与“经济蓝皮书”、“社会蓝皮书”等皮书名称已在中华人民共和国工商行政管理总局商标局登记注册，社会科学文献出版社合法拥有其商标专用权。

未经社会科学文献出版社的授权和许可，任何复制、模仿或以其他方式侵害“皮书系列”和LOGO（ ）、“经济蓝皮书”、“社会蓝皮书”等皮书名称商标专用权的行为均属于侵权行为，社会科学文献出版社将采取法律手段追究其法律责任，维护合法权益。

欢迎社会各界人士对侵犯社会科学文献出版社上述权利的违法行为进行举报。电话：010－59367121，电子邮箱：fawubu@ssap.cn。

社会科学文献出版社